Geografía en red y datos

La materia prima

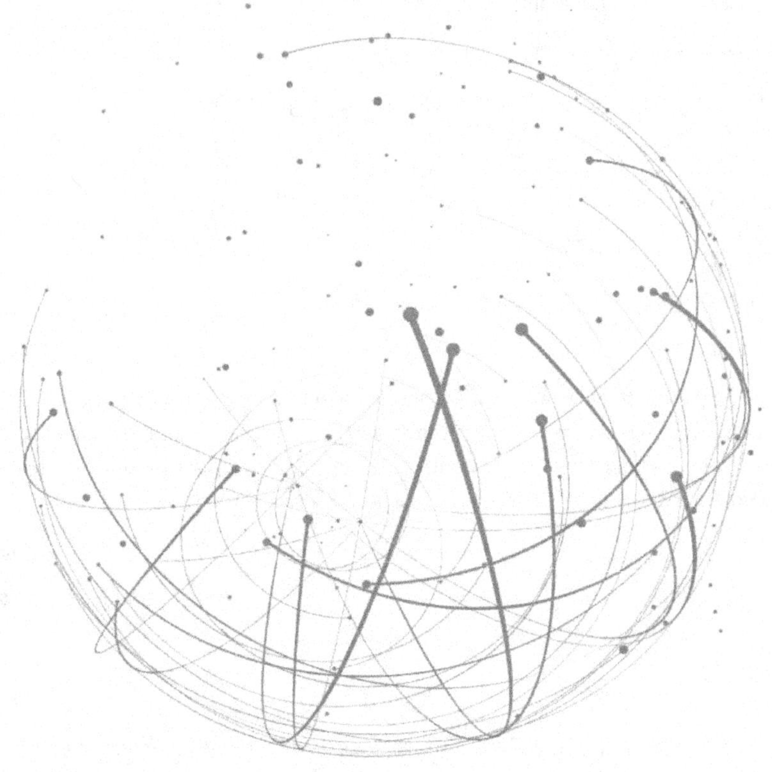

Jorge del Río y Gersón Beltrán

Serie: Geografía en red

Libro 11: Geografía en red y datos: la materia prima

Créditos

Primera edición en lengua castellana: marzo 2021

© Jorge del Rio y Gerson Beltrán, del texto, y la edición

© Jorge del Rio, de la maquetación y diseño

© Agustín Arambul, de la portada y logo de la portadilla

Autoedición de los autores

ISBN: 9798711976707

Sello: Publicación independiente

#geografíaenred

@orbemapa @gersonbeltran

Como citar

Del Rio, J. & Beltrán, G. (2021). Geografía en red y datos: la materia prima. Serie: Geografía en red de la reflexión la acción, libro II. (1ª ed). España: Publicación independiente. Recuperado de amazon.es

Los datos geolocalizados son la moneda de la geotecnología

Trilogía

«GEOGRAFÍA EN RED»

La geografía es una ciencia que usa la variable espacial para hacerse preguntas y buscar respuestas. Debe ser capaz de conocer, analizar, interpretar, gestionar, dar a conocer y transformar el espacio, pero, en la Era de Internet, para conocerlo y analizarlo se requieren datos, la materia prima; para interpretarlo y gestionarlo se requieren herramientas tecnológicas y, para darlo a conocer y transformarlo, comunicación. Son tres aspectos interrelacionados e indisolubles que conforman un sistema abierto: la herramienta de la geografía en red es la tecnología, que consume datos (*inputs*) y produce comunicación (*outputs*).

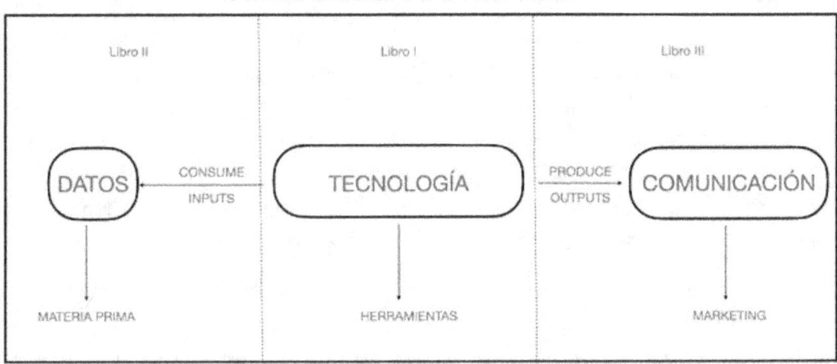

Ilustración 1 Trilogía "Geografía en red"

La serie «geografía en red: de la reflexión a la acción», desarrolla estos tres grandes aspectos vinculados con las tecnologías de la información y la comunicación geográficas: la tecnología, los datos y la comunicación, conformando así una trilogía, un conjunto organizado de reflexiones conectadas y llevadas a la acción a través de buenas prácticas y ejemplos del desarrollo de la geografía en el siglo XXI.

1.- Geografía en red y tecnología: las herramientas. Internet como soporte, como base digital sobre la que se apoyan las nuevas herramientas de trabajo. Los Sistemas de Información Geográfica ya no son un elemento diferenciador, son la herramienta por antonomasia para analizar los territorios, se desdibujan en lo digital y se convierten en neoterritorios, los nuevos mapas son online y están en la nube, ayudan a la toma de decisiones a tiempo real. La tecnología geoespacial es una gran industria transversal que une los móviles que hay en la palma de nuestras manos con los satélites que sobrevuelan el espacio exterior.

2.- Geografía en red y datos: la materia prima. Un dato geolocalizado es un producto que se transforma en servicio digital tras un proceso de recogida, transformación y distribución en Internet. Es esencial conocer cómo es la incipiente industria del geodato, qué son y cómo se gestionan las fábricas de datos geográficos y qué valor económico tienen. Su tratamiento aporta información relevante, transformada en conocimiento y en inteligencia para predecir y prever los sucesos espaciales.

3.- Geografía en red y comunicación: el marketing. La nueva sociedad implica nuevos roles profesionales y es esencial que la geografía profesional sea consciente de la importancia de la geocomunicación y de la marca personal; siendo el marketing y de la comercialización herramientas de visibilización y relevancia de la geografía en Internet.

El contenido de esta trilogía lo conforman una serie de artículos y entrevistas en torno a la geografía en red y que los autores han publicado en los últimos diez años en sus respectivos blogs: www.gersonbeltran.com y www.orbemapa.com. La distribución de los capítulos no es cronológica en el tiempo, se pueden leer de forma organizada, solo por libros individuales o, directamente, por capítulos o artículos, todas las formas de acercarse a su lectura tienen sentido. Se trata de un contenido estructurado, lógico, coherente, pero lo suficientemente dinámico y flexible como para ser consumido como desee el lector.

Estos libros están dedicados a todos los amantes de la geografía. Pretende dar a conocer otros usos de esta hermosa ciencia e inspirar a los jóvenes a que piensen siempre de forma disruptiva. Bienvenidos al nuevo mundo surgido de Internet, bienvenidos al futuro de la geografía.

Jorge del Río es Ingeniero de Montes y Doctor en Conservación y uso sostenible de sistemas forestales de la Universidad de Valladolid (2018) y trabaja como especialista en Sistemas de Información Geográfica (SIG) en la Junta de Castilla y León; Gersón Beltrán es geógrafo y Doctor en Desarrollo Local y Territorio por la Universitat de València (2017) y trabaja como divulgador, formador y consultor en el ámbito de la tecnología geoespacial;

Presentación

DE LA REFLEXIÓN A LA ACCIÓN

Internet ha revolucionado nuestras vidas, es uno de los grandes cambios de la historia de la humanidad que sólo podremos analizar con una escala mayor, dentro de cientos de años, pero, sin duda, estará a la altura del descubrimiento del fuego o de la rueda, e incluso al mismo nivel que la Revolución del Neolítico.

GB y JDR
marzo 2021

Es indudable los cambios que ha supuesto en las personas, pero también en las empresas y los las administraciones, en definitiva, en toda la sociedad global. A nivel profesional, en el siglo XXI, ha provocado un cambio paulatino alrededor de palabras clave como la conectividad, la comunicación, la resiliencia o la ubicuidad.

Quiénes somos los responsables

Los autores de estos libros tenemos algunas diferencias, pero también cosas en común, un enfoque muy similar que nos han hecho encontrarnos en las mismas coordenadas en el nuevo mapa sin fronteras que es Internet: a diferencia de Gersón, que es un geógrafo valenciano, emprendedor y docente universitario, Jorge es un ingeniero vallisoletano y trabajador en la administración pública. Pero ambos coinciden en su amor por la geografía y por la tecnología, ambos provienen del ámbito de los Sistemas de Información Geográfica (SIG) y ambos tienen un blog y han autopublicado diversos libros.

Lo más interesante es que nuestra colaboración profesional es, al mismo tiempo, causa y consecuencia de la existencia de la red. Hace diez años que nos encontramos en Internet sin conocernos, entre blogs y posts comenzamos a leernos, aprendiendo uno del otro y encontrando puntos en común. El año 2011 Jorge del Río autopublicó «Mapas invisibles» y en el año 2012 Gersón Beltrán «Geolocalización y redes sociales». No fue hasta muchos años después, el año 2017, en el que nos conocimos personalmente (lo que denominamos desvirtualizarse) en el I Encuentro de Geobloggers celebrado en València gracias a la Revista Mapping. Bastó una charla de pie, con un café en la mano y mil ideas en la cabeza, para confirmar nuestra sintonía, empatía y sinergias.

Hasta ese momento habíamos coincidido publicando diversos capítulos en obras comunes como «Neogeografía: algo más que cartografía accesible», de la revista *Polígonos* de la Universidad de León en el año 2015 o artículos en la Revista Mapping (2017), pero, desde ese momento, comenzamos a publicar de forma conjunta: un artículo en común sobre «Comunicación de la industria geoespacial en Internet: los blogs de información geográfica» en el Congreso de Tecnologías de Información Geográfica (2018); el capítulo «Contributions from Informal Geography to Close the Gap in Geographic Information Communication in a Digital World» en el libro *Geospatial Technologies in Geography Education* (2019) y el capítulo «Territorios Inteligentes y Datos Espaciales» en el libro Los territorios rurales inteligentes: administración e integración social (2019).

Por qué lo hacemos

Hemos seguido hablando y colaborando, compartiendo ideas y sueños alrededor de la geografía en este nuevo mundo, al mismo tiempo que hemos mantenido nuestros blogs, de forma más o menos irregular, en un mundo líquido y etéreo en el que lo superficial se superpone a lo profundo, la forma al contenido, el yo al nosotros, el *selfie* al paisaje y la geolocalización personal al mapa social, donde los blogs están siendo superados por las *stories* en cualquier de sus formas y nuevos canales, en los que la forma de narrar se suceden a ritmo vertiginoso. Pero, quizás por nuestra edad, seguimos pensando que la escritura es uno de los elementos que define a la raza humana y que, de alguna u otra forma, prevalecerá.

Por otra parte, vemos cómo muchas veces la enseñanza universitaria va muy lenta con respecto a la sociedad y el mercantilismo empresarial va demasiado avanzado: la una con su ritmo lento, pausado, de reflexión buscando un beneficio social, el otro con su ritmo acelerado, buscando un beneficio económico rápido sobre la empresa. La universidad produce mucho contenido y de buena calidad, pero no acaba de comunicarlo a la sociedad en los nuevos canales, ni en tiempo ni en forma; en cambio la empresa produce mucho contenido en ocasiones superficial y lo comunica muy bien. Aunque parezca lo contrario ambas visiones no son contrarias, sino complementarias, como el Yin y el Yang, una no puede vivir sin la otra y en el equilibro está el camino recto.

Los autores se encuentran atrapados entre ambos mundos: quieren reflexionar sobre el mundo que les rodea y de forma aplicada, pero también ofrecer una reflexión rigurosa y científica en el mundo empresarial, con el riesgo de ser poco académicos en un lado y demasiado en el otro. Pero, al mismo tiempo disfrutan de la libertad de poder analizar la geografía sin ningún tipo de presión, no necesitamos (ni queremos) publicar en una firma que indexe en el mundo académico, pero tampoco monetizar para hacernos ricos.

Paradójicamente, el por qué lo hacemos tiene más que ver con el corazón que con la razón, lo hacemos porque lo sentimos y porque queremos aportar algo a este mundo, formar parte del futuro, aunque sea con el tamaño de dos átomos, aportar a la geografía parte de lo que nos ha dado.

Cómo lo planteamos

Tras varios años publicando reflexiones y desarrollando acciones sobre la geografía en red, hemos decidido que sería buena idea unirlo todo en un libro, en un doble formato físico y digital, para que quede constancia de dichas reflexiones más allá de la etérea blogosfera. En este proceso, nos dimos cuenta de que más que un libro de gran volumen tan disperso, dos autores, más de 5 años y muy diversas temáticas, sería interesante plantear una serie de libros mucho más accesibles e independientes, pero siempre en torno a la Geografía en red y la tecnología como elementos en común, como las dos caras de una misma moneda, como dos aspectos inseparables y complementarios, en la que la geografía siempre es el fin y la tecnología el medio.

Para qué lo hacemos

Para que el lector se haga preguntas.

Decía Einstein que lo importante es no dejar de hacerse preguntas. El desarrollo profesional de los autores se ha basado en preguntarse cómo aplicar una visión de la geografía tradicional en otros entornos: los mapas invisibles de Jorge del Río hablaron de los mapas y su relevancia en Internet, mientras que la geolocalización online de Gersón Beltrán hablaba de cómo la geolocalización podía analizar las redes sociales.

Estos libros tratan de seguir esta misma metodología científica, que al fin y al cabo viene de los principios de los filósofos griegos de cuestionarse todo. En este caso, los autores se cuestionan cuál puede ser el futuro de la geografía, reflexionando sobre cómo la geografía en red puede aportar valor en ámbitos en los que no se piensa de entrada, porque la mejor forma de construir el futuro es imaginarlo.

No se trata de crear nada nuevo, sino de adaptar la geografía clásica a la geografía del futuro a través del análisis de la geografía en red y cómo lo está transformando todo. Además, esto permitirá a los futuros geógrafos conocer nuevos nichos de mercado y plantearse posibilidades de desarrollo profesional, siempre desde el pensamiento geográfico. A los no geógrafos, estos libros intentarán ayudarles a entender como gran parte de los datos y la información son geográficos se origina en algún lugar y sirven para para mostrar realidades no siempre visibles a simple vista.

Todo va muy deprisa, seguramente cuando se lean estas palabras habrá habido una tecnología que lo cambie todo, quizás sea la supremacía de la computación cuántica que acaba de anunciar *Google*, las cadenas de *blockchain*, la substitución de los móviles por lentillas con realidad aumentada, la construcción de ciudades con impresoras 3D, el desarrollo de una carta de derechos y deberes de los robots, lo que soñaron Asimov, Arthur C. Clarke o Dirk ya es realidad, pero también nos acercamos a distopías como las de Orwell, Bradbury o Huxley. La buena noticia es que depende de nosotros, la tecnología no es buena ni mala en sí misma, depende del uso que se haga de ella, pero, sin duda alguna, la tecnología ha sido lo que ha hecho avanzar el mundo.

Qué hemos hecho: la trilogía

Así pues, hablamos de tres grandes aspectos vinculados con las tecnologías de la información y la comunicación geográficas: la tecnología geoespacial, los datos y la comunicación. De nuevo estos aspectos son inseparables: sin datos no hay nada que comunicar y sin tecnología no se pueden explotar esos datos, si no se comunica el resultado no existe y si no se visualiza la tecnología no se puede comunicar.

La estructura de la serie se configura como un sistema abierto en el que la herramienta de la geografía en red es la tecnología, que consume datos (*inputs*) y produce conocimiento (*outputs*). De este modo, se estructuran tres libros que conforma

una trilogía bajo el título «Geografía en red de la reflexión a la acción», como un conjunto organizado de reflexiones conectadas.

1.- Geografía en red y tecnología: las herramientas

2.-Geografía en red y datos: la materia prima

3.- Geografía en red y comunicación: el marketing

Este libro nace de la voluntad y la necesidad de compartir artículos y entrevistas alrededor del mundo de la geografía en Internet. La distribución de los capítulos no es cronológica en el tiempo, por lo que entendemos que puede haber algún desfase, así como algún aspecto desactualizado en un mundo tan rápido y, por ello, hemos incorporado la fecha de los artículos publicados en nuestros blogs y reproducidos aquí.

Pedimos disculpas por adelantado al lector, pero consideramos que el material puede aportar el suficiente valor como para no modificar el original. En todo caso hemos realizado pequeñas modificaciones como algún comienzo o final.

En definitiva, este libro se puede leer de forma organizada o solo por libros o, directamente, por capítulos o artículos, en cualquier caso, todas las formas tienen sentido.

El lector podrá encontrar las iniciales GB (Gersón Beltrán) o JDR (Jorge del Río) junto a la fecha de cada artículo, de modo que le permita identificar al autor de cada uno.

De hecho, esa es la esencia de estas publicaciones: no se trata de ofrecer un contenido de forma unidireccional para que sea consumido por el lector como desearíamos los autores, sino un contenido estructurado, lógico, coherente, pero lo suficientemente dinámico y flexible como para ser consumido como desee el lector: seguido o alternado, por libros o por artículos.

Se trata de coherencia, defendemos que el contenido es la clave, pero la forma de consumirlo debe ser elegida por el lector de forma libre, porque los lectores son poliédricos y heterodoxos. Es un ejercicio de libertad.

No pretendemos sentar cátedra ni analizarlo todo desde la investigación y, en caso de hacerlo, hemos citado la bibliografía correspondiente. Simplemente pretendemos que todo lo que nos ha llevado tanto esfuerzo escribir, entendido como el resultado final de investigar, analizar, probar, implementar y, al final, desarrollar, quede plasmado de forma organizada y compartido con aquel a quien interese.

A Gersón Beltrán le preguntan qué hace un geógrafo profesional interesado en la geografía en red, mientras que a Jorge del Río le preguntan qué hace un ingeniero de montes interesado en la geografía en red. No se trata de lo que uno estudia, sino de lo que uno ama. Cuando uno hace mapas o trabaja con datos espaciales, acaba antes o después, dibujando espacios que dejan de ser desconocidos, pero comprender los territorios que hace visible esa cartografía novel requiere de la geografía. Una geografía en red y conectada que no deja de ser interpelada de manera recurrente e insistente por todo lo que está sucediendo a nuestro alrededor.

Parte de lo que hacemos está en este libro, esperamos que el lector lo disfrute tanto como nosotros escribiéndolo, bienvenidos al nuevo mundo surgido de Internet, bienvenidos a la geografía en red.

Contenidos del libro II

Geografía en red y datos:

la materia prima

Este segundo libro ofrece una panorámica sobre el mundo de los datos. Los datos geolocalizados hoy en día se han convertido en la materia prima necesaria para el desarrollo de la geografía en red.

GB y JDR
marzo 2021

Este segundo libro ofrece toda una serie de reflexiones y ejemplos prácticos sobre los datos como materia prima de la geografía en red. No es un manual académico sobre dónde están los datos, o un catálogo sobre qué datos existen, ni sobre cómo funciona la tecnología necesaria para trabajar con ellos. Este es un libro cercano al ensayo dónde se habla principalmente sobre lo que conlleva la inclusión del dato en las organizaciones.

Se compone de 8 capítulos que exploran la importancia que tienen los datos en nuestras vidas y, por ende, en la geografía, ya que ésta se basa en la información geográfica como el elemento esencial de análisis y gestión territorial.

Tal es su importancia que podemos hablar de la industria del GEODATO a comienzos del siglo XXI, que, siguiendo el símil económico, está comenzando a configurar los espacios donde se almacenan dichos datos, las fábricas de datos, y en los que se transforman mediante la gestión de los mismos.

Los datos espaciales tienen un valor económico indiscutible, aunque muchas veces intangible, que se obtienen utilizando los Sistemas de Información Geográfica para su gestión.

Por último, los datos espaciales ofrecen elementos destacados a través de buenas prácticas, así como toda una serie de ejemplos prácticos. sobre las grandes cuestiones que la geografía digital y los datos espaciales nos plantean en este siglo XXI.

CAPÍTULO 1.-TRANSFORMACIÓN DIGITAL CON GEODATOS

Los datos espacies son parte protagonista al de la trasformación digital. La localización de actividad, y objetos permite monitorizar actividades y desvelar patrones que antes no eran visibles. Este capítulo destaca algunas de las peculiaridades de la transformación digital con datos geográficos.

CAPÍTULO 2.- LA INDUSTRIA DEL GEODATO EN EL COMIENZO DEL SIGLO XXI

Toda gira en torno a los datos, un elemento con un indudable valor económico. Por tanto, los datos dejan de ser algo abstracto para convertirse en la base de la transformación digital de las compañías y los datos geolocalizados aportan un valor añadido y se configuran como la moneda de la geotecnología.

CAPÍTULO 3. FÁBRICAS DE DATOS

Si los datos geolocalizados son un producto que, mediante el uso de tecnología se puede transformar en un servicio, entonces hay que plantear la existencia de fábricas de datos y todo el sistema relacional que suponen, incluyendo las organizaciones, los elementos, tipologías, clasificaciones, cadenas de producción y ejemplos reales

CAPÍTULO 4. GESTIÓN DE FÁBRICAS DE DATOS

Las fábricas de datos son infraestructuras de transformación digital que se articulan alrededor de geo-comunidades que gestionan las fábricas de datos. Éstas se basan en la adopción tecnológica como clave para su desarrollo y producen un impacto en los análisis espaciales que deriven en la inteligencia en dicha gestión para ser más eficientes.

CAPITULO 5. VALOR ECONÓMICO DE LOS DATOS ESPACIALES

Los datos espaciales son un producto que tiene un valor económico y que genera un valor económico. El hecho de que sean productos digitales no tangibles no implica que no formen parte de un mercado de alto valor añadido, que, al igual que el resto de productos, tienen un valor en bruto que se multiplica cuando se transforma en información y conocimiento.

CAPITULO 6. GESTIÓN DE DATOS GEOGRÁFICOS

La gestión de los propios datos geográficos se sigue realizando a través de Sistemas de Información Geográfica (SIG) en los que se generan proyectos y que deben ser gestionados como tales, con su planificación, sus unidades de medida y sus direcciones de obra.

CAPITULO 7. BUENAS PRÁCTICAS

Los datos son algo abstracto hasta que se utilizan de forma inteligente para que conformen la base de las ciudades inteligentes o se logra poner un valor económico a técnicas espaciales que ayudan al desarrollo de los negocios como es el geomarketing.

CAPITULO 8. EJEMPLOS

Los datos son un valor de negocio y cualquier organización es capaz de usarlos y convertirlos en conocimiento e inteligencia. *Play&go experience* construyó el concepto de *game data*, obtención de datos a través de la gamificación desde experiencias tan locales como las Fallas de València, hasta llegar al mercado europeo a través del proyecto REACH como proveedores de datos para su reutilización en el sector del turismo.

INDICE

Prólogo

YOTTABYTES EN INTERNET
por Horacio Capel[1]

Marzo 2021
Horacio Capel

Internet es hoy un instrumento esencial para la comunicación, que afecta a todos los ámbitos de la vida colectiva y que ha cambiado muchos hábitos, incluso los científicos. En los últimos diez años Internet ha crecido mucho, y ha cambiado la economía y la sociedad; y también ha contribuido a la transformación de la ciencia geográfica.

Agradezco a Gerson Beltrán y a Jorge del Rio que me hayan invitado a participar en esta publicación digital e impresa, y valoren mucho mi artículo "Geografía en red a comienzos del tercer milenio", publicado en 2010. Es un honor para mí estar asociado a esta obra sobre la Geografía en red: de la reflexión a la acción, resultado de los blogs que han escrito durante varios años y que han estado dedicados a las tecnologías, la comunicación y los datos. Los dos autores tienen un gran interés por la Geografía y los Sistemas de Información Geográfica (SIG); el primero es uno de los geógrafos españoles que ha publicado más sobre las tecnologías de la información y la comunicación en su repercusión sobre la ciencia geográfica; el segundo es un ingeniero de montes atraído por la Geografía, y que investiga sobre ella.

Es muy importante que el contenido de los blogs que han mantenido y su pensamiento aparezca ahora reunido y ordenado. Escriben: "sin datos no hay nada que comunicar y sin tecnología no se pueden explotar esos datos, si no se comunica el resultado no existe, y si no se visualiza la tecnología no se puede comunicar". Utilizan los nuevos canales de información y

---

[1] D. Horacio Capel, Profesor Emérito de la Universidad de Barcelona, donde ha sido Catedrático de Geografía Humana. Premio International Vautrin Lud («Nobel de Geographie»), 2008.
Wikipedia: https://es.wikipedia.org/wiki/Horacio_Capel
CV: http://www.ub.edu/geocrit/capel.htm#abr

comunicación para difundir los contenidos de la Geografía. Cada vez más se dispone de recursos geográficos en Internet, desde los libros, documentos, mapas, SIG y otros, de manera que son muy relevantes estos tres volúmenes que prologamos para tener conciencia de las enormes utilidades que tiene para la Geografía el uso de las herramientas que ofrece Internet. Los estudiantes de hoy tienen posibilidades que los mayores no tuvimos.

En los últimos diez años el volumen de datos que se transmiten por Internet ha crecido inmensamente: de terabytes a petabytes, exabytes, zettabytes y yottabytes. Y en el futuro será necesario acuñar otras expresiones, porque la cantidad de datos aumenta de forma ingente, y se extiende a libros e informes, textos, números e imágenes, a la información de redes sociales, a cine, fotografía, radiodifusión y televisión, sonido, música grabada y telefonía.

Más de la mitad de la Humanidad ya es usuaria de Internet. La aceptación de las nuevas tecnologías de la información ha sido rápida y casi instantánea. El tiempo de llegada a los consumidores se ha acortado considerablemente, ya que si en la segunda mitad del siglo XIX un medio (como la radio) tardaba cuatro o cinco decenios en popularizarse, en el siglo XX se ha reducido a años, hasta menos de tres años.

Los ordenadores y el número de mensajes enviados se han extendido ampliamente, crecen a un ritmo exponencial, primero a través de cables y ahora también sin cables. Hay muchas informaciones que muestran que en los últimos años está aumentando el envío de correos electrónicos y la cantidad de mensajes de texto que se producen en una hora, e incluso en un minuto; así como las búsquedas en Google y otros buscadores. También se calculan el incremento de la reproducción de películas y documentales, los usuarios de YouTube, de Twitter, y otras redes sociales; y asimismo las transacciones por Internet, los envíos de Amazon, y de otras empresas transportadoras.

Los datos se pueden enviar, se pueden almacenar electrónicamente y analizar para identificar nuevas relaciones y consecuencias; son de un volumen inmenso, y crecen continuamente. Datos muy complejos, estructurados y no estructurados, que se pueden tratar a partir de algoritmos para analizar las relaciones entre ellos, permitiendo obtener ideas y, en el caso de las personas, deducir comportamientos. Se denomina a ellos Big Data, del que se ha dicho que tiene cinco V: volumen, velocidad, variedad, veracidad y valor.

Hoy se pueden conocer las necesidades y las tendencias de los ciudadanos y los clientes; pueden preverse nuevos problemas, descubrir nuevos productos y nuevas necesidades, y permiten tomar decisiones. A pesar del gran volumen de datos, éstos pueden ser tratados de múltiples formas. Los datos estructurados son de tipo económico, comercial, social, político, entre otros; los datos no estructurados son los que constituyen el Internet de las Cosas, las radiofrecuencias y los teléfonos, las búsquedas en Internet, las redes sociales, los GPS, los centros de llamadas, entre otros.

Las empresas comerciales procuran la difusión de sus productos a los consumidores, ofreciéndoles artículos adecuados para cada persona, según lo que han consumidos en el pasado y las costumbres que tienen. Se pueden añadir datos procedentes de las redes sociales, e información estadística diversa.

En los últimos diez años se han desarrollado conceptos como el Smarter Planet Visión y las Smart Cities, para gestionar el planeta y las ciudades de forma más inteligente. La aplicación de las nuevas tecnologías de la comunicación y la información para gestionar sistemas interconectados, resuelve problemas y necesidades de las empresas, las entidades administrativas, y los ciudadanos; produce conocimiento en tiempo real y puede anticipar lo que puede suceder. Se trata de redes alámbricas e inalámbricas, a través de las cuales se transmiten datos continuamente entre sistemas, que pretenden gestionar las ciudades.

La capacidad de conexión a muchos objetos y la capacidad computacional se aplica por doquier: a las infraestructuras, al tráfico y la movilidad, a los aparcamientos, a los edificios, a la salud (por ejemplo, las clínicas y los historiales de los pacientes), al suministro de energía, a la economía, a la gestión de residuos urbanos de forma que los camiones de recogida ahorren tiempo, y a otros aspectos urbanos. Con ello la gestión de la ciudad gana en eficiencia.

La digitalización se ha convertido, todavía más, en esencial durante la pandemia de covid-19. Se ha utilizado para informarse, comunicarse, y distraerse; y su uso también se ha difundido en ámbitos como el teletrabajo y la realización de gestiones en línea.

Pero estos aspectos positivos que hemos citado, se enfrentan a otros negativos. Puede haber un sobreconsumo de los contenidos digitales, y los cerebros de las personas pueden no estar adaptados a una situación de "fiebre digital". Esto es lo que piensan muchos autores, y entre ellos el neurólogo

Michel Desmurget en una obra reciente La fábrica de los cretinos digitales. Los peligros de las pantallas para nuestros hijos, donde advierte del peligro de la información digital; y escribe que el Homo Digitalis tiene "una inteligencia frenada y una salud en peligro". Las consecuencias son la dispersión, el empobrecimiento del lenguaje, la pérdida de la memoria, el sedentarismo la alteración del sueño, entre otras. La conclusión es: más pantalla, menor vida.

La idea de muchos médicos, psicólogos y educadores es tajante: no se debería permitir el acceso a las pantallas hasta los seis años, y controlarlo en la adolescencia, para evitar que se pasen muchas horas ante las pantallas. Mucha de la información que envía por Internet es innecesaria o banal, y alguna falsa.

Además, los datos de Internet son muy frágiles, El robo de cuentas en la red son constantes y muy frecuentes. Es muy difícil proteger la identidad digital de empresas de los ciber-delincuentes. No hay cifras significativas accesibles sobre los ataques que se producen en las redes, aunque las empresas tratan de mejorar la seguridad en ellas. Es difícil controlar la difusión de la información, y ésta puede falsearse. Se busca acceder a esta información sin autorización, a veces se comparte sin saberlo en las redes sociales. Se espían los mensajes y se almacenan sin autorización, y luego se tratan; crece el secuestro de datos con el objetivo de pedir rescate para devolverlos

Internet transmite muchas noticias falsas (*fake news*), con el objetivo de la desinformación. Se propagan a través de los medios de información de masas, como la prensa, la radio, la televisión, el cine, y como mensajes personales en Internet. El objetivo es engañar, manipular, enaltecer o desprestigiar a una persona o entidad. Las noticias falsas se presentan como si fueran reales, e influyen en las conductas a través de la desinformación. También pueden ser utilizados por gobiernos autoritarios para calificar de noticias falsas las que no le convienen.

Facebook e Instagram han implantado programas, que ofrecen recompensas a aquellos que descubren fallos de seguridad; y existen otras bases de datos y entidades que se esfuerzan por descubrir las amenazas, y cuentas falsas que se utilizan para atacar y robar información.

Es necesario un control de la información que circula por Internet. Pero hay personas que se oponen a ello, porque creen que es muy peligroso ya que introduce la censura en la red. Pero se pueden controlar los portales que defienden noticias falsas sistemáticamente.

Los mapas de la geografía de Internet muestran la estructura jerárquica de la transmisión de información, así como las grandes disparidades que existen entre unos países y otros, en la utilización de los buscadores y las redes sociales; y asimismo las diferentes velocidades de conexión. Pero ya se están desarrollando esfuerzos de inversión para que se desarrollen las redes de telecomunicaciones en los países menos avanzados; las inversiones en ciberseguridad ascienden, pero no lo suficiente.

A pesar de ello, la brecha digital y las desigualdades que genera la tecnología digital, es muy amplia. Una parte de la gente no tiene recursos para disponer de un ordenador conectado a Internet, y existe el riesgo de exclusión social. Y las mismas escuelas en barrios más populares tienen dificultades para los cursos digitales, porque una parte de los alumnos no tienen equipos o conexión, y los centros de enseñanza no tienen recursos para facilitárselos.

Es preciso introducir en las enseñanzas básicas, medias y superiores unos programas para utilizar críticamente Internet y las redes sociales, y que estas fuentes se utilicen con mesura.

Estos libros, que están centrados en la Geografía, pueden servir para utilizar Internet de forma razonable como sistema de enseñanza en esta ciencia, en los aspectos espaciales y territoriales, que es uno de los objetivos de la ciencia geográfica. Los tres volúmenes son una buena introducción a la Geografía en red, en los aspectos tecnológicos, los datos y la comunicación, al mismo tiempo que una reflexión sobre los aspectos de geolocalización y la gestión territorial.

1

Transformación digital con geodatos

CAPÍTULO 1.- TRANSFORMACIÓN DIGITAL CON GEODATOS

Los datos espaciales, geográficos y mapas en Internet están participando en la transformación digital. Estamos asintiendo a numerosos fenómenos relacionados con la producción y uso de la cartografía, los mapas, la geo-localización y los datos geográficos en Internet.

Un dato espacial es cualquier dato que puede ser localizado porque hace referencia a una ubicación o zona geográfica concreta. Bajo esta definición nos encontramos con nuevos tipos de información geográfica que se fusionan con datos geográficos tradicionales. Datos espaciales novedosos, procedentes de fuentes tan dispares como el Internet de las cosas, los sensores remotos, o las redes sociales, se mezclan en bases de datos donde la localización espacial es un atributo necesario para analizar y predecir patrones y hechos geográficos.

Fenómenos en la transformación digital con datos geográficos

06/09/2017
JDR

La transformación digital con datos espaciales ha acarreado matices en algunos fenómenos relacionados con las ciencias de la información geográfica y la sociedad.

Organizaciones impulsadas por datos geográficos

Nos encontramos con organizaciones impulsadas por datos que utilizan fábricas de datos espaciales en entornos tecnológicos para reunir datos geolocalizados con algoritmos y modelos matemáticos procedentes de la ciencia geográfica, la ciencia de los datos y la inteligencia artificial.

Este fenómeno crea comunidades de usuarios en las organizaciones y en la sociedad en ámbitos tan dispares con el marketing, el negocio, o la administración entre otras. Todas ellas están elaborando sus conjuntos de datos e integrando los datos procedentes de otras fuentes. Grandes y pequeños conjuntos de datos «*Big Data*» y «*Small Data*» se incluyen en sistemas de inteligencia de negocio (BI), sistemas de ayuda a la toma de decisiones (DSS), sistemas de información geográfica (SIG) e infraestructuras de datos espaciales (SDI). Todos ellos tienen un denominador en común son fábricas de datos, concepto cercano al de ciber infraestructuras espacial.

La actualización de la información, el seguimiento en tiempo real de la realidad, la automatización de las decisiones, son algunos de los nuevos mantras que se pronuncian alrededor de lo "smart". La producción artesanal de datos y mapas está dando paso al desarrollo y puesta en funcionamiento de fábricas de datos.

Las fábricas de datos están mostrándonos que son algo más que un objeto tecnológico que poner en marcha para ver que puede ofrecernos la tecnología, es la respuesta a la cuestión de qué hacer con los datos para crear valor.

Valor económico de los datos espaciales

Los datos espaciales, geográficos y mapas en Internet entran como materia prima en las fábricas de datos. La cadena de valor de las fábricas destila los datos en variables que cuantifican, explican, predicen, o exploran fenómenos, procesos o estados. En este proceso el dato gana agencia, es decir, adquiere la capacidad de intervenir en el mundo asistiendo la toma de decisiones.

Por lo tanto, el dato se transforma en las fábricas de datos en información y conocimiento, se convierte en un activo financiero y como tal activo, podemos estimar el valor económico de los datos espaciales.

La finalidad de la valoración económica del dato geográfico no es solo determinar un precio, tiene aplicaciones en la gobernanza de los datos de los datos y en los procesos de comunicación.

Quien tiene una base de datos tiene un tesoro. Pero ese tesoro no sirve de nada sino se pone en valor.

Gestión con datos geográficos

Las decisiones informadas con datos geográficos se están transformando de un servicio resultado de un análisis espacial a un producto obtenido en una cadena de producción que está incluida en una fábrica de datos. La gestión de las fábricas de datos, con independencia de la forma que adopten SIG, IDE, DSS, BI admite varios marcos de gestión. Algunos de ellos son *agile*, *scrum*, *lean*, resilente, reconfigurable, *cloud*, sostenible, *web 2.0.*, mix LARG, calidad.

Estos paradigmas conviven y se superponen en el tiempo. Cada uno es útil para orientar la gestión, el liderazgo y la organización de la producción y el consumo de datos espaciales en un campo concreto, adaptado a la geo-comunidad específica sin perder de vista las circunstancias de mercado y económicas, el tipo de producto, el ciclo de vida, o a la disponibilidad de tecnologías de información.

El esfuerzo que supone la adopción de cambios productivos en la gestión de datos geográficos provoca la necesidad de construir indicadores para evaluar el grado de desempeño, el efecto y el nivel de adopción de cada paradigma por parte de una organización o de un sector productivo concreto de la información.

La finalidad de la producción de datos espaciales es el consumo de decisiones.

Comunicación y marketing de datos

La geo-comunicación está importando, probando y adaptando géneros, canales, y formatos de comunicación que proceden de áreas aparentemente tan dispares como: las relaciones públicas, el marketing, el periodismo, la comunicación corporativa, el cine, la literatura gris, el periodismo, o la visualización de datos.

El usuario es el centro del desarrollo en materia de comunicación de datos espaciales, geográficos y los mapas en Internet En este ecosistema, en el que se entrelazan comunicación de datos, compiten tecnologías, lenguajes de programación, cuadros de mando, infografías, visores SIG, web mapping o aplicaciones narrativas de corte *storytelling* entre otros.

Demostrar el valor de geoespacial es clave para conseguir la confianza de los usuarios y la sociedad.

Neogeografía

La neogeografía se ha definido tradicionalmente como la incorporación de nuevos actores no profesionales en las labores de producción. alrededor de la neogeografía se crea un mercado terminológico. que destaca alguna de sus facetas: voluntariado de información geográfica

(VGI) nuevos medios espaciales, geoweb, mapas 2.0, la *wikificación* del SIG, las Geo-Wikis o la inteligencia de las multitudes, ciencia ciudadana, capacitación geoespacial. Alrededor de la neogeografía se discute habitualmente sobre la calidad de las aportaciones que puede hacer cualquier persona con conocimientos razonables y acceso a las herramientas de la Web 2.0.

Las visiones más entusiastas sobre el uso de los datos espaciales, geográficos y mapas en Internet destacan la capacidad de la inteligencia geográfica de las multitudes, que brinda una oportunidad para favorecer el desarrollo económico y de empoderamiento de la sociedad alrededor de los datos espaciales. El sector más crítico cuestiona el culto a lo amateur que impregna la sociedad, y el verdadero valor que poseen las contribuciones neogeográficas, especialmente por la falta de credibilidad y calidad, frente a las realizadas por los profesionales. Hay mucha Geografía por leer y escribir.

SIG y sociedad

El proceso de transformación digital no es solo tecnológico. Pongamos el ejemplo de la interoperabilidad. Para conseguir la interoperabilidad en la utilización de los datos espaciales, geográficos y mapas en Internet no sólo se recurre a herramientas técnicas como modelos de datos y procesos ETL, de extracción transformación y carga de los conjuntos de datos, también es necesario poner en marcha procesos de negociación, acuerdo y normativa que permiten estos flujos de información.

Los datos nacen y acaban en la sociedad. La corriente de gis crítico o a más reciente del *smart city* crítico y propone una discusión a caballo entre el determinismo tecnológico y el constructivismo hay social. Muchos son los discursos que estamos generando alrededor de las influencias mutuas entre el SIG y la sociedad. Lo que cartografiamos determina que decisiones que podemos tomar.

¿Cómo estamos usando los datos espaciales?[2]

27/06/2016
JDR

Tecnología de datos

Los datos han incrementado su agencia, es decir, su capacidad de intervenir en el mundo. Se incorporan a medios comunicación y políticas públicas como argumentos para legitimar el desarrollo de determinadas acciones y se comienza a hablar de una cultura de organizaciones impulsadas por datos

¿Estos cambios han provocado que el dato se convierta en una mercancía, una materia prima virtual de una sociedad? Desde esta óptica los datos deberían ser mercancía, producido en masa, de las cuales existen enormes cantidades disponibles, y que por tanto tiene un bajo valor y un nivel de especialización muy escaso.

Recordemos que el valor de las materias primas nace del derecho del propietario de los datos a comerciar con los datos. Un ejemplo de *commodity* son los productos agrarios o minerales. De un tiempo a esta parte es habitual encontramos en múltiples artículo el titular y la analogía de que los datos espaciales son la materia prima, el petróleo, de algún proceso. Desde una visión económica y estricta no todos los conjuntos de datos cumplen con las condiciones aquí expuestas para ser considerandos mercancías o materias primas.

A pesar de esta precaución muchas organizaciones de nuestra sociedad han introducido esquemas propios de la manufactura industrial y del informacionalismo. Estas estructuras no son solo tecnológicas ni técnicas sino también conllevan la creación de auténticas fábricas de datos

Las fábricas de datos son infraestructuras que están generando cambios en los modos en los que producimos y consumimos datos. Un ejemplo en la producción lo tenemos cuando hablamos de manufactura industrial y aplicamos normas UNE en los datos (UNE 148002), o cuando observamos ciclos tecnológicos como los *big data* y *small data*. En el consumo

---

[2] Extraído de la ponencia sobre gestión forestal basada en conjunto de datos espaciales que titule Bases de datos espaciales y gestión forestal: ¿Por qué hablamos de datos? Que se enmarca dentro de la jornada de Bases de datos para la Gestión Forestal Sostenible, 27-06-2016 Palencia, España

de datos el informacionalismo y los ciclos sociales, más allá del posible tinte de márquetin tecnológico la aparición y difusión de estos términos son síntomas de la difusión de una cultura de los datos y un momento de oportunidad y transformación, como apunta la comunicación de la comisión europea titulada: *Europa 2020 una estrategia para un crecimiento inteligente, sostenible e integrador.*

Cómo se consumen los datos espaciales (CDE)

¿En qué temas se está utilizando los CDE? Existen tres áreas de intensa actividad como son la relacionados con operaciones o información, la asociada con la planificación, y la vinculada con la Formulación de políticas o cursos de acción.

Mediante software vía web, o nube con dos grandes líneas la utilización de programas comerciales (COTS) o el desarrollo de soluciones a medida (BTO). El procesado de la información prepara un consumo final donde parece imponerse la comunicación de resultados a través de infografías, tableros de mando o panales de control.

En que tópicos se está investigando

Para averiguar cuáles son los temas en los que se está investigando sobre datos espaciales y gestión forestal vamos a recurrir a la base de datos bibliográfica de Google scholar y filtrando por los términos *spatial data"* y *forest management,* reduciendo la búsqueda al periodo 2010-2015 se han obtenido 4.350 artículos; que acumulan más de 42.220 citas. Estas referencias permiten identificar cuáles son los ámbitos temáticos.

- Metodológicas: datos, inventarios, modelos, CDE
- Planificación, gestión, evaluación: gobernanza, herramientas, toma de decisiones, riesgos, escenarios
- Estructura y distribución de los bosques en el paisaje: incendios, deforestación, clima
- Funciones y servicios de los ecosistemas: vulnerabilidad ante el cambio climático, gestión, políticas
- Cambios de uso: identificación, efectividad, conservación

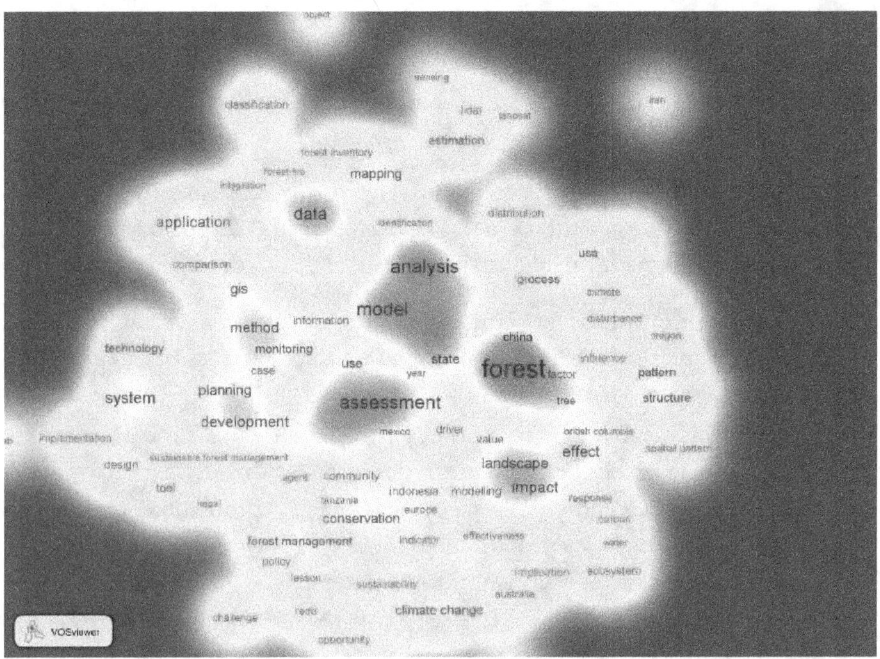

Ilustración 2 Mapa de calor sobre términos más empleados en el estudio de la gestión forestal y conjunta de datos espaciales en artículos publicados en el periodo 22010-2015 e indexados en la base de *Google Scholar*.

Consecuencias

Ciencia, tecnología y ahora la gestión de organizaciones se comunican mediante datos. En el mercado asistimos al apellido "con datos", de la ciencia, tecnología, u organizaciones o el periodismo que buscan como distinguirse en el mercado saturado de contenidos y de oferta. Se observa como aparecen la necesidad y demanda de nuevos roles profesiones alrededor de los datos.

Los malos mapas generan decisiones desacertadas

14/01/2009
JDR

El título de este post parece algo obvio y conocido por todos, pero Charlie Frye desde *Vector One* ha publicado un llamativo artículo relacionado con esta idea. Frye insiste en que los mapas malos son malos para los negocios y se plantea la siguiente cuestión ¿cómo es posible que hoy en día gestores y directivos asuman como bueno un mal mapa? Hasta aquí el planteamiento es interesante, sin embargo, la cuestión llamativa del post es ¿a qué considera su autor un mal mapa?

En el artículo arremete contra los mapas de puntos sobre un *mash up* o un *web map* a los que considera malos mapas y la causa de pobres decisiones. Sorprendente. Algunas consideraciones a este artículo, desde este blog.

- Los mapas de puntos no son el enemigo y los *mash up* tampoco. La preferencia de los gestores por este tipo de cartografía es un mensaje que nos cuesta escuchar.

- La producción cartográfica ya no es patrimonio de una clase productora, al igual que la escritura y la lectura tampoco lo son. Este factor genera riqueza en la sociedad y en las organizaciones, vivimos una edad de oro cartográfica. Los gestores al igual que el resto de ciudadanos son sensores, productores y consumidores de mapas.

- Es necesario asumir el papel de embajadores venecianos o hacer un marketing del trabajo cartográfico. De mapas de marketing hemos de evolucionar al marketing del mapa, cada mapa tiene su público y su objetivo. A veces un simple mapa de puntos es suficiente.

- Como la atención es un bien escaso se produce situaciones propias de la ecología en un ecosistema de herramientas y medios para asistir la toma de decisiones donde se produce una competencia entre mapas con distintas estrategias como son los *mapas r* y los *mapas k*.

- La neogeografía no produce malos mapas y los mapas malos no son producidos por la neogeografía.

- En un mercado de abundancia de datos, herramientas y fábricas de datos y por lo tanto de competencia y vigilancia entre ellos se abre un nicho al desarrollo e implantación en el mercado de mapas de estrategia tipo K que resultan de análisis espaciales, los cuales son básicos en la toma de decisiones complejas.

- En este rol del mapa, que, si bien no es nuevo si que está cobrando popularidad y relevancia social, están en desventaja los mapas- que representan un territorio cada vez más cartografiado desde una perspectiva básica y temática.

Ciencia y tecnología espacial[3]

27/06/2016
JDR

Gestionar con datos espaciales en las organizaciones impulsadas por datos

La célebre fase de Deming "sin datos sólo eres una persona más con una opinión" nos recuerda una realidad que cada día tenemos más interiorizada, necesitamos datos para tomar decisiones informadas.

Empezamos a disponer de múltiples ejemplos desde la gestión de toma de decisiones mediante datos. Estos ejemplos tienen en común que los datos asisten o apoyan la toma de decisiones mediante un indicador o un conjunto de ellos que cuantifica un proceso o un estado que se compara con alguna medida de optimización.

Este esfuerzo de cálculo no solo implica mejores decisiones, tiene más ventajas. Nos ofrece la posibilidad de comunicar al resto de la organización y a la sociedad el éxito o el fracaso de nuestra gestión, mediante resultados objetivos.

En este contexto es por lo tanto frecuente que se hable de organizaciones impulsadas por datos para diferenciar las organizaciones que han asumido esta transformación digital.

Una vieja idea modernizada: Organizaciones y datos espaciales

La gestión con datos espaciales no es nueva. Uno de los antecedentes más recientes que podemos hallar en la historia nos lo ofrece la gestión que hacían de la información espacial las grandes casas comerciales que se desplegaron en Europa partir del siglo XVI. A estas pioneras organizaciones podemos calificarlas como una de las primeras compañías impulsadas por datos (*Data driven company*) que incorporan los geodatos como un álabe de su motor de actividad.

La historia de estas organizaciones nos revela como el dato espacial

---

[3] Extraído de la ponencia sobre gestión forestal basada en conjunto de datos espaciales que titule Bases de datos espaciales y gestión forestal: ¿Por qué hablamos de datos? Que se enmarca dentro de la jornada de Bases de datos para la Gestión Forestal Sostenible, 27-06-2016 Palencia, España

se transformó en un activo empresarial con una amortización del valor de uso y se crearon las primeras infraestructuras de datos espaciales (IDE) con sus protocolos, gestores y regulación de la propiedad intelectual. Muchos de ustedes reconocerán en estos hitos algunos de los elementos que de nuestra gestión actual de los conjuntos de datos espaciales mediante IDES.

Empezamos a disponer de múltiples ejemplos de toma de decisiones impulsada o dirigida mediante datos desde la gestión y desde la ciencia. Estos ejemplos tienen en común que asiste la toma de decisiones mediante un indicador o un conjunto de ellos que cuantifica un proceso o un estado. Tiene sentido realizar este esfuerzo de cálculo por la posibilidad que nos ofrece de comunicar a la sociedad nuestra gestión y los resultados de la misma de manera objetiva, yendo un poco más allá nos permite además aumentar nuestra capacidad de gestión mediante la cuantificación de la cantidad de esfuerzos que debemos concentrar en las variables de mayor influencia en los procesos que gestionamos.

Ciencia y tecnología de la información geográfica (SIG&T)

Una duda que les habrá surgido es porque nos centramos en los conjuntos de datos espaciales. La respuesta más simple es que la mayoría de los datos con los que trabajamos admiten una localización geográfica en el territorio. Sin embargo, hay otra más profunda que explicó de manera sobresaliente Rita Colwell en la ceremonia de graduación de la escuela de posgrado de la universidad de Notre Dame, permítanme reproducir parte de su discurso *"Los análisis de los ecosistemas están demostrando ser perspicaces. Lo más sorprendente es la fusión de lo que se consideraban bases de datos dispares y la representación de esta integración, a través de los avances en la ciencia y la tecnología de la información. Los grandes conjuntos de datos acumulados por los ecologistas, toxicólogos, los científicos de salud pública, climatólogos y científicos de la atmósfera ahora se fusionan y se explotan para producir una nueva comprensión y el descubrimiento de los principios fundamentales de la salud humana no reconocidos previamente. Y, afortunadamente, estos avances se están realizando en un momento en que se pueden utilizar para resolver los problemas más urgentes que enfrenta la civilización humana: la pobreza, el cambio climático y los conflictos entre las naciones"*.

Como afirmo Colwell en el 2004: *La ciencia de la información geográfica y la tecnología de los sistemas de información geográfica están bien posicionadas en este momento crucial para ayudar a modelar el nuevo paisaje de la ciencia.*

Ambas citas nos ofrecen una respuesta: La riqueza del dato espacial, su verdadero valor, es que nos permite combinar datos y nos ayuda a revelar patrones antes desconocidos.

Áreas de conocimiento y competencias

El carácter transversal de la ciencia y tecnología de la información geográfica (SIG&T) hace que su inclusión en la educación no sea una tarea sencilla. Se han llevado a cabo grandes esfuerzos de cooperación entre numerosos agentes que en muchos casos han supuesto la creación de consorcios entre instituciones de diversos países. Junto con los pioneros modelos curriculares basados en de áreas de conocimiento o en competencias desarrollados por UCGIS hay que añadir por su cercanía geográfica con nosotros el GIN2-K europeo, en el que participan desde España las universidades Jaume I y de Girona.

Existen algunos denominadores comunes que se desprende de las lecturas de los currículos y que se puede resumir en que todos utilizan el marco de STEM. STEM es el acrónimo para designar la suma de ciencia, tecnología, ingeniería y matemáticas, versión actualizada del cuadrivium medieval, más la inclusión de aspectos sociales y económicos.

La integración de la ciencia

Lograr una organización dirigida por datos no sólo requiere de nuevos profesionales o de actualizar competencias, los famosos conocimientos, habilidades y actitudes, de los ya existentes. Un pilar básico para lograrlo es integrar la ciencia en la práctica y quehacer diario de las organizaciones. Un medio que facilita esta tarea es conseguir adaptar y transformar los resultados de la investigación en productos y servicios para dar valor a la sociedad, con el objetivo que marca la UE de conseguir un crecimiento inteligente sostenible e integrador. La tarea es un reto y no está exenta de dificultades.

Kimmins et al (2005) en su artículo *La ciencia forestal: ¿por qué a veces nos decepciona o incluso nos falla?* nos presenta un esquema de cómo debe producirse la integración de la ciencia en la gestión y las dificultes con las que se encuentra lleva al a práctica los resultados de las investigaciones. Tanto desde la ciencia dura hipotética deductiva, como desde la ciencia blanda hipotético inductiva.

Aunque estos autores se centran sobre todo en el lado científico nos sirve de guía para concretar que el problema o cuestión a resolver para la adecuada integración comienza ya con la observación y la generación de datos, y termina con el tipo de resultado ofrecido por la ciencia que requiere la práctica que incluye observaciones, descripciones, clasificaciones y predicciones. En la trasferencia no se utilizan teorías, hipótesis, ni resultados experimentales.

Visión blanca y gris de la cultura basada en datos

05/02/2021
JDR

Es frecuente que, desde la industria, se destaque la existencia de una brecha entre las posibilidades que nos ofrecen las tecnologías SIG y los datos espaciales para la realización de análisis geográficos que nos permitan tomar decisiones en el territorio y el grado de adopción de los mismos en las organizaciones. Entramos de lleno en la esfera de la adopción de la innovación tecnológica, sus barreras y formas de superarla.

Visión blanca

El problema del cambio y adopción tecnológica ha recibido mucha atención desde el punto de vista de la literatura científica que plantea conceptos interesantes como la necesidad de una masa crítica de usuarios que aumente la velocidad de la difusión tecnológica de forma explosiva. El desarrollo de modelos de resistencia, aceptación, adopción y difusión tecnológica para explicar la existencia de barreas a la difusión, o el cálculo del momento económicamente óptimo para realizar la inversión y el despliegue tecnológico.

Los estudios de adopción tecnológico recurren a gráficas que evalúan en número de adoptantes por unidad de tiempo, en función de la actitud hacia el uso y la utilidad percibida de la tecnología la tasa o velocidad del cambio varia. En cada ámbito tecnológico los resultados de la velocidad y tiempo de adopción tecnológica varían.

Todos ellos plantean hipótesis para determinar porque el cambio es lento. Las dos más frecuentes son las de restricción de capital, es decir, la existencia de dificultades para realizar las inversiones necesarias y la hipótesis de existencia de costes de aprendizaje. Estas son las dos hipótesis de mayor peso. Estas hipótesis conllevan además un pequeño corolario, aquellas organizaciones con mayor disponibilidad presupuestaria y mayor cercanía a los centros de innovación adopten antes las innovaciones tecnológicas.

En lo que respecta al tema de la invasión esta debe matizarse. Especial consideración merecen los temas económicos del coste, el retorno de la inversión ROI y su distribución en la cadena productiva. En los entornos donde existe riesgos en la producción, los productores son favorables a aceptar el sobrecoste de la inversión en datos si con ello se asegura la producción. Esta misma actitud se observa en otras geografías donde la demanda es sensible a las modificaciones del precio.

La hipótesis de costes de aprendizaje es la de mayor peso en el cambio tecnológico. Pero, ¿cómo podemos reducirla? Parece que los estudios coinciden en sus recomendaciones. Cuanto mayor es la cantidad, calidad y confiabilidad de la información y de la formación disponible, proporcionada por pares, por servicios de extensión, comerciales o por especialistas, que faciliten los conocimientos necesarios para utilizar la tecnología y conocer las ventajas que proporciona, reforzados favorablemente por la persuasión práctica interpersonal, más pendiente tiene la curva de adopción de la innovación, porque hay menos incertidumbre. Es decir, trabajar la comunicación dentro y fuera de la organización es clave.

Los productores de tecnología requieren demostrar el valor y el impacto de su producto, conocer la posición con respeto a la competencia y acceder a los clientes. Del lado de la demanda, los usuarios manifiestan que tienen un bajo conocimiento de la tecnología y su impacto en el negocio; que tienen dificultades con la jerga técnica, que requieren capacitación en su uso y que necesitan probarlo para conocer su ajuste a la realidad del campo.

Visión gris

Desde la visión blanca cuantificamos la velocidad y tasa de adopción de la innovación tecnológica, plantemos las hipótesis que justifican la existencia de barreras en la adopción y trabajamos para predecirlas y reducirlas. Recomendados mediante cálculos cuando es el momento económicamente óptimo de hacer el cambio tecnológico.

Sin embargo, una cultura no se expresa solo de forma cuantitativa. Una cultura cuenta con tópicos, es heredera de unas creencias, práctica hábitos, tiene un ideario, despliega símbolos y otorga significados. Es decir, una cultura no es algo monolítico posee rasgos culturales que la identifican y la hacen reconocible. Los rasgos son las unidades simples que nos permiten analizar la cultura.

Rasgos culturales

La visión gris que nos ofrecen desde las trincheras la industria y las organizaciones sobre la cultura de los datos complementan la visión blanca de la ciencia. La experiencia de los profesionales ofrece información valiosa, generalmente cualitativa, sobre los rasgos culturales más destacados. Además, ofrece consejos y recomendaciones sobre como guiar la adopción de una cultura impulsada por datos y alerta sobre cuáles son las dificultades que nos vamos a encontrar en el proceso de adopción tecnológica. Como afirma el viejo refrán *«la experiencia es un grado»*

El cultivo de la cultura de los datos en las organizaciones no es fácil, en particular en aquellas organizaciones están comenzando a incorporar datos en los procesos y estrategias. Conocer los rasgos culturales de los datos permite conocer mejor el tipo de brecha al que nos enfrentamos en la adopción de la cultura impulsado con datos.

Las organizaciones que incorporan una cultura basada en datos comparten múltiples rasgos culturales.

- Cultura del liderazgo. La cultura de tomar decisiones basadas en datos y no en opiniones, se resume en muchas frases que actúan como eslogan. Una de las más utilizadas es la de *Tuned In* «Tu opinión, aunque interesante, es irrelevante». El liderazgo es básico no solo para decidir adoptar la cultura de los datos, sino para guiar el despliegue de la transformación tecnológica.

- Cultura del valor. En estas organizaciones existe una mejor comprensión por parte de sus miembros del valor y utilidad de los datos.

- Cultura de la decisión. La toma de decisiones tiene un papel protagonista, se busca en un proceso de mejora continua, como aplicar los datos, las visualizaciones y los indicadores para reducir, acotar, o conocer la incertidumbre y optimizar de manera simultánea las decisiones.

- Cultura de la estructura e inversión. Se asume la necesidad de incorporar personas, tecnologías, departamentos y modificar comportamientos.

- Cultura del compromiso. Se generaliza la pretensión de respaldar las ideas con datos, se destierra la opinión.

- Cultura de la medición. Se desata un intento de objetivar, cuantificar y comunicar con datos en todos los ámbitos de trabajo de la organización.

- Cultura de búsqueda. Los equipos son más propensos a buscar datos útiles para los fines de la organización

- Cultura de integración. Se incorporan y alinean los datos para afinar las estrategias y los objetivos, se visibilizan los objetivos, metas y cuanto falta para alcanzarlos.
- Cultura de la alfabetización y del aprendizaje. Se detecta e impulsa la formación y la demostración fomentando un espíritu de aprendizaje permanente.

Stringfellow, en el año 2006 recopilo para *NGdata* cuál era la mejor manera de crear una cultura basada en datos partir de la entrevista a un panel de profesionales de marketing basado en datos e inteligencia empresarial. Los expertos propusieron varias recomendaciones. A efectos ilustrativos he clasificado cada una de ellas en un rasgo culturales vinculadas a las organizaciones impulsadas por datos.

A falta de estudios que evalúen numéricamente como se desarrollan estos rasgos culturales en las organizaciones, se puede trabajar con la hipótesis de que el despliegue de cada una de este rasgo cultural requiere un grado de madurez y posiblemente exista una jerarquía entre ellas.

Cultura del liderazgo

Definir un curso de acción en la organización asociado a los datos, sin dejar nada la improvisación, y mostrar cual va a ser el impacto en el trabajador y en la empresa de la implantación de una cultura impulsada por satos son las dos responsabilidades claves que debe asumir los equipos directivos.

Citas

❝❝El liderazgo en la organización debe mostrar cuál será el impacto para el individuo de la implantación en la organización de una cultura de los datos y como esta nueva cultura va a ayudar y no penalizar a las personas en su trabajo. Así como enseñar cómo el cambio cultural ayudará a la empresa. *Addam Marcotte @AWMarcotte*

El liderazgo en la organización debe definir un curso de acción. Un curso de acción sigue este esquema: «Si los datos nos dicen una cosa, hacemos x. Si nos dice otra cosa, hacemos y». Debido a que la psicología de la resistencia es tan frecuente, especialmente en las empresas más grandes, necesitamos que los ejecutivos identifiquen la situación verdadera actual y, basándose en los datos, tomen decisiones objetivas. *Spencer X. Smith @spencerXsays*

Definir una visión clara del objetivo final. Tienes que definir y concentrarte en lograr un gran objetivo específico que debes lograr *Eric Baum @Eric_Baum*

Demuestra cómo se aproveche la información para generar más dinero para los inversores, clientes y socios de la empresa. *Steve Sadler @ SteveSadler55*

Cultura del valor

Ejemplo, ejemplos y ejemplos. La elaboración de casos prácticos que muestran la utilidad de los datos es la mejor forma de implantar una cultura que aprecia el valor que tiene el dato cuando se transforma en información y conocimiento valioso en la organización. Como afirma *Jessie Warner, @SpinGo* es conveniente para convencer enseñar ganancias rápidas basadas en datos.

Citas

❝ Adoctrinar de arriba hacia abajo. Llegue al corazón de los datos que ha recopilado y ayude al liderazgo a comprender su significado y valor. *Rippetoe @karirippetoe*

El impulso de la conversación sobre la cultura se acelera cuando los datos facilitan una visión de 360 grados del negocio, o bien, proporcionan una medida o vista de aspectos del negocio que antes se consideraban invisibles o inconmensurables. *Vaclav Shatillo @ClutchSuccess*

Obtener resultados a partir de los datos. Todo comienza con un buen ejemplo y sigue por una buena gestión, que facilitan que el equipo directivo acepte el valor de los datos. *Jessie Warner @SpinGo*

Cultura de la decisión

Los datos, las visualizaciones, tableros de mando o indicadores, entre otras herramientas, entran a forma parte del discurso en la organización como argumento que legitima la propuesta de actuación. La creación de este hábito exige un liderazgo proactivo en la organización. Los datos no van a hacer su trabajo, solo lo van a facilitar, no van a tomar las decisiones por usted.

Citas

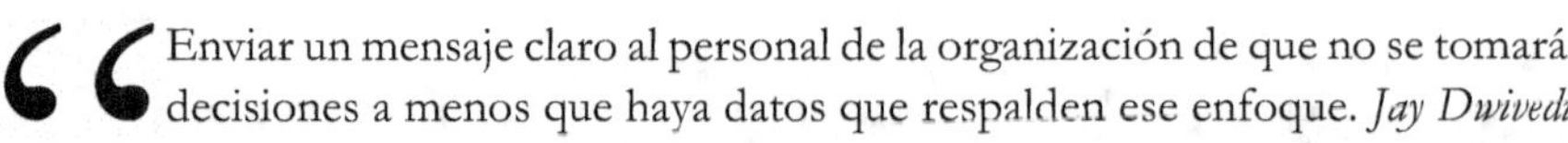

❝ Enviar un mensaje claro al personal de la organización de que no se tomarán decisiones a menos que haya datos que respalden ese enfoque. *Jay Dwivedi*

Trazar un plan para adelantarse a los datos. La clave es saber: Cómo obtener / recopilar los datos y específicamente qué datos usar. Cómo los datos informarán las decisiones comerciales. ¿Con qué frecuencia se necesitan los datos para tomar decisiones procesables, y ¿Cómo empaquetar los datos para que se puedan digerir, analizar y reaccionar fácilmente? *David Waterman @SEOWaterman*

No aceptar ninguna respuesta sin una investigación previa. Obligar a que se envíen los datos para probar la recomendación del curso de acción. Si se solicitan datos constantemente, está preparando a los empleados para que siempre los tengan a mano. *Alex Berman*

Preguntar ¿Cómo haces esto? Cuando se toman decisiones en reuniones, hay que averiguar por qué las personas tomaron la decisión que tomaron. Debe conocer su razonamiento y ver si lo que están decidiendo se basa en su instinto o en datos. Si no se basa en datos, pídales que regresen y busquen los datos que respalden su decisión. Esto tiene que convertirse en una rutina para poder crear nuevos hábitos en el lugar de trabajo. *Jessie Warner @SpinGo*

Los datos no impulsan a la empresa. Las personas son los impulsores y los datos solo nos brindan una imagen de cómo está funcionando el sistema interno y cómo está evolucionando el entorno. Los datos están ahí para apoyar y guiar sus decisiones, no para tomarlas por usted. *Paul Bertin @HelplingAE*

Antes de que cualquier departamento o individuo tome una decisión clave que afecte a la empresa de alguna manera o se embarque en un proyecto, consiga que lo justifique a través de los datos. *Carly Klineberg @RebelHackHQ*

Cultura de la inversión

Manejar datos requiere de herramientas, personas y equipos preparados, tecnología y recursos humanos forman el músculo necesario para trabajar con datos. Los profesionales dan orientaciones distintas según el tipo de organización.

Citas

" Las herramientas son cada vez más baratas: las buenas herramientas de análisis de datos tradicionalmente no han sido baratas ni fáciles de usar. Esto está cambiando a medida que empiezan a llegar al mercado herramientas más baratas con capacidades similares o mejores. *Aron Ezra @offercraftj*

Si los conceptos de cultura de datos son nuevos es mejor asociarse o contratar personas que comprendan el almacenamiento, el análisis y la presentación de datos. La implementación de un proceso de datos procesable requiere el conjunto de habilidades adecuado y es posible que deba personalizarse por departamento dentro de una organización *David Waterman @SEOWaterman*

Si no tiene a nadie en la empresa que se centre en el análisis de datos, es una buena idea contratar a alguien que lo haga. *L Carly Klineberg @RebelHackHQ*

Más colaboración: la mayoría de las empresas protegen tanto sus herramientas de análisis patentadas que los conocimientos no se comparten, ni siquiera entre departamentos. *Aron Ezra @offercraftj*

Asegurar que todos los miembros del equipo saben usar a tecnología que utiliza su empresa. Todo el equipo debe utilizar la misma plataforma, un sistema empresarial integrado, con acceso a los datos de todos los departamentos. *Alessandra Ceresa*

Asegúrese de que puede comprender y conectar sus datos. Dadas las numerosas fuentes y sistemas que alimentan a las empresas hoy en día, esto puede ser un gran desafío. Lo mejor que puede hacer es encontrar una manera de ejecutar todas sus operaciones desde una única vista, unificando sus datos comerciales en lugar de alternar entre plataforma *Parag Mamnani @webgility*

Cultura del compromiso.

Se generaliza la pretensión de respaldar las ideas con datos, se destierra la opinión. Jonah Harris *@jonahharris* nos habla de la cultura del compromiso como un requisito para implantar la cultura de los datos. Para que una cultura basada en datos realmente se arraigue, debe ser aceptada y fomentada por toda la organización. Cada grupo debe reconocer el valor de un dato y utilizarlo para mejorarlo de forma iterativa.

Citas

" Los ejecutivos de la organización deben estar de acuerdo con adoptar un enfoque más basado en datos para medir el éxito y tomar decisiones estratégicas (y realmente, los números no mienten), *Rippetoe @karirippetoe*

Cuando los datos refuerzan o, mejor aún, contradicen la intuición, comenzara la conversación sobre la importancia de adoptar un enfoque basado en datos. *Vaclav Shatillo @ClutchSuccess*

Más voluntad para aceptar lo que es posible: todavía me encuentro con ejecutivos escépticos que prefieren confiar en su instinto a confiar en la "ciencia". Esas son las personas que se quedarán atrás. *Aron Ezra @offercraftj*

Lograr que los departamentos creen informes mensuales sobre métricas clave, identificadas, asegurándose de que todos en el equipo sean responsables de informar y trabajar en al menos una métrica clave, es una excelente manera de asegurarse de que toda la organización sea consciente de la importancia de unir sus accioncs. con resultados de datos. *Carly Klineberg @RebelHackHQ*

Cultura de la medición,

Se desata un intento de objetivar, cuantificar y comunicar con datos todos los ámbitos de trabajo de la organización.

Citas

❝❝ Medir todo lo que pueda cuantificarse. Si algo no se puede cuantificar, es mejor disponer de medidas cualitativas en lugar de no tener datos. Por ejemplo, si no es posible registrar con precisión una probabilidad es mejor usar baja / media / alta que no recopilar ningún tipo de dato en absoluto. *Jay Dwivedi*

Un último punto clave para asegurarse de que está dirigiendo una organización basada en datos es que tiene que crear hojas de cálculo donde los empleados puedan medir los resultados de sus esfuerzos cada semana. El lunes por la mañana, haga un seguimiento de sus resultados y vea cómo le fue y dónde puede mejorar. Los datos se convertirán rápidamente en el elemento vital de su empresa *Jessie Warner @SpinGo*

Una vez que las personas ven la cantidad de información que pueden usar para mejorar en lo que hacen, por lo general no dejan de pedirme datos. Ahí es cuando comienzo a capacitar a otros sobre cómo usar los datos *Jared Gardner @digagardner*

Cultura de búsqueda.

Los equipos involucrados en la cultura de los datos son más propensos a buscar de forma permanente datos útiles que mejoren los análisis en la organización. Con malos datos no es posible tomar buenas decisiones.

Citas

❝❝ Conservar los datos incluso si actualmente no existe un uso conocido para ellos. Nunca se sabe cuándo un dato puede proporcionar información asombrosa para comprender mejor un proceso. *Jay Dwivedi*

Utilizar las plataformas que tenga disponibles para recopilar los datos necesarios para medir sus métricas de éxito. Una vez que tenga los datos explique éxito o fracasos *Rippetoe @karirippetoe*

Empezar a aprovechar los datos que tiene la organización para guiar la toma de decisiones basada en evidencia *Vaclav Shatillo @ClutchSuccess*

Hay una gran cantidad de datos, pero no vale la pena concentrarse en todos. Averigüe qué datos necesita medir. *Carly Klineberg @RebelHackHQ*

Cultura de integración.

Se incorporan los datos para afinar las estrategias y los objetivos, se visibilizan con cifras los objetivos, metas y cuanto falta para alcanzarlos.

Citas

    ❝ Empezar a recopilar Kpi, ya que manejar lo que mides. De esta manera observará rápidamente lo que están haciendo los KPI y su equipo sabrá que deben concentrarse en las cosas que pueden mover la aguja en su negocio. *@ilos_videos , Sean Higgins*

Definir las métricas que miden el éxito de su organización. Si sabe lo que está midiendo ya puede determinar cómo recopilar sus datos *Kari Rippetoe @karirippetoe*

Dar a los datos y números un significado fuera de su valor numérico. Esto se hace sabiendo primero cuáles son sus objetivos y los KPI que tendrán un impacto en esos objetivos. Una vez que su equipo ve cómo estos indicadores pueden afectar positiva (o negativamente) su progresión hacia un objetivo, los datos se vuelven más tangibles, han dejado de ser simples números en una hoja de cálculo. La tangibilidad es clave para hacer que las personas se preocupen y quieran utilizar los datos. *Erik Bitmanis @wemakethatapp*

Cultura del análisis.

Los miembros de la organización asumen un papel más activo en la medición, análisis y en el desarrollo de la narrativa con datos.

Citas

    ❝ La clave es contar una historia con los datos para transmitir su valor fundamental. *Vaclav Shatillo @ClutchSuccess*

Crear una taxonomía que esté estandarizada. A menudo, la parte más difícil de crear buenos modelos analíticos, no es obtener los datos o construir el modelo; está en preparar y categorizar los datos para su análisis posterior. *Aron Ezra @offercraftj*

Los proveedores de datos no pueden ser solo reporteros. Deben ser analistas o reporteros que brinden contexto y recomendaciones, siempre con los objetivos comerciales y departamentales en mente. A menudo, el enfoque de abajo hacia arriba funciona mejor porque los analistas hacen buenas recomendaciones, la alta dirección ve el valor en los datos y todos ganan. *Gretchen Roberts @gretchenroberts*

Haga de los datos una parte integral de toda comunicación. *Mat Brogie @MatatRepsly*

¿cómo introduce una cultura basada en datos a un equipo impulsado por la creatividad? Humanizas los datos, Concéntrese en las personas, no en los datos. *Izzy Squire @QubaDigital*

Cultura de la alfabetización y del aprendizaje

Desplegar una cultura de los datos implica una alfabetización en ciencia, tecnología y comunicación y un esfuerzo permanente en capacitar a todos lo miembro de la organización.

Citas

Los empleados de todos los departamentos deben estar capacitados en alfabetización e interpretación de datos para convertir los datos sin procesar en conocimientos prácticos *Aron Ezra @offercraftj*

Educar a cada miembro del equipo sobre cómo sus esfuerzos contribuyen a los resultados de la empresa *Swetha Venakataramani @itspvs*

Compartir los resultados de las pruebas divididas y otras iniciativas impulsadas por datos con los empleados realmente los enciende. *Guillermo Ortiz @GeekPowered*

Animar a los empleados a usar ciertos datos (¡comenzando con algo pequeño!) en las reuniones. Este es un excelente lugar para comenzar. Asegúrese de educar a los empleados sobre por qué se necesitan datos: ¡destaque las ventajas competitivas! *Michelle Burke Michelle Burke @ Michelle_Burke.*

Cómo afrontar la transformación digital con geodatos[4]

01/07/2020
JDR

Venimos del mundo del papel, vivimos perdidos en un océano de datos y navegamos hacia la tierra de las geo-comunidad. Esta crónica sobre los datos espaciales resume de manera muy personal el viaje de transformación digital en el que estamos inmersos y del quiero destacar cuatro desafíos que condicionan nuestro futuro más cercano: la industrialización del dato espacial, la movilización del conocimiento tácito, el impulso de la geo-comunicación y la creación de geo-comunidad. Desde luego no son los únicos retos, pero las decisiones que se adopten van a condicionar quiénes encabezarán las clasificaciones internacionales de economía digital.

---

[4] Artículo publicado en Del Rio, J. 2020 *Volvemos a navegar.* Revista Mapping 29(200).

La industrialización del dato resulta imprescindible para la transformación digital

La transformación digital nos dirige a la industrialización de la toma de decisiones informadas por datos espaciales. Este proceso requiere de la puesta en funcionamiento de fábricas de datos que convierten observaciones en información y conocimiento, mediante una cadena de algoritmos que añaden valor económico al dato. La imagen de «fábrica de datos geográficos» evoca la visión de herramienta tecnológica y organizativa, de solución que permite adquirir inteligencia artificial o disponer de cerebros tecnológicos a organizaciones y personas.

Pero la aproximación es incompleta porque ofrece una visión de instrumento que equivale a simplificar la revolución industrial centrándola exclusivamente en la máquina, sea esta (por poner algunos ejemplos) un barco, un tren o una bombilla sin considerar todos los factores que dieron lugar a su origen y desarrollo, ni las consecuencias que el transporte marítimo, ferroviario o la electrificación desencadenaron en la sociedad, educación y economía.

Si se quiere ganar perspectiva y un cierto control sobre el futuro, se debe enmarcar la aparición y consolidación de las factorías de datos en un fenómeno más amplio de industrialización. El tiempo dirá, y lo hará a gran velocidad, si la crónica de la industrialización del GEODATO matiza las líneas maestras de lo que ha sucedido en la historia de la industria manufacturera en los últimos doscientos años.

La puesta en funcionamiento de las fábricas de datos lleva pareja profundos cambios en las organizaciones que retan las habilidades de liderazgo de los equipos directivos y técnicos. El primer obstáculo que se debe superar es la mentalidad clásica de proyecto o de inversión económica, sustituyéndola por el concepto de línea de montaje.

Además, se debe derrotar la falsa percepción de sencillez que provoca la «magia del botón» sin olvidar que detrás existe una maquinaria o unos operarios, como ocurre en toda factoría. También se debe desterrar la idea de que los datos ya existen y/o están listos para ser usados: tenemos que atender a su creación dado que, utilizando un símil, nos alimentamos de tornillos, pero necesitamos acero que cumpla con unas garantías de calidad y seguridad jurídica.

En último lugar, debemos desterrar la visión finalista de la fábrica como un visualizador, sea un geo-portal o un cuadro de mando, e integrar la decisión como la salida del proceso productivo. Estos pasos construyen el camino para crear verdadero valor económico a partir de los datos. Competimos por recursos escasos por lo que demostrar el valor de las fábricas de datos es crítico para asegurar su desarrollo.

Estas «fábricas» las diseñan, construyen, mantienen y dirigen personas con nuevos roles o funciones profesionales. Estamos asistiendo a una paradoja dado que se necesita un talento que solo se puede conseguir con una proporción adecuada de especialistas y generalistas. El «profesional capaz de trabajar en todos los puestos» es una idea romántica que, además, ahorra costes, pero la realidad de la producción industrial superó hace tiempo esta forma de actuación.

La polémica envuelve a los nuevos roles profesionales. El mito de la equifinalidad de las titulaciones, el desconcierto por la oferta formativa, la preocupación por ajustarse a las necesidades del mercado laboral, aderezado por el desconocimiento de las operaciones que se llevan a cabo en las fábricas de datos y las certificaciones son algunos de los ingredientes que añaden profundidad a un debate alrededor de un tema que a menudo se simplifica en una cuestión corporativa y competencial de titulaciones universitarias, cuando la realidad nos enseña que el aprendizaje es a día de hoy permanente, formal e informal y sobre todo efímero. La gestión del conocimiento en las organizaciones es un activo al alza.

La gestión de las fábricas de datos necesita de los métodos de la ingeniería, respaldados por equipos directivos con una formación amplia que les permita disponer de un lenguaje común en distintas áreas para comprender y optimizar el funcionamiento de la fábrica y alinearlo con los objetivos de la organización en un entorno económico y legal concreto.

Movilización del conocimiento tácito

El conocimiento tácito es la capacidad de «saber hacer» de una sociedad para resolver una necesidad; no estamos ante una noción abstracta, sino que podemos observarla a diario en los productos y servicios que elaboramos y utilizamos. La invención de productos y servicios constituye una medida de la cantidad de conocimiento tácito que poseen países y organizaciones. El lanzamiento de mensajes como «belleza total» o «salud dental» van más allá de recurrir a nuestra competencia académica, industrial, o nuestra capacidad de empaquetar y lanzar al mercado ceramidas o pasta dental con flúor: son discursos que visibilizan ese conocimiento tácito. De igual manera alrededor de los datos espaciales contemplamos, y participamos, en una proliferación de términos que intenta movilizar ese conocimiento tácito. Algunos ejemplos aparecen en conceptos como «BIM», «ciudades inteligentes», «territorios inteligentes», «redes inteligentes», «geoingeniería», «infraestructuras de datos espaciales», *«smart mapping»*, «inteligencia de la ubicación» o «ciencia del dónde» entre otros.

El mercado terminológico alrededor de los datos espaciales se puede apreciar en las políticas públicas, en las empresas y en los medios de comunicación. Los términos no son neutrales ya que las palabras tienen una connotación y generan un discurso que apela al imaginario científico y tecnológico para provocar la afinidad a un producto o servicio. Quizá por este motivo la terminología alrededor de la geolocalización es tildada de «publicidad», «producto del marketing» y de «redefinir la rueda», pero destaco que también son un indicador del conocimiento tácito que ha sido capaz de aglutinar ciencia, técnica y organizaciones para satisfacer las necesidades de una sociedad y ofrecer un servicio a ciudadanos, consumidores, clientes o usuarios con el fin de incrementar nuestra calidad de vida.

Geo-comunicación

Se emplean cuantiosos esfuerzos tecnológicos en afinar los canales de geo-comunicación dado que sin ellos resulta complejo satisfacer al usuario final. Pero surge una cuestión ¿La eficacia de la comunicación en el ámbito de los geodatos se ve favorecida exclusivamente por nuestra destreza tecnológica? La respuesta es no. La infonomía apela a nuestras expectativas y afectos, comunica mediante géneros y canales no tradicionales, muy cercanos a la literatura gris, al discurso y a la literatura de las ideas. Algunos conjeturan que, en el futuro, la salida de las fábricas de datos serán disparadores de las inteligencias artificiales, pero incluso en ese escenario, habrá comunicación entre humanos.

Mucho se habla de alfabetización digital, de capacitación geoespacial de la sociedad, de culto a lo *amateur*, de los bulos, de la infoxicación, de la seguridad y de la privacidad. Estos temas muestran que hay una pugna en la emisión y recepción de mensajes donde criterios tradicionales como calidad y autoridad han demostrado ser insuficientes para conseguir relevancia y eficiencia en el mundo digital. Estamos en un momento en el que se está escribiendo un nuevo contrato de comunicación.

Geo-comunidad

Tenemos muchas formas de organizar y materializar redes de trabajo y conseguir llegar a los usuarios: alianzas, acuerdos, normalización, metadatos, unidades de obra, *pmbok, lean, agile*, portales y api, estos son solo algunos medios de una lista más amplia. Sin embargo, el punto central no son los métodos, sino la facultad de gestionar geo-comunidad, espacio donde se relacionan fábricas de datos, organizaciones y usuarios. La negociación de datos y tecnología en el ciberespacio es el modo de trabajo habitual de la aldea global, donde nadie es autosuficiente para trasformar la información en conocimiento. Recordemos el símil de la teoría actor-red: «no vuelan los aviones» sino un complejo entramado que incluye, entre otros, las líneas áreas, aeropuertos, refinerías, agencias de viajes, autoridades y legislación internacional.

En el momento actual debemos afrontar los retos expuestos en esta nota. De no ser así, otros lo harán por nosotros y pudiera ocurrir que no lleguemos al puerto que estamos buscando o que, aun llegando, no nos dejen desembarcar.

Obstáculos y retos de la transformación digital con geodatos

23/04/2019
JDR

La trasformación digital es un proceso estratégico de cambio en las organizaciones mediante la integración de las tecnologías de la información y la capacitación en competencias de alfabetización digital de sus integrantes que proporciona oportunidades y retos a la organización, en el entorno digital en red, como consecuencia de los cambios de los métodos y estrategias de funcionamiento.

Retos de la adopción digital

Las fábricas de datos son una de las herramientas de transformación digital que ponen en marcha las organizaciones que aspiran a estar impulsadas por datos (*data driven*). El proceso de implantación y gestión de las fábricas de datos tiene los siguientes retos.

Puesta en marcha de la fábrica de datos

Principalmente en las áreas de almacenamiento, disponibilidad y mantenimiento, recogida, búsqueda, evaluación de los más útiles para un fin particular, interoperabilidad, comunicación

Adaptación de la organización a un entorno digital cambiante

En esta fase hay que prestar especial atención al efecto de la reina roja que exista en el sector en el que se mueva la organización y el grado o capacidad de la organización de tener un comportamiento exponencial gracias a la utilización de datos.

Gestión cadena de producción de datos y las líneas de montaje

Las principales áreas a vigilar donde se suele detectar cuellos de botella en el despliegue de la transformación digital son las siguientes: Priorizar las actuaciones de la fábrica, las interrupciones de la cadena de producción y la calidad, acelerar el tiempo de producción, monitorizar el desempeño de la estrategia de impulsar la organización mediante datos, maximizar la productividad de los científicos de datos (Cackett, 2018a, 2018b).

¿Por qué las estrategias digitales fallan?

Los expertos recurren a múltiples causas para explicar el fracaso en la adopción de la transformación digital. Autores como Bughin et al. (2018) reseñan algunas de ellas

- Definiciones difusas.
- Malinterpretaciones de la economía digital. Lo digital está destruyendo la renta económica, la economía del ganador se lo lleva todo, la recompensa es para las pioneros y adaptadores tempranos.
- Las industrias son ecosistemas.
- Efecto de titulares y aspirantes en el comercio B2B.
- Necesidad de digitalizar negocios actuales a la vez que deben innovar mediante nuevos modelos
- Interrupción digital en distinta magnitud y ritmo por sectores

Percepción humana

La aparición de nuevos factores, no siempre contemplados o visibles por los datos recopilados, nos avisa de la necesidad de una revisión y actualización constante de variables y modelos especialmente en sistemas abiertos, practicado algo muy básico, observar la realidad.

Si no lo hacemos así corremos el riesgo de caer en la paradoja del *big data*. Un tipo de sesgo cognitivo descrito por Wang (2017) que consiste en que la cuantificación, sobre todo a partir de un gran volumen de datos, propicia una falsa sensación de seguridad, un sesgo cognitivo.

Correlación espacial

Necesitamos prestar especial cuidado a algunas prevenciones metodológicas. Los artículos científicos constituyen una valiosa fuente de información sobre algunos desarrollos futuros en los que fijarnos.

Por ejemplo, la inclusión de la geoestadística en los modelos de aprendizaje automático resultantes incorpore la perspectiva espacial, o la incorporación de modelos de simulación continua, con eventos discretos y agentes, o los análisis de incertidumbre y sensibilidad espacial.

Todas estas herramientas son necesarias para optimizar las factorías y que proporcionen predicciones adaptables a la evolución de su ámbito sectorial.

Pero estas prevenciones metodológicas cuantitativas pueden ser insuficientes si se pierde la perspectiva geográfica que proporciona la identificación del hecho geográfico sobre el que está tratando cada fábrica de datos.

2

Industria del Geodato en el comienzo del siglo XXI

CAPÍTULO 2.- INDUSTRIA DEL GEODATO EN EL COMIENZO DEL SIGLO XXI

Introducción al mundo de los datos[5]

2020
GB

Datos. Los datos son la materia prima a partir de la cual se crean la información y los conocimientos.

Información. Los datos se convierten en información cuando se les proporciona un contexto. La recogida y la presentación de los datos ayuda a crear información

Conocimientos. Los conocimientos son lo que se obtiene de la información, y que se personalizan en función de sus necesidades. La generación de conocimientos es un proceso que consiste en transformar la información en elecciones

Inteligencia: que permite la predicción del comportamiento futuro (anticiparse y no detenerse en saber lo que ha ocurrido y el porqué, sino en la simulación de nuevos escenarios que nos permitan potenciar nuestro proceso de toma de decisiones) y la prescripción, en la que no sólo conocemos el futuro, sino que somos capaces de recomendar y/o actuar de forma automática hacia el resultado óptimo.

Datos abiertos. Los datos abiertos son datos a los que cualquier persona puede acceder, utilizar y compartir. Los datos abiertos son utilizables cuando se encuentran disponibles en un formato común, legible por las máquinas. Para ello se necesita una licencia, que debe permitir que las personas puedan utilizarlos de la forma que deseen, además de su transformación, combinación y uso compartido con otros, incluso con fines comerciales.

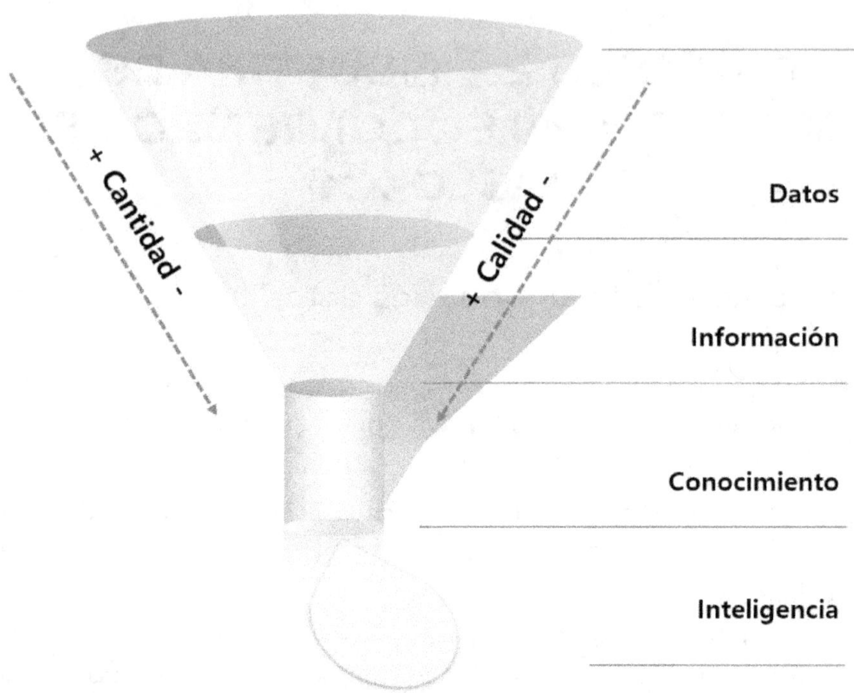

Ilustración 3 Distribución de la Cantidad y calidad de datos, información conocimiento e inteligencia

Los datos abiertos permitieron a los ciudadanos de Canadá ahorrar al Gobierno 3200 millones de $ en donaciones caritativas fraudulentas en 2010 (David Eaves).

Se prevé que el ahorro en costes acumulado para la UE-28 en 2020 sea de 1700 millones de EUR (basándose en el PIB de la UE-28 previsto para 2020 y teniendo en cuenta los respectivos promedios de gastos de los Gobiernos de los países). https://www.europeandataportal.eu/elearning

Oferta y demanda

Planteamiento: adoptar un enfoque escalonado ayuda a garantizar que una organización pueda caminar antes de intentar correr, y permite lograr el cambio en pasos pequeños y perceptibles, en lugar de establecer objetivos ambiciosos difíciles de alcanzar.

¿Quién quiere sus datos?: Hable con los consumidores actuales, realice encuestas de opinión y entrevistas a pie de calle para ver dónde se encuentra la demanda, y sígala. Piense en los problemas que ya existen y de qué manera sus datos se relacionan con ellos. Ofrezca sus datos como una herramienta para ayudar a crear soluciones.

¿Quién utilizará y respaldará sus datos?:las iniciativas de datos abiertos exitosas cuentan con una comunidad comprometida que utiliza los datos de forma activa, y que puede acceder a los recursos que los respaldan. Las comunidades sólidas con «reutilizadores» de los datos abiertos poseen un sentido de propiedad sobre los datos. Este sentido de propiedad debe referirse tanto a los datos como a los resultados que se generar a partir de los mismos.

Plataformas de datos

- Catálogos de datos
- Gestión de los datos
- Comparación

Estructura de datos comunes:

Tabular. La estructura más común para los datos es la tabular. Los datos se organizan en filas y columnas y en ellos se enumeran valores secuenciales, como los gastos. Si los datos se basan en entradas separadas que no están vinculadas entre ellas, una estructura de archivo tabular en un formato como un CSV es ideal

Jerárquica. Los datos jerárquicos muestran las relaciones que existen entre los puntos de datos, como un árbol genealógico o los municipios de cada país. Cuando el conjunto de datos depende de la relación entre los puntos de datos y sigue una estructura en la que los puntos de datos están vinculados en «árboles» verticales, una estructura jerárquica de datos en un formato como JSON es ideal.

En red. Los datos estructurados en red permiten que existan relaciones entre cualquier combinación de elementos en cualquier dirección. Un buen ejemplo de una estructura de datos en red es una red social.

Las 5 estrellas de los datos abiertos

La guía de las 5 estrellas de los datos abiertos enlazados es una manera de medir en qué grado los datos están integrados en la Web. Esta analiza la accesibilidad y la usabilidad técnica de un conjunto de datos que puede estar desde disponible en línea (1 estrella) hasta formar parte de la Web de los datos (5 estrellas). Cada estrella debe concederse en orden y no se puede omitir ninguna. Esta guía fue desarrollada por Sir Tim Berners-Lee en el año 2001 y la han adoptado divulgadores de datos en todo el mundo para ayudar a orientar numerosas iniciativas de datos abiertos

- 1 estrella, una licencia abierta
- 2 estrellas, un formato reutilizable
- 3 estrellas, un formato abierto
- 4 estrellas, identificadores abiertos
- 5 estrellas, los datos enlazados

Tipos de datos[6]

Según su categoría:

Datos estructurados: la información que encontramos en la mayoría de bases de datos. Son los archivos de tipo texto que podemos mostrar en filas y columnas con títulos. Estas bases de datos pueden ser ordenadas y procesadas de forma sencilla por todas las herramientas de tratamiento de datos.

Datos no estructurados: aquellos que no residen en las bases de datos relacionales, tales como documentos XML o datos almacenados en bases de datos NoSQL. Los más frecuentes son los generados a través de social media,

ficheros de imágenes jpg, ficheros de audio mp3 o ficheros de video tipo flash.

En este proyecto se trabajarán los datos estructurados, ya que la información obtenida por P&G se realiza a través de sus aplicaciones móviles (apps) y se guardan en un servidor de forma estructurada, lo que permite una posterior exportación a otros formatos como CSV.

Clasificación para el marketing digital:

Zero Party Data son datos declarativos de los consumidores recogidos fundamentalmente a través de encuestas y formularios. Son datos

---

[6] https://iabspain.es/wp-content/uploads/libro-blanco-data.pdf

que un cliente comparte con una marca de forma intencionada y proactiva, es decir, habitualmente se recopilan en el contexto de una relación directa entre una empresa y su audiencia. Incluye datos sobre preferencias, intención de compra, contexto personal y la forma en la que la persona desea ser reconocida por dicha marca.

First Party Data son datos recolectados a través de las posibles interacciones que un usuario puede realizar con cualquiera de los *properties* de una compañía. Son repositorios que se combinan

Second Party Data son datos que esencialmente provienen de acuerdos de compra y venta con diversos *partners*. Tres casuísticas: enriquecimiento (datos de un segundo que dan nuevos matices acerca de nuestros datos), intercambio (dos compañías deciden llegar a un acuerdo recíproco de intercambio de cookies) y compra (marcas que ponen a la venta sus cookies a otras marcas).

Third Party Data: datos procedentes de compañías que, recopilan datos y comportamientos de miles de webs, y las cuales agregan para venderlos con fines publicitarios.

Categorización por su proceso de recolección:

Datos determinísticos: son los que se recolectan a través de fuentes 100% verificadas, como registros recogidos en distintas bases de datos como en el CRM de una compañía, y ofrecen un valor único del individuo.

Datos declarativos: el usuario ha facilitado información no contrastable, a través de cualquier tipo de fuente que nos permite asignarle un perfil de audiencia.

Datos inferidos: se asigna un perfil de audiencia a un usuario en base a sus patrones de navegación.

Datos modelizados: se generan realizando extrapolaciones de una muestra representativa de audiencia que hayan realizado una determinada acción:

Lookalike: son segmentos caracterizados con diversas variables y donde buscamos audiencias similares.

Categorización por su proceso de recolección:

Datos sociodemográficos: edad, género, ocupación, clase social, entre otros

Datos comportamentales: Behavioral Targeting consiste en construir perfiles de cada usuario, basándose en variables relacionadas con su comportamiento, como puede ser identificando las palabras clave relevantes de un contenido consumido.

Datos *intenders*: audiencias que a través de alguna acción han mostrado interés en un bien o servicio determinado.

Datos Geolocalizados: audiencias construidas a través de precisar el punto geográfico donde se encuentran.

Tipos de actores

Agentes compradores de datos: anunciantes, *publishers,* agencia de medios, *trading Desk, Data Management Platform* (DMP), *Customer Data Platform* (CDP) y otros

Agentes vendedores de datos: recolectores, agregadores y procesadores

***Data Exchange* (DXP)**. La calidad del dato se relaciona con los atributos de transparencia, persistencia y obsolescencia.

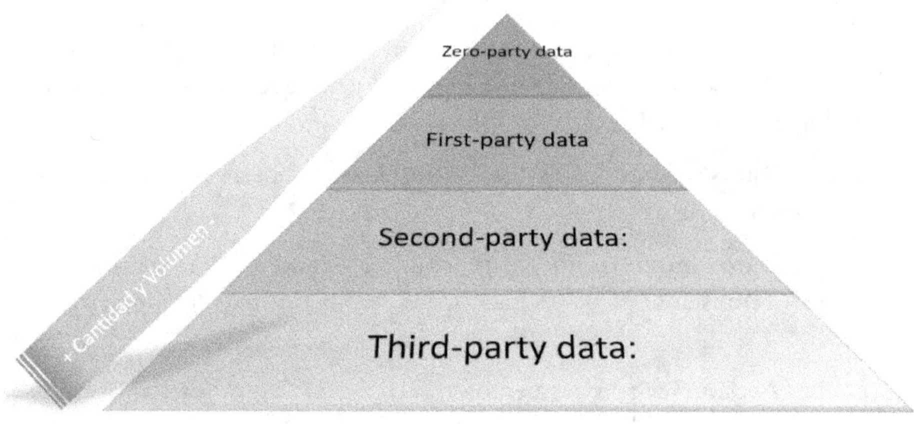

Ilustración 4 Conjuntos de datos según el marketing digital

Organismos reguladores de datos

- EDAA (*European Interactive Digital Advertising Alliance*)
- JICWEBS (*Joint Industry Committee for Web Standards*)
- IAB *Europe Transparency & Consent Framework*

Usos de los conjuntos de datos

- Para la creatividad
- Para la investigación
- Modelización
- Otros medios (off-line)
- Otros usos

Limitaciones:

- La limpieza de los datos
- Migración de los datos
- Dificultad de escalabilidad de los datos
- Calidad de los datos
- Coste y persistencia de los datos
- Limitaciones en el grado de alcance de los datos

Formación

Programa de formación en línea del portal europeo de datos se diseñó para conocer qué son los datos abiertos y cómo están cambiando la vida de todos los habitantes de nuestro planeta.

El contenido del programa está disponible en: https://www.europeandataportal.eu/elearning/es/#/id/co-01

Los datos geolocalizados, la moneda de la geotecnología [7]

08/04/2019
GB

Vivimos en la era de los datos y uno de los aspectos que más valor aportan a un dato es la variable espacial. La industria geoespacial crece cada día gracias a la tecnología y los datos se han convertido en su moneda. Las personas los generan y las empresas y gobiernos los usan, lo que implica aspectos positivos —como la personalización de las experiencias—, pero también negativos, afectando directamente a su privacidad.

Vivimos en una época en la que la geografía no puede ser analizada sin la tecnología como herramienta de trabajo, de ahí nace la geotecnología (Buzai, 2015), que se convierte así en una herramienta de la geografía dentro de la industria geoespacial, siendo los datos la moneda de cambio de este nuevo escenario.

En esta nueva geografía aparece un nuevo espacio de relación, el entorno digital, al que denominamos cibergeografía (Fuenzalida, Buzai, Jiménez, y de León Loza, 2015). No se trata de una nueva disciplina, sino de una evolución en lo que, quizás, sea el cambio más importante desde que Alexander Von Humboldt iniciara lo que se considera la geografía moderna (Capel Sáez, 1981).

La geografía sigue siendo la ciencia de la Tierra, pero este planeta no es tan solo una base física sobre la que interactúan los seres humanos, sino un espacio de relación que supera los límites meramente físicos, para integrarse en un solo espacio global interconectado. No está tan lejos del concepto de Gaia que se soñara en los años setenta en el que los seres humanos éramos el sistema nervioso de un planeta con vida propia.

Industria geoespacial

La industria espacial (Beltrán, 2018) mueve anualmente millones de dólares en el mundo, con un valor de consumo de 500.000 millones de dólares (unos 442.702 millones de euros) y un impacto estimado de 720.000

---

[7] Artículo "Datos geolocalizados, la moneda de la geotecnología", publicado por Gerson Beltrán en la Revista Telos, núm 110 (pag. 68-75) en abril de 2019. https://telos.fundaciontelefonica.com/datos-geolocalizados-moneda-geotecnologia/

millones de dólares (cerca de 637.620 millones de euros) para el 2020 (VV.AA., 2018a). En esta se habla de todos aquellos elementos que tienen que ver con la tecnología y con la variable espacial, como el posicionamiento y los sistemas de navegación por satélite, el análisis espacial y los Sistemas de Información Geográfica (SIG o GIS, por sus siglas en inglés), así como la observación de la Tierra (VV.AA., 2018b).

Paralelamente, vivimos en un mundo dominado por los datos, Tim Berners Lee dijo que eran la materia prima del siglo XXI (Beltrán López, 2016); recientemente Amuda Goeli, primer ejecutivo de Destinia, indicaba que "la riqueza de un país (…) va a comenzar a medirse por la cantidad de datos que almacene" (Turisme Comunitat Valenciana, 2010); las grandes corporaciones los usan como moneda y los gobiernos como un recurso básico.

Se habla de grandes cantidades de datos (big data), de datos inteligentes (smart data), de datos abiertos (open data) y de datos cualitativos (thick data). Incluso Sharon Doyle, jefa global de productos de Travelport, indica que hemos pasado de la digitalización a la datificación, un término empleado "para describir que cada aspecto de nuestra vida digital se convierte en valiosos datos informatizados que pueden recopilarse y utilizarse" (Travelport Digital, 2019).

La Tierra no es solo una base física sino un espacio de relación que supera los límites meramente físicos, un espacio global interconectado

Los datos valen más cuanto más cualificados estén, es decir, cuantas más variables dispongan que definan a los individuos que los generan, pero hay tres datos indispensables: un contacto o lead (disponer de un medio para contactar con las personas, sea un mail, un teléfono o similar), una fecha (cuándo se mueve quien genera el dato o realiza acciones, diaria, mensual y anualmente) o una localización (dónde lo hace, bien a través de una dirección, un código postal o una coordenada geográfica). Por tanto, estamos hablando de que se identifica el perfil de un individuo en una coordenada del espacio y en un momento concreto.

Autores como Del Río (2015) afirman que el dato es un recurso económico y hablan de factorías de datos que los crean y manipulan hasta lograr obtener información, incrementando su valor con el uso. El dato se convierte así en un producto en sí mismo, que se gestiona de forma industrial o se transforma en servicio en el momento en el que se le da un valor añadido. No se trata de disponer del dato, de la información en bruto que genera, sino del conocimiento asociado a ese dato.

Diferentes enfoques de mapas y cartografías, geolocalización de información y seguimiento del individuo. (C+L, trazabilidad, open data).

En este sentido, se da una paradoja desde el momento en que el dato puede ser gestionado por una máquina a través de algoritmos —llegando incluso a usar *machine learning*, en el camino hacia la inteligencia artificial—; pero la interpretación de ese dato en su contexto, combinando variables cuantitativas y cualitativas, sigue siendo algo eminentemente humano, al fin y al cabo, el conocimiento y el raciocinio es una construcción humana. Autores como Marc Vidal (2019) afirman que "necesitaremos más filósofos y poetas para explicar a las máquinas quiénes somos"; para Andy Stalman "el componente emocional está creciendo proporcionalmente al aumento de la tecnología en nuestra vida". Ambos confirman esta variable humanista con ambas afirmaciones. En la era de la geotecnología la clave está en las personas y las personas son el equilibrio entre el conocimiento y las emociones.

De lo local a lo contextual

Hoy en día no se entiende la tecnología sin la información y la comunicación (Beltrán López, 2018). La geotecnología se basa en las Tecnologías de la Información Geográfica (TIG), ya que el espacio es un elemento indispensable para su análisis, pero también las Tecnologías de la Información y la Comunicación (TIC). Las primeras nos hablan de información geográfica; las segundas, de cómo se comunica dicha información y ambas son inseparables.

Vivimos en un mundo social, local y móvil1, en el que compartimos información en los medios sociales sobre un lugar concreto y a través de los dispositivos móviles, que nos hacen movernos por el territorio compartiendo dicha información. La geolocalización es situar una persona, objeto o cosa en el espacio. Cuando nos localizamos —o localizan— con el móvil e interactuamos estamos generando una comunicación entre el mundo físico y el mundo online, de modo que la geolocalización se convierte en una herramienta de comunicación (Beltrán López, 2012).

El dato se convierte en un producto en sí mismo y se gestiona de forma industrial o se transforma en servicio

Pero hoy en día este hecho está transformándose, de manera que la "l" de localización está cambiando a la "c" de contexto (Buhalis & Foerste,

2015), no es tanto dónde se encuentre una persona u objeto sino el contexto geográfico que lo rodea y que le da sentido. No estamos aislados en el espacio sino que somos causa y consecuencia del ámbito espacial que nos rodea.

Equilibrio

A partir de aquí surgen análisis vinculados con la información geolocalizada que se está transmitiendo en todo momento y al tiempo real, entre ellas la Teoría del Mosaico (Bellovin, Hutchins, Jebara y Zimmeck, 2013), que analiza la importancia de la geolocalización vinculada con la privacidad, no por saber dónde se encuentra un individuo, sino por ser capaces de conocer la trazabilidad de sus movimientos y, por tanto, de sus comportamientos y hábitos de consumo.

El dar a conocer nuestros movimientos asociados a nuestro perfil social, permite que se personalicen las experiencias que recibimos, se supone que más adecuadas a lo que queremos. Se trata de una estrategia de marketing buscando la microsegmentación hasta llegar a una escala individual, para lo que se vale de algoritmos que clasifican a las personas y automatizan los procesos de información y comunicación con ésta. En un mundo "infoxicado" o intoxicado de información, el recibir la información estrictamente necesaria que se ajusta a nuestros intereses y nos aporta un valor añadido es esencial.

Pero este hecho, desde el punto de vista individual y humano, nos lleva a hablar de privacidad, la cara B de las geotecnologías, no solo desde el punto de vista personal, sino también desde el punto de vista público y comercial, donde nuestros datos son objetos de consumo y nosotros una mera herramienta generadora de dichos datos (Spangrud, 2019). Cada vez más noticias hablan de la privacidad vinculada a la geolocalización y dan a conocer los problemas que suponen, no solo desde el punto de vista físico, sino desde un punto de vista ético.

No se trata solo de quién y cómo use nuestros datos, sino de la responsabilidad que tenemos como individuos acerca de dar esa información de forma consciente o inconsciente

La legislación europea y, por ende, la española, están trabajando para dotar de herramientas a los individuos que los amparen a la hora de proteger su privacidad (véase el Reglamento General de Protección de Datos, que exige decir para qué se va a usar un dato geolocalizado y hace que el usuario dé un consentimiento expreso para dicho uso). Pero, no se trata de quién y cómo use nuestros datos geolocalizados, sino la responsabilidad que tenemos como individuos de dar esa información de forma consciente o inconsciente, por ejemplo, en las redes sociales. Para ello es esencial la información y la formación, lo que supone un esfuerzo como individuos, pero también nos aporta la libertad para decidir qué datos damos, cómo, cuándo y a quién.

Inteligencia artificial

Una de las últimas tendencias habla de inteligencia artificial (Rouhiainen, 2018), un término con unas consecuencias que aún no podemos conocer, porque no hay una implantación ni una perspectiva sobre la misma, pero que corre el peligro de ser trivializada y mercantilizada, lo que le podría restar el impacto esperado.

La inteligencia artificial es la máquina que puede gobernar el mundo, un Matrix en el que los datos son su energía, se alimenta de datos para poder funcionar. Actualmente se plantean problemas éticos de las máquinas y se recurre a la ciencia ficción de Isaac Asimov y sus tres leyes de la robótica para plantear supuestos, tanto en lo referente a considerar a los robots como trabajadores, como al desarrollo de los coches autónomos. Vamos a convivir en una sociedad híbrida, donde personas y robots convivimos y hemos de ser capaces de definir los límites de dicha convivencia en un nuevo acuerdo social.

Las dos caras

Tal y como afirma el título de este artículo, los datos geolocalizados son la moneda de la geotecnología, con sus dos caras: una que nos puede hacer evolucionar y la otra involucionar. Asistimos al desarrollo de un sistema de producción y comercialización de estos datos, generados por cada uno de nosotros en esa fábrica global, encadenados a nuestros dispositivos móviles y conectados en la aldea global. Es esencial definir si la geotecnología sigue siendo una herramienta o un fin en sí misma. De nosotros depende que un dato sea la moneda de cambio de un algoritmo, objeto de producción y consumo, o un elemento de transformación social que derive en la mejora de las condiciones de vida en el planeta Tierra.

¿Qué necesitamos para empezar a trabajar con geodatos?

08/04/2019
JDR

Tecnología, ciencia, visualización y datos por supuesto, pero antes tenemos que desplegar muchas más competencias de las que a priori tenemos en mente.

No hemos calculado ni diseñado ninguna base de datos, no tenemos ni el modelo lógico ni el funcional, de los campos y dominios ni hablamos, ni tan siquiera conocemos las hipótesis, pero ya hemos tomado un montón de decisiones sobre los conjuntos de daos que necesitamos y como deben ser. El despliegue de estas competencias se favorece si disponemos de una cultura de toma de decisiones basadas en datos, que se resumen en que hemos de percibir que manejar datos, conlleva una alfabetización.

La alfabetización tiene muchos grados y especialidades, no siempre asociadas a la división tecnológica de producir y publicar datos. Estas competencias no son jerárquicas y abarcan ámbitos muy dispares. Desde estar informados del sector, de su evolución, estructura, mediante el manejo con fluidez de artículos científicos, documentación técnica, base de datos, comunidades de usuarios. Hasta ser comunicadores, o gestores de portales o comunidades de usuarios.

Hoy en día realizamos y necesitamos de nuevos roles profesionales que actualmente se están formando mediante el despliegue de acciones de educación informal en materias y cuestiones donde la Geografía tiene un papel protagonista.

El amanecer de la ciberinfraestructura espacial

02/07/2012
JDR

De la mano de un artículo publicado en el año 2011 por Dawn J. Wright y Shaowen Wang vamos a adentrarnos en el concepto que nos proponen de ciberinfraestructura espacial.

La ciberinfraestructura es un término acuñado en el año 2003 para añadir los pilares de computación y manejo de grandes volúmenes datos a los clásicos modelos tradicionales de investigación basados en teoría y experimentación.

La ciberinfraestructura espacial es un término emergente en la literatura y se define como un tipo específico de ciberinfraestructura que integra sinérgicamente las capacidades de los sistemas de información geográfica (SIG) unido al análisis espacial para solucionar problema geo-espaciales y tomar decisiones.

Por espacio los autores se refieren tanto a un espacio real, físico como al espacio virtual. Casi todos nuestros conocimientos sobre el mundo se pueden clasificar de acuerdo al espacio, así como el tiempo. Sin embargo, aunque el tiempo se divide en las unidades a nivel mundial de segundos, horas, años, etc, las unidades espaciales y relaciones asociadas son mucho más complejas, multidimensionales, en varias escalas y resoluciones, a menudo heterogéneos, y siempre cambiando con el tiempo.

La ciberinfraestructura se enfrenta con un reto. Sin una clara comprensión de como varían las variables en el espacio-tiempo, no podemos desarrollar modelos para simular los procesos, ni estructuras informáticas para almacenar y para representar la información. Como consecuencia, las hipótesis serán débiles y las conclusiones que obtengamos pueden ser erróneas, o al menos desacertadas.

Esta posible limitación en nuestra visión es un problema si impiden visibilidad de determinados problemas. Recordemos que cada fenómeno solo es visible en un rango de escalas. Los formatos de archivos como el NetCDF y modelos de datos preparados para trabajar con datos espaciotemporales tendrán mucho juego en añas venideros

Algunos de los desafíos de la ciberinfraestructura espacial son: Tratar la complejidad de grandes volúmenes de conjuntos de datos espaciales y temporales mediante el análisis espacial. Compartir datos espaciales y temporales de forma flexible y segura, y por último acceder, intercambiar, manipular y analizar datos espaciales y temporales distribuidos en distintas geoportales y avanzar en el despliegue de datos compatibles con la web semántica geoespacial.

Las soluciones al desarrollo de la ciberinfraestructura debe ser capaz de integra Modelos de representación del espacio y del tiempo, Modelos matemáticos y estadísticos y lo más difícil, establecer y coordinar colaboraciones entre disciplinas y entre organizaciones.

Difusión de datos espaciales: Las IDE[8]

27/06/2016
JDR

Al hablar de datos uno tiene la tentación pararse en cómo los producimos. No puede ser de otra manera, el crecimiento y evolución tecnológica están siendo vertiginosos hoy en día. Las antiguas 3S son eso antiguas. Internet de las cosas IoT, *big data*, LIDAR, o los teléfonos móviles han irrumpido como un torrente en el flujo de generación de datos. Sin embargo, el reto está en cómo gestionamos esa producción. Es un tema muy amplio, pero central si queremos garantizar el funcionamiento de una organización impulsada por datos.

Baste reseñar que las modernas fábricas o son IDES o han tomado de ellas muchos elementos de su un esquema de funcionamiento. Tienen una cronología muy reciente y podemos decir de ellas que son un modelo de éxito exportado a otros geo-operadores. El elemento más visible es los geoportales, los lugares donde se facilita la visualización y descarga de datos. La arena en ese tema es cómo se producirá la integración con los ERP o las plataformas de gestión.

El modelo de difusión del dato se centra en la interoperabilidad de los conjuntos de datos, deben ser comparables, aunque procede de distintas fuentes, los modelos de datos son básicos en esta tarea. Este modelo de éxito exportado a otros geo-operadores. El elemento más visible es el geoportal, los lugares donde se facilita la visualización y descarga de datos. La arena en ese tema es cómo se producirá la integración con los ERP o las plataformas de gestión.

Dispone de un marco normativo aprobado en distintitos niveles territoriales. La gestión de la IDE se rige por principios de cercanía, interoperabilidad reutilizable, abundancia, accesible y localizables. Estos principios son desarrollados que son recogidos en documentación normativa y técnica.

La documentación que regula el funcionamiento y la estructura de la IDE tiene rango legal. Leyes, reglamentos se encuentran entre el tipo de

---

[8] Extraído de la ponencia sobre gestión forestal basada en conjunto de datos espaciales que titule Bases de datos espaciales y gestión forestal: ¿Por qué hablamos de datos? Que se enmarca dentro de la jornada de Bases de datos para la Gestión Forestal Sostenible, 27-06-2016 Palencia, España

normas jurídicas utilizada. Entre la documentación relativa a los datos espaciales las guías técnicas tienen una elevada utilidad ya son auténticos manuales donde se describe de forma detallada el producto final: como tiene que ser entregado los conjuntos de daos espaciales los servicios de datos y lo metadatos.

Se presta especial atención a que el usuario de las IDE disponga de la capacidad de encontrar los datos. Para conseguirlo se crean y desarrollan catálogos de datos de tal manera que los usuarios puedan Localizar los datos que hay en cualquiera de las organizaciones suscritas en la IDE y que la información que describe los conjuntos de datos sea suficiente para que el usuario pueda evaluar y comparar los datos mediante el análisis de la información relativa a su calidad y linaje.

En cuanto a los ámbitos temáticos tratados por los conjuntos de datos disponibles, estos se regulan en anexos de la documentación y se establece una hoja de ruta para secuencia cuando deben estar finalizados. También tiene órganos de gobierno y coordinación y documentos de planificación en los distintos niveles jerárquicos.

3

Fábricas de Datos

CAPITULO 3. FÁBRICAS DE DATOS

El cambio más trascendente del último cuarto del siglo XX ha sido la desvinculación del dato espacial del mapa. El producto ha mutado; el dato espacial pasa a ser parte integrante de bases de datos geoespaciales. A partir de este momento el consumo de los datos espaciales no se realiza exclusivamente en forma de mapas. Estamos ante un nuevo paradigma tecnológico, el informacionalismo (Castells, 2004) en el que cambian los modos de desarrollo y uso de la información geográfica.

Datos espaciales y fábricas de datos

08/04/2019
JDR

En el ámbito de la producción de datos destaca la consolidación de un nuevo instrumento: las fábricas de datos. Las factorías se integran en las organizaciones públicas y privadas, con carácter trasversal en la organización. La idea de que, sin datos, sin mapas no hay buenas decisiones posibles impregna a todas las capas de la sociedad y define el objetivo de las fábricas de datos espaciales: poner el dato en valor para asistir la toma de decisiones.

Las organizaciones impulsadas por datos están implantando fábricas de datos. Un ejemplo de la popularidad de estas factorías es el impacto mediático de las *Smart city*.

En el ámbito de las decisiones se observa que en muchas ocasiones las decisiones son dibujadas en el territorio, por ese motivo se añade el adjetivo «espacial» para hacer referencia a que en esa fábrica se trabaja con datos que tienen un atributo geo-referenciado que permite la localización de objetos, y eventos en el territorio.

Los datos espaciales se equiparán con el resto de la información, perdiendo por ello la condición singular que tenían cuando sólo estaban incluidos en mapas. Ahora en las fábricas de datos, los datos espaciales son objeto de las mismas tareas y operaciones que el resto de la información. Sobre ellos se realizan las operaciones de captura, control, calidad, análisis o comunicación. Los datos espaciales están por lo tanto subordinados a otros procesos como la toma de decisiones, al seguimiento de las cadenas de producción y distribución o la mejora de la gestión de proceso de negocio (Weske, 2012).

Definición e Historia de las fábricas de datos

23/04/2019
JDR

La definición de fábricas o factorías de datos es incipiente pero prolija y en constante revisión. Se han hecho propuestas desde distintos ámbitos empresariales, académicos para definir las fábricas de datos. Cada definición de la fábrica de datos otorga visibilidad y protagonismo a aspectos concretos relacionados con la maquinaria, los servicios, la automatización el lugar, las operaciones, los componentes, o el servicio que prestan las fábricas de datos.

Desde este blog proponemos la siguiente definición de fábrica o factoría de datos. El proceso de transformación de los datos se realiza mediante una cadena o línea de montaje que va incorporando valor a la materia prima, el dato.

Múltiples definiciones

La definición de fábrica de datos no está cerrada. Se están proponiendo múltiples definiciones que destacan alguno de los aspectos que determinan cuales son las principales características de las factorías de datos.

A la búsqueda de una definición de fábrica de datos

La huella de la actividad de cualquier objeto o evento sobre el territorio se puede cuantificar y almacenar en un conjunto de datos. En la actualidad estas bases de datos espaciales son un producto, que una vez procesado, es convertido en información y conocimiento siguiendo un esquema análogo al empleado en la producción industrial de manufacturas.

La actividad de las nuevas factorías construidas entorno al dato producen un resultado distinto al de las tradicionales fábricas: un servicio de ayuda a la toma de decisiones. Pero ¿qué son esas fábricas de datos espaciales?

En esta nota analizamos la definición de fábrica de datos desde múltiples ópticas. Vivimos en la era de los datos y uno de los aspectos que más valor aportan a un dato es la variable espacial. La industria geoespacial crece cada día gracias a la tecnología y los datos se han convertido en su moneda. (@gersonbeltran)

Siguiendo el rastro de la actividad de las fábricas de datos

La regulación de los procesos de incorporación de los datos como ayuda a la toma de decisiones no es nueva. La Historia nos muestra antecedentes.

En el siglo XVI, las fábricas de datos vinculadas a la producción cartográfica de las casas comerciales, como la Compañía Neerlandesa de las Indias Orientales o La Casa de la Contratación de Indias tenían esquemas de producción de mapas que comparten rasgos comunes con los actuales sistemas de manejo de los datos.

Sin embargo, el momento actual supone un punto de inflexión por el grado de industrialización y la extensión globalizada de este fenómeno. Las nuevas tecnologías de información (TIC) han sido sus facilitadoras, gracias a ellas, disponemos de una gran cantidad y variedad de datos que podemos obtener de la sensorización de la sociedad y de su actividad. Las tecnologías de la información vía teléfono móvil, GNSS, *big data*, Iot, o redes sociales, sensores remotos como satélites o drones, y sistemas de información geográfica constituyen un flujo casi permanente de datos. Este conjunto de tecnologías facilita la extensión del fenómeno de cuantificación social, ambiental y económica de la actividad humana en el territorio.

Varios son los rastros que hacen visible este fenómeno de creación de fábricas de datos. Algunas de ellas son

- Consolidación de grandes, exitosas y globalizadas empresas centradas en la producción y explotación de datos.
- Creación de departamentos en las organizaciones.
- Puesta en marcha de infraestructuras públicas de datos.
- Proliferación del tema de las fábricas de datos en la literatura blanca científica y literatura gris empresarial, institucional y legal.
- Entrada de los datos en la agenda de los medios de comunicación.

Todas estas actividades están vinculadas con discursos visibles en la agenda mediática, académica, y política alrededor de los temas de innovación, inteligencia (*smart*), ciencia de los datos, privacidad, ciberseguridad, valor económico intangible, patentes y propiedad intelectual. Los discursos del contexto geo-tecnológico sobre las factorías de datos no están exentos de controversias,

Listado de definiciones de Fábricas de datos

La fábrica o factoría de datos es una abstracción que propongo utilizar para definir el entorno donde se facilita que el dato se integre en la sociedad mediante el proceso de refinamiento que convierta el número, en dato, en información y conocimiento. No todas las fábricas de datos completan el proceso productivo integro, algunas de ellas se especializan sólo nela primera etapa: la producción de datos.

La utilización de la palabra fábricas de datos o factorías de datos es muy residual, sólo la emplean de forma explícita *Microsoft, climate-kic* u algún medio de comunicación como *New York Times*. La gran mayoría de las fuentes utilizadas para recopilar estas definiciones no hacen referencia explícita al vocablo de «fábricas o factorías de datos» en su lugar recurren a palabras como soluciones, medio, lugar o plataforma para describir este tipo de infraestructuras tecnológicas.

La puesta en marcha de fábricas de datos es incipiente y los intentos por definir las factorías de datos son prolijos, no han alcanzado un proceso de clausura y están en constante revisión. Para definir las factorías de datos se han hecho propuestas desde distintos ámbitos, Sectores tan dispares como el empresarial o el académico han realizado esfuerzos en este sentido. Como activo mercado lingüístico cada definición de fábrica de datos otorga visibilidad y protagonismo a aspectos concretos de las factorías de datos y construyen un discurso sobre la fábrica de datos.

La revisión de las definiciones sobre fábricas de datos que planteo en esta nota busca conocer cuáles son las características que tienen estas nuevas factorías para comprender cuál es su funcionamiento. El interés de esta revisión de la definición de fábrica de datos es la hipótesis de que las fábricas de datos y su comunidad de usuarios son dos de los actores protagonistas de la transformación digital.

Maquinaria: hardware, software y nube

Las empresas proveedoras de la capa de infraestructura tecnológica (IT) describen la fábrica de datos en términos de tecnología. *Microsoft azure* plantea la definición de fábrica de datos como un medio de canalización de los datos mediante un servicio de integración de datos. *McAffe* describe la fábrica en términos de nube empresarial. *Google Cloud* o *Amazon Web Services* la define como una factoría con un conjunto de servicios o o funcionalidades sobre los datos.

Desde el sector de la computación en la nube IaaS – *Infrastructure as a Service*, los CaaS – *Container as a Service*, PaaS – *Platform as a Service*, SaaS – *Software as a Service* y FaaS (*Functions as a Service*) desgranan algunas de las operaciones o tareas que se producen en las fábricas de dato.

Automatización del flujo de información

La fábrica de datos es el entorno de trabajo y conjunto de herramientas utilizadas para crear flujos de datos que disponen de herramientas de aprendizaje automatizado.

- Es un marco o un entorno *framework* donde se automatiza completamente las operaciones de recopilación, inspección, procesado y publicación de datos.
- Un entorno de trabajo destinado a crear y ejecutar flujos de trabajo de procesamiento de datos de manera rápida y sencilla.
- Una interfaz que automatiza completamente el proceso de creación, entrenamiento y desarrollo de modelos.

Transferencia de conocimiento

La factoría de datos es el medio donde sucede la innovación. Proceso de innovación en el que se produce la transferencia de conocimiento entre centros de investigación, industria, academia, administración y empresa para proporcionar un servicio de apoyo a la toma de decisiones.

El lenguaje de los datos

Plataforma abierta de analítica de datos con una completa cartera de soluciones que proporcionan analítica avanzada a todo el abanico de necesidades de la inteligencia de negocio (BI). Lo que significa que más personas pueden descubrir más conocimientos para crear un mayor valor de negocio.

En esta definición *Qlik* de la fábrica de datos explora el requisito necesario para el éxito de una fábrica de datos, y de la transformación digital de una organización impulsada por datos: haber desarrollado una cultura basada en datos. Sin embargo, los estudios de *Qlick* sobre alfabetización de datos desvelan que todavía falta mucho por avanzar en este campo. La alfabetización de los datos es un requisito previo para entender el producto que nos ofrece las fábricas de datos y dotarlo de contexto en la organización.

Aprendizaje automatizado y datos inteligentes

El blog *Talking data* en O'Reilly apuntan a tres elementos clave en la era de los datos inteligentes y en la definición de fábrica de datos. Los datos, inteligencia artificial (IA) la sabiduría humana. Esos tres elementos están interrelacionados y forman un bucle virtuoso.

- La acumulación de datos permite una comprensión más profunda y ayudarnos a ganar más experiencia y sabiduría. Además, sin datos, sería imposible que existiera la IA y la acumulación de sabiduría humana también se ralentizaría.

- la AI requiere la participación humana para su entrenamiento y aumentar su eficiencia. Sin la intervención continua de la sabiduría humana, la adición de AI a los datos perderá su valor e incluso se volverá inefectiva.

- Para los humanos es un desafío trabaja con datos complejos y rápidamente cambiantes.

Un ejemplo de este tipo de fábricas es *AlphaGo* de *Deepmind*. La *IA* de Google que ganó al campeón de Go y de la que ya se ha realizado un documental disponible en *Netflix*.

Lugar

La definición de la fábrica de datos desde el periodismo (NYT) llama nuestra atención sobre el espacio físico el que se procesan manualmente grandes cantidades de datos, generalmente para el consumo mediante un modelo de inteligencia artificial

Análisis de datos

La definición de la fábrica de datos a menudo incide en el proceso productivo que transforma el dato en conocimiento mediante del análisis de los datos. Modelos y algoritmos transforman los datos crudos en indicadores que permiten adoptar decisiones y evaluar su efecto en términos económico, social y ambiental.

Consultoras como *Deloiite* plantean la factoría de datos como un conjunto de recursos de análisis de datos escalables con los estándares, las metodologías y el enfoque mediante un programa estructurado que acelera la capacidad de los recursos para entregar proyectos relacionados con datos.

La empresa *CARTO* plantea un flujo de trabajo en 5 pasos para convertir los datos geo-localizados en resultados comerciales. La empresa

CARTO proporciona algunos ejemplos de las utilidades del análisis de datos geográficos. Algoritmos de detección de fraude para detectar anomalías en el comportamiento de los usuarios, los algoritmos para medir y predecir riesgo antes del daño, optimizando la labor de las aseguradoras, los algoritmos para optimizar tasas de alquiler y precios de venta del sector inmobiliario partir de información sobre la competitividad del mercado, los cambios en los precios de la vivienda y la accesibilidad del transporte.

Vida útil ajustada al ciclo de vida de productos e infraestructuras

Desde algunos ámbitos en la definición de fábrica de datos se destaca la idea del mantenimiento predictivo de activos como uno de los factores que está impulsado la implantación del Internet de las cosas en el sector industrial.

Los sectores que inciden en el mantenimiento de activos comprenden la maquinaria industrial, los electrodomésticos, las edificaciones, o las infraestructuras. Desde el ámbito de la BIM, la empresa *Boston Consulting Group* nos traslada la siguiente ventaja del mantenimiento predictivo que realizan las factorías de datos. Las fábricas de datos no solo pueden reducir el tiempo de construcción y el coste del ciclo de vida completo de una infraestructura, sino que también mejoran la calidad de los procesos y la seguridad, las condiciones de trabajo y la sostenibilidad.

Sincronización, cadencia y oportunidad

La información puede resultar obsoleta en un espacio muy breve de tiempo. Este es el motivo por el que el ciclo de la producción de la fábrica de datos debe estar acompasado con la toma de decisiones. La sincronización de la producción con su uso es clave para obtener beneficio de la fábrica de datos. Cadencia de producción y oportunidad de negocio deben ser sincronizadas.

Capacidad predictiva

Las fábricas de datos son sistemas utilizados para pronosticar resultados futuros geolocalizados y en tiempo real.

La empresa *Geographica,* adquirida por *CARTO*; destaca cuarto pasos para que las fábricas de datos alcancen la capacidad predictiva:

- Exploración de datos: es el proceso de recopilación de información útil no estructurada a partir de los datos suministrados.

- Minería de datos: es el proceso que intenta descubrir patrones en grandes volúmenes de datos.

- Análisis descriptivo: es el análisis de los datos cuyo objetivo es resumir y sistematizar los resultados.

- Análisis predictivo: es la creación de modelos de datos históricos o actuales con el fin de pronosticar resultados futuros.

Un ejemplo La combinación de miles de variaciones de datos de cultivos, mercados y geográficos para obtener información sobre rendimientos, precios y oportunidades de inversión. Los usuarios del sistema ACRE, sistema desarrollado por *McKinsey* grandes fincas, gobiernos nacionales, compañías de alimentos y negocios de insumos agrícolas, como productores de semillas y fertilizantes.

Monitorización en tiempo real

La definición de fábrica de datos destaca en algunos casos su interés como herramienta de seguimiento que determina la huella geográfica de objetos como productos e infraestructuras y eventos como riesgos naturales.

La integración de los sensores remotos (IoT) o los sensores remotos en fábricas de datos como las *smart city* o las *smart grid* , en la logística, las mercancías permite optimizar los recursos operados por administraciones, empresas, organizaciones y operadoras de infraestructuras en tiempo real, o en tiempo casi real (NRT) para fomentar la eficacia y agilidad en el proceso de tomas de decisiones.

Un ejemplo. La empresa *Geographica* desarrolla una solución (Urbo) que permite ver, analizar y correlacionar en tiempo real información de sensores.

Integración y fusión de fábricas de datos

El dato espacial deja de ser especial. Desde la perspectiva de la manufactura los datos geográficos la definición de la fábrica de datos se conciben como herramienta que forma parte de la infraestructura tecnológica. Ésta es una visión instrumental que equipara los datos espaciales con el resto de la información, perdiendo por ello su condición singular y son objeto de las mismas tareas que el resto de los datos: captura, control, calidad, análisis o comunicación. Los datos espaciales están subordinados a otros procesos como la toma de decisiones, al seguimiento de las cadenas de producción y distribución o la mejora de la gestión de proceso de negocio.

Un ejemplo podemos hallarlo en el acoplamiento de los datos geolocalizados con los sistemas de *business intelligence*. La integración o fusión de sistemas de información permite un retorno de la inversión (ROI) rápido impulsado por una toma de decisiones más ágil, ahorro de costos y optimización operativa, y la mejora en el rendimiento y la gestión de los activos de la organización.

Otro ejemplo podemos apreciarlo en las noticias del mercado. Las fábricas de datos se integran o se fusionan. *ESRI* y *SAP Hana* combinan directamente los sistemas de recursos empresariales (ERP) con los datos procedentes de los sistemas de información geográfica (SIG).

Reducción del tiempo de reacción

Desde el ámbito de los datos climáticos y la aceleración la transición a una economía de carbono cero. *EIT-Climate-Kic* considera una fábrica de datos como una oferta de servicio para facilitar y acelerar la difusión de los datos a la sociedad que ayuda a reducir el tiempo de acción para la toma de decisiones.

Un ejemplo en este sentido la empresa *Metologica* ofrece predicciones internacionales de producción de energía eléctrica eólica y solar.

Conectividad

La Industria 4.0. define la fábrica de datos por la conectividad de los medios de producción de las líneas de montaje con los sistemas de inteligencia artificial.

Desde *IBM Watson IoT* apuntan a que las fábricas de datos son una solución que maximiza el valor de los activos conectados. La computación se ve obligada a ser más cognitiva para procesar, analizar y optimizar la información de forma adecuada, de manera que ayude a las empresas del sector industrial a extraer más valor de los datos, permitiendo que su negocio sea más cognitivo a través de un procesamiento y análisis de la información más efectivos, así como de la optimización de las operaciones.

Crowdsourcing

Las definiciones de fábrica de datos coinciden en que tienen múltiples fuentes de datos que utilizan como entrada de su proceso productivo.

Entre ellas destaca la realizada por los usuarios. Este proceso ha dado lugar a un aluvión de fenómenos no exentos de polémica. Neo-geografía, voluntariado de la información geográfica (VGI), sistema de información geográfica de participación pública (PP-GIS), Gis, ciencia ciudadana, *hackaton*, GIS-participativo, (P-GIS). GIS-colaborativo Co-PP-GIS, sitios con contenido generado por el usuario (UGC-GIS).

La herramienta Mapscov de *Elecnor-Deimos* se alimenta de datos de cobertura verificada obtenida mediante *crowdsourcing* de los usuarios, unida a los de cobertura simulada. Estos datos de cobertura real, provenientes agentes instalados en smartphones, son totalmente anónimos y están recogidos de forma totalmente transparente para el usuario.

Seguridad jurídica

No se puede definir la fábrica de datos sin tener en cuenta su dimensión jurídica y legal.

Las licencias de datos, acuerdos y en definitiva la seguridad jurídica es clave en la alimentación de las líneas de producción de las fábricas de datos. Estos procesos crean una geo-comunidad, un ecosistema de proveedores, productores y usuarios de fábricas de datos.

A su vez las fábricas de datos pueden contribuir a la seguridad jurídica, un ejemplo: la oficina virtual del catastro de España.

Experiencia móvil y virtual del usuario

La interacción del usuario con la fábrica de datos es móvil, en entornos industriales, *retail,* turismo, medicina, logística, o eventos se produce la comunicación a través de paneles de información y control donde toda la información proveniente de múltiples sensores se presenta de manera sencilla y visual en dispositivos como los smartphones o las gafas de realidad virtual.

La definición de fábrica de datos también está ligada al ciberespacio es la representación de los lugares físicos en Internet (Graham & Zook, 2011). Entre el ciberespacio y el espacio real se producen relaciones. El dato espacial es la fuerza motriz que transfiere un sentido al lugar (Fisher, 2008), pero también se observa cómo los lugares se interrelacionan con el dato virtual en los *digiplace* (Zook & Graham, 2007) o el *placelooging* (Kottamasu, 2007) o través de *gadgets* de realidad virtual.

Industrialización

Desde *Dell EMC* nos ofrecen una interesante visión de la definición de fábrica de datos como el medio de crear valor a partir de los datos a una escala industrial real mediante la automatización de las operaciones y la eliminación de desperdicio para reducir drásticamente el coste general y el tiempo empleado en la producción. El proceso de industrialización del dato es análogo al industrial y consta de tres pasos: descubrimiento, monetización, y optimización.

Doug Cackett plantea la siguiente cuestión: ¿Por qué la gestión del mundo de los datos debería ser diferente a lo que hemos podido ver en la esfera de la fabricación industrial desde que el primer modelo T salió de la línea de montaje de Ford?

Gamificación

La gamificación o ludificación traslada estrategias y mecánicas de los juegos al ámbito educativo, profesional, de la comunicación incluso la gamificación de las noticas.

Los sistemas gamificados no solo provocan cambios de hábitos también son una fábrica de datos.

Un ejemplo, la empresa *Play and Go* mejora la experiencia de usuario y los resultados de negocio gamificando el mundo real mediante un nuevo canal de promoción y comunicación para las organizaciones, mediante su fábrica de datos obtiene información geolocalizada para el diseño de estrategias hipersegmentadas de geomarketing y/o de planificación de políticas públicas.

Catálogos, metadatos y conocimiento

La actividad de la fábrica de datos genera a su vez información. Esa información no solo describe como se está usado la factoría o cual su estado operacional, también produce un *stock* de información.

La explotación de ese *stock* es la llave de la implantación del ciclo de Deaming en las fábricas de datos. La explotación del stock de información no sólo ofrece las posibilitad de la mejora continua o la puesta en funcionamiento de los principios de calidad total, va más allá, facilita la generación de conocimiento a la organización.

Un ejemplo son las funciones de hallazgo o visión (*insight*) que la que disponen muchos sistemas de inteligencia de negocio BI, y repositorios documentales.

Otro ejemplo podemos hallarlo en las infraestructuras de datos espaciales (SDI). Estos sistemas cuentan con catálogos que explotan los metadatos para ofrecer la posibilidad de su reutilización, acceso y un puente al desarrollo de datos enriquecidos para la web semántica geoespacial

Incertidumbre

En las fábricas de datos conocer ambos parámetros error y tolerancia es básico para una gestión optimizada de una factoría de información. Al fin y al cabo, todo dato tiene su error, todo modelo lo propaga y toda decisión admite una tolerancia.

El análisis de incertidumbre, el análisis de la sensibilidad de los modelos que forman parte de la fábrica de datos es dos de las herramientas más utilizadas en la gestión con datos.

Para afrontar la variabilidad del entorno La simulación con escenarios es parte de las herramientas usadas en las fábricas de datos.

Cuando disponemos de muchos modelos se recurre a métodos de precisión por conjuntos (*Ensamble*).

Determinar la tolerancia de la decisión no es una tarea sencilla. En ocasiones está determinada por la gestión del activo que opera la fábrica de datos, en otros momentos depende de un análisis económico de coste beneficio.

Ecosistema de la fábrica de datos y la geo-comunidad

El concepto de ecosistema está integrado en alguna definición de fábrica de datos. No sólo estamos asistiendo a la colaboración entre productores de datos, también están creando geo-comunidad y acuerdos a partir de los grupos de interés relacionados con la temática de las fábricas de datos.

Desde la perspectiva de McKinsey un ecosistema es un conjunto interconectado de servicios que permiten a los usuarios satisfacer una variedad de necesidades, en una experiencia integrada. Tiene tres características:

- Los ecosistemas actúan como puertas de enlace
- Los ecosistemas utilizan efectos de red
- Los ecosistemas integran datos que ayudan a las empresas a crear productos y servicios de valor agregado, y experiencias superiores, para sus clientes.

Visualización de datos

En la definición de fábrica de datos es habitual encontrar referencias a la visualización de datos. Visualización que se utiliza habitualmente para ofrecer el resultado final de la fábrica de datos. Para la gran mayoría de consumidores es el punto o portal de acceso a los productos y servicios que elaboran las fábricas de datos.

Algunas de las principales formas en las que se está integrando la visualización de datos son los paneles y cuadros de mando, las soluciones de web mapping, las infografías interactivas o los atlas. En todos ellos se está trabajando en lograr un diseño eficaz y un cierto grado de interacción, comunicación, y conversación con el usuario y entre diseñadores de #dataviz. Estas características son algunas de las claves de los sistemas de visualización de datos de las factorías.

Las plataformas de inteligencia de negocio (busssines intelligent) de datos como *Qlik, Tableau, Power BI, salesforce, Thoughtspot, sisense, y SAP* están explorando y perfeccionado la visualización de los datos, y la integración de mapas.

El Panel de control (*Dashboard*) es una interfaz visual que resume datos en métricas y gráficos para informa al usuario, en tiempo cercano al real (NRT), sobre cuál es el estado de fruncimiento actual de un proceso. El cuadro de mandos integral (*Balanced scorecad*) es una interfaz visual que resume el estado actual de los indicadores clave de rendimiento, o desempeño (KPI), está vinculado al plan estratégico de la organización expresado en sus metas, objetivos. La actualización es periódica, habitualmente mensual. Ambos pueden ser usados también para hacer un seguimiento del funcionamiento de la propia fábrica de datos (*dashboard*) o de sus objetivos (*Balanced scorecard*).

Dos ejemplos. La empresa *Qlik* ofrece *dashboard* para el análisis de la cesta de la compra con el fin de crear una selección de productos adaptada, realizar ventas cruzadas y adicionales a los clientes y evitar la pérdida de ventas debida a la falta de existencias. La empresa *Tableau* ofrece *balanced scorecard* que combinan los KPI en una única vista, permitiendo la administración geográfica individual o de área.

Desde *ESRI*, Jack Dangermond manifestaba que el mapa se está convirtiendo en un lenguaje común entre organizaciones. Cada vez es más frecuente que nos encontremos con mapas incrustados en paneles de control y cuadros de mando. El mapa y la cartografía en Internet (*web mapping*) explotan La función exploratoria de la cartografía para ofrecer un nivel mayor de interacción al usuario.

Las infografías han experimentado un importante auge. La sobrecarga de información es resumida visualmente de forma atractiva, accesible y persuasiva a los ojos de nuestro cerebro. Las infografías han evolucionado. La imagen estática ha dado paso a infografías web con contenidos multimedia interactivos y se han consolidado como un canal eficaz y eficiente de comunicación de datos.

Atlas

Los atlas no han muerto. Los atlas se están revitalizando como imprescindibles y potentes fábricas de datos que tiene mucho que enseñar por su experiencia en sintetizar y narrar información geográfica.

Los atlas están evolucionando de libros a sistemas de información estadística, incorporando multimedia, infografías, web mapping, y facilitando conjuntos de datos espaciales para su reutilización.

Un ejemplo es el Atlas de la complejidad económica elaborada por la Universidad de Harvard es una herramienta de investigación y visualización de datos que se utiliza para explorar la dinámica del comercio global a lo largo del tiempo y descubrir nuevas oportunidades de crecimiento para todos los países del mundo.

Narrativa

Las definiciones de fábricas de datos destacan que los datos encierran historias, y las historias nos gustan. El género narrativo es un medio de éxito para conseguir la implicación de usuarios y directivos más allá de la frialdad de un cuadro de mandos lleno de números. por este motivo las fábricas de datos comienzan a incorporar widgets que dan contexto al dato

Los datos también contienen crónicas y noticias. El Periodismo con datos, *story maps*, infografías exploraran la narrativa con datos. Algunos ejemplos los podemos hallar en los medios de comunicación, con temas tan dispares como la protección de la vacunación colectiva, refugiados, la deuda de la eurozona, la automatización del trabajo, el voto en España, la brecha salarial entre hombre y mujeres, las canciones más famosas de todos los tiempos

El periodismo de datos no es una cuestión exclusivamente tecnológica, ni trata sobre la interacción con los datos, o lograr la conversación con el lector y su fidelización con el medio. El periodismo de datos nos está mostrando una valiosa lección. La búsqueda de respuestas, consigue el despertar la curiosidad del lector, una curiosidad en las que destaca el interés por los datos locales, y los datos enriquecidos en la web semántica geoespacial.

Detallados ejemplos podemos hallarlos en el Manual de Periodismo de Datos es un libro que consigue ser un recurso útil para cualquiera persona interesada en el periodismo de datos.

Inteligencia (Smart)

Una fábrica de datos ofrece un resultado final, una toma de decisiones. La automatización y la implantación de algoritmos de IA facilita el proceso de toma de decisiones y dotar de inteligencia a los datos.

Las fábricas de datos mejoran la calidad de vida de los ciudadanos, aportándoles información en tiempo real sobre aspectos de interés general como el tráfico, la calidad del aire, sobre gestión de residuos.

La inteligencia se liga a sostenibilidad, calidad de vida, objetivos del milenio, rendimiento económico. Se aplica lo *smart* a la gestión de ciudades, universidades, aeropuertos, edificios, bosques, puertos o electricidad o agua. Cualquier clase de activo cae en la esfera de lo *smart* incluso la producción de mapas.

En este sentido un ejemplo podemos encontrarlo en Solución smart en los servicios de generación y distribución de energía de gas y de electricidad de *ESRI*

La doble digital: la simulación

Prototipar y aplicar la teoría de modelos no son tareas nuevas para la ingeniería. En la era digital la herramienta por excelencia para realiza estas labores de diseño es la realización de simulaciones sobre modelos virtuales.

Las simulaciones digitales, también denominada por la industria 4.0 «el doble digital» o «el gemelo digital» permite mostrar el comportamiento de un sistema frente la variabilidad de variables de entrada o el cambio en el dimensionamiento del sistema.

Ejemplos de dobles, gemelos o prototipos digitales podemos encontrarles en *Siemens* y *Bentley Systems* donde han desarrollado la solución del doble digital de PlantSight.

Alfabetización digital, humanismo y percepción

El análisis crítico del discurso de las *smart cities* no se ha hecho esperar. Eficacia, facilidad, neutralidad, deseabilidad son algunos de los tópicos hallados, los cuales pueden servir de introducción al discurso sobre las fábricas de datos o de prácticamente cualquier tecnología. Pero más allá de estos análisis descriptivos en ocasiones la implantación de las fábricas de datos falla.

Qlik plantea interesantes cuestiones sobre la cultura de los datos y la necesidad de una alfabetización del uso de los datos

Gerson Beltrán nos ofrece una respuesta en su conferencia sobre datos geo-localizados en las *smart cities*. No podemos usar viejos mapas para explorar un nuevo mundo, en el cual mapas y datos son la nueva moneda de cambio. El elemento humano es clave en un mundo tecnificado: frente al algoritmo humanismo.

Otra repuesta nos la proporciona Tricia Wang en su conferencia TED Las percepciones humanas que faltan en los grandes datos.

Transformación digital

Las fábricas de datos son un elemento clave para conseguir la transformación digital.

La transformación digital está en constante redefinición y también es objeto de la agenda mediática., al igual que le ocurre la definición de fábrica de datos.

Gran parte de las definiciones de transformación digital apuntan a que no es una cuestión de adopción tecnológica. La ley de Martec señala que la tecnología cambia exponencialmente, mientras que las organizaciones cambian logarítmicamente. Sin embargo, la inversión en tecnología no es sinónimo de transformación digital.

Robert Solow planteo la siguiente paradoja de la complejidad. El crecimiento de la productividad en general no ha seguido el ritmo del crecimiento del gasto en tecnologías de la información. Esto, a pesar del hecho de que el progreso tecnológico se ha mostrado como un impulsor clave del crecimiento de la productividad.

BCG apunta a que las áreas que implicaran una mayor adaptación como consecuencia de la transformación digital son: Digitalizar las relaciones con los clientes, construir el talento digital y la organización, aprovechar los datos y la tecnología, digitalización y automatización de procesos. Estas transformaciones pueden significar el final de la paradoja de la complejidad.

¿Qué necesitan las factorías de datos para funcionar?

Hemos repasado algunas de las definiciones sobre fábricas de datos que nos ofrecen una panorámica, un paisaje sobre las actuales fábricas de datos. Consultoras como *Mckinsey* ofrecen guías de las causas del fracaso de la transformación digital que pueden aplicar a las fábricas de datos y claves del éxito del cambio digital de las organizaciones.

Los datos y lo algoritmos pueden ser más inteligentes que los humanos, pero los gestores de la fabricas de datos están obligados a ser listos y eso comienza con una adecuada política de recursos humanos que atraiga y fije el talento, un buen liderazgo, y saber formular las preguntas adecuadas a la fábrica de datos.

Fábricas de datos pioneras

13/02/2011
JDR

Desde el punto de vista de la producción de mapas la historia de la cartografía nos muestra una inexorable marcha hacia la industrialización. Las pioneras infraestructuras de datos espaciales creadas por las compañas mercantiles que fueron creadas en el siglo XVI, como la Casa de contratación de Indias en España, o la WIC y VOC neerlandesas son una muestra de la sistematización en la producción cartográfica.

En este proceso a finales del siglo XX la transformación digital de la sociedad alcanza también a los mapas. La cartografía se transforma en bases de datos espaciales y los mapas se convierten en la representación gráfica de la misma dentro de la pujante área de visualización de datos.

La historia de la cartografía ha prestado mayor atención al contenido de los mapas, a su diseño y a la evolución de la producción cartográfica que al consumo de la información que contienen, consumo de mapas que en la actualidad se extiende y personaliza a toda la sociedad.

Las actuales infraestructuras de datos espaciales (IDE) o en ingles SDI no son un invento nuevo, la historiarais de la cartografía nos muestra Pioneras infraestructuras de datos espaciales

Las infraestructuras de datos especiales IDE son una fábrica de datos. La infraestructura de datos espaciales o geográficos en un sentido amplio, son:

el conjunto de elementos y servicios que facilitan la producción, acceso y reutilización de datos espaciales, necesarios para el funcionamiento de una organización.

Esta definición de IDE que proponemos, se puede analizar en profundidad. Aunque hoy vamos a centrarnos en una por la que normalmente pasamos con rapidez: la palabra necesidad. La necesidad es el verdadero motor de la creación e impulso de la IDE. En la directiva INSPIRE europea este papel lo desempeña la necesidad de realizar políticas de protección del medio ambiente. En la IDEE, regulada en la LISIGE, se amplía esta necesidad para abarcar la aplicación de cualquier política basadas en la información geográfica.

Sin embargo, las pioneras de las actuales IDE, las proto-IDE, surgieron de otra necesidad bien distinta: formular políticas y operaciones comerciales. Podemos considerar a las primeras corporaciones mercantiles, que se empezaron a fundar durante el siglo XVI en Europa, como las primeras organizaciones o instituciones en crear una pionera infraestructuras de datos espaciales.

Estas corporaciones diseñaron y pusieron en marcha: un marco institucional, unos estándares, una tecnología y una política de datos. La principal misión de estas proto-IDE, que recibieron distintas denominaciones, era la producción y utilización de los mapas para mantener una estrategia competitiva frente al resto de corporaciones. Al frente de estas IDE situaron a un incipiente gremio de cartógrafos profesionales, dedicados a la creación y mantenimiento de datos, metadatos y servicios que se usaban dentro de la corporación con férreas políticas de protección de datos.

La historia de la cartografía realizada por estas corporaciones es un tema amplio, casi novelesco, que "da para mucho". En el mapa que acompaña esta nota podemos apreciar las distintas corporaciones que se fueron creando. En color naranja las que dedicaron un mayor impulso a sus pioneras infraestructuras de datos espaciales (proto-IDE). De entre las lecciones de este periodo de la historia de la cartografía destacamos que estas organizaciones y sus pioneras IDE, pusieron en práctica las palabras de Denis Wood "la eficacia del mapa es una consecuencia de la selectividad". Sin interés o necesidad no hay IDE posible.

Elementos de las fábricas de datos

08/04/2019
JDR

Datos geolocalizados, materia prima de las fábricas

Existen tres grandes tipos de datos espaciales en función de quién sea su productor y la finalidad con la que se coleccionan. Cada uno de ellos presenta unas técnicas de captura, un modelo, un tipo de archivo de la información y un software.

El primer grupo está formado por datos muy tecnificados y especializados. El uso de este tipo de datos está ligado generalmente a una producción y consumo profesional o científico, y a una reutilización que aporta un gran valor. En este campo se ha producido una hiper-especialización y una reivindicación del valor de los *small data*.

Un segundo grupo está compuesto por datos generalistas y cotidianos. Están más vinculados con el estilo neogeográfico y de voluntariado de la web 2.0. En este grupo la neogeografía y el voluntariado son las formas habituales de producción y consumo.

El tercer grupo proviene de la automatización en la producción, la cual se alcanza gracias y entre otros artefactos, a los sensores, al registro de la huella informática de la actividad cotidiana en el territorio y en la red, al Internet de las cosas, o la informacionalización. En este último grupo la forma que ha tomado la producción y el consumo es el binomio del big data y el geo-smart.

Existen otras clasificaciones basadas en el linaje de los datos. El análisis de su origen y procedencia de la información es una herramienta necesaria para conseguir la gestión esbelta *(lean)* en la cadena de producción de la fábrica de datos

En la actualidad tenemos una vía ecléctica de producción del dato geográfico El mix productivo de estos tres tipos de datos está facilitado por los estándares de interoperabilidad, pero la convivencia de los datos no es fácil y está en fase de debate.

La disparidad de la calidad, las garantías técnicas y la seguridad jurídica de cada tipo de datos condiciona su integración; especialmente se discute la utilidad de la neogeografía, la capacitación geoespacial de la sociedad, el voluntariado geográfico para enriquecer a otros conjuntos de datos. A pesar de estas dificultades se están buscando marcos de integración que superen la segregación inicial

Tipología de los datos para las fábricas de datos

08/04/2019
JDR

¿Tus datos te hablan? En las fábricas de datos existen diferentes tipos de datos. Industria y academia elaborar clasificaciones, tipologías, taxonomías y folksonomías alrededor de los tipos de datos que difieren mucho de las tradicionales. ¿por qué este interés?

Alfabetización de datos

Uno de los primeros pasos en el proceso de aprendizaje del trabajo con datos es conocer las distintas clasificaciones y tipologías de datos. Dominar esta competencia es clave para que los datos que obtengamos sean fácilmente utilizables y de esta manera consigamos visualizar, analizar y comunicar la información con eficacia.

Hasta aquí nada nuevo. Las clasificaciones y tipologías más conocidas están enfocadas a adquirir las habilidades necesarias para dominar la gramática de los datos, esa disciplina, a veces olvidada, que nos dice hasta donde podemos llegar con los datos, los modelos y los algoritmos y como usarlos correctamente. No todo vale cuando hablamos a través de los datos, por mucho asistente que lo permita, o por muy estética que sea nuestra cartografía, web mapping o panel de mando y control.

Definición de alfabetización en el uso de datos o alfabetización informacional es la capacidad de leer, comprender, crear, comunicar y argumentar con datos.

En al ámbito cartográfico un ejemplo clásico de las utilidades de conocer las tipologías de datos es la elaboración correcta de cartografía temática, cuantitativa o cualitativa, en función del tipo de datos. Podemos encontrar variados y completos ejemplos en la sección del mapa del mes del Atlas nacional de España

En anteriores notas hemos visto algunos de los nuevos roles que están surgiendo alrededor de la geo-industria como los gestores de adquisición de datos, los controller, los bibliotecarios de datos. Todos ellos tienen en común una competencia educativa: comparten una destreza, un cierto grado de fluidez en el uso de datos.

¿Por qué las fábricas de datos recurren a una tipología propia para describir los datos?

Las factorías de los datos, las fábricas de datos, o las organizaciones impulsadas por datos recurren a otros criterios distintos a los tradicionales, que habitualmente están centrados en la naturaleza del dato, para construir una tipología con una novedosa mirada sobre las variables que usamos en nuestros modelos y algoritmos. Las tipologías que proponen las fábricas de datos se alejan de la convencional y académica para adentrarse de manera informal (Beltran & Del Río, 2018) en el concepto de variable dependiente o de salida y profundizar en él, extendiendo su significado. Realizar la tarea de extensión implica a la sociología de la ciencia, a la tecnología, a la economía y a los sistemas de ayuda en la toma de decisiones,

Cada fábrica de datos sitúa los datos en el contexto productivo de las factorías de datos que los crean y manipulan hasta lograr obtener información. Comienza por tanto esta tipología en el momento en el que transformamos los datos de origen y obtenemos el primer resultado de nuestros modelos y algoritmos. A partir de este momento cadena de producción y cadena de valor se funden y las las factorías describen distintos tipos de datos en función de su posición o valor en el proceso productivo del dato. Los criterios de clasificación se fijan por lo tanto en la cadena de valor que va convirtiendo y enriqueciendo progresivamente el dato. Por este motivo para utilizar estas tipologías en nutro quehacer diario implica tener definida e identificada previamente cual es la cadena de valor de nuestra factoría de datos.

¿Por qué hacer este esfuerzo de redefinición? La respuesta es simple: es necesario. Las tipologías de las factorías o fábricas de datos se basan en la segunda ley de Moody y Walsh: el valor de la información se incrementa con el uso. La gobernanza de las factorías de datos requiere de estas tipologías para gestionar el proceso productivo y ofrecer productos relevantes al usuario. Determinar cómo el dato va adquiriendo su valor, es relevante para conseguir una gestión y gobernanza del dato libre de «muda», cercana a los postulados de la producción (Del Río, 2015) esbelta «*lean*» que permita que los datos salten al mercado «*Go to market*» y se transformen de una materia prima «*Commodity*» a un bien de consumo de mayor valor.

Las tipologías de datos basadas en la cadena de valor de la información

Las distintas tipologías, taxonomías, folksonomías y clasificaciones de datos que nos ofrece la industria varían según el diseño y desarrollo de cada factoría de datos. Un estudio sistemático debería adentrase en la definición de estas fábricas para ver cuánto tienen en común la clasificación que propone implícitamente cada una de ellas. Veamos algunas. Nuevamente sin el ánimo de ser exhaustivos.

Criterio de toma de decisiones (DSS)

Gran parte de las factorías de datos están orientadas a la toma de decisiones. En este marco algunas definiciones pioneras las podemos encontrar en 1960, en el Kernel que distingue entre inteligencia, diseño y elección o las basadas en las rutinas centrales del año 1976: evaluación, seguimiento, actuación (Vacik & Lexer, 2013). los tipos de datos según estos criterios se clasifican según la posición q que ocupan en la cadena de valor del a fábrica de datos.

Criterio de vinculación con el negocio

Los tipos de datos desde la perspectiva del negocio (Gartner, 2015) se clasifican en función de en qué tipo de operación de la fábrica de datos intervengan

- Intrínsecas,
- De negocio
- De rendimiento

Criterio de la finalidad del producto resultante

El tipo de datos se clasifica según la clase de información que ofrecen en las factorías de datos. este criterio se basa en el modelo de madurez (Gartner, 2012; Glazer 1991)

- Descriptivas o información, son las que responden a la cuestión de qué sucedió
- Diagnostico o hallazgo, determina que hizo que sucediera lo anterior
- Predictoras, prospecta que es lo que va a suceder
  - Prescriptivas o de decisión o acción o efecto, entramos de lleno en la optimización y responden a la pregunta de cómo podemos hacer que suceda.

Todas estas preguntas se ordenan en una línea recta de pendiente positiva en el Modelo de madurez de los datos, en el primer escalo esta la parte descriptica y en el último la de optimización. En esta gráfica el eje x se describe la dificultad del análisis que va de menos (la descriptiva) a más (la optimización) y en el eje de ordenadas el valor de menos (descriptivas) a más (la optimización).

Criterio del valor del dato

La valoración económica del dato es una de las herramientas principales que puede ayudarnos a utilizar los tipos de datos en las fábricas de datos y calcular cuánto valor se añade en cada paso de la línea de montaje.

Una de las pioneras visiones de los tipos de datos según su valor económico se debe a las Organizaciones de uso intensivo de la información y el continuo de información. Desde la universidad de California, en Berkeley, Rashi Galzer proponía en al año 1993 el concepto de organizaciones de uso intensivo de datos como aquellas firmas que eran capaces de integrar la información en su estrategia de negocio y conseguir de esta manera una ventaja competitiva.

Galzer (1993) estableció que para conocer el grado de uso de la información en una organización era necesario implementar procedimientos de valoración económica de la información, un indicador que permitiera evaluar los datos como un activo empresarial más. Este enfoque describe la cadena de valor del dato como un continuo, no utiliza por tanto la perspectiva discreta tan frecuente en el ámbito de las clasificaciones.

Desde el punto de vista de la gestión Laney (2015) propone criterios para elegir cual es el método de valoración de datos más apropiado a cada caso., distinguiendo dos grandes bloques según se pretenda mejorar la gestión o los beneficios.

Si estamos enfocados en mejorar la gestión de la información en l organización, los métodos que propone son los siguientes:

- Valor intrínseco de la información. ¿Como de correctos, completos y exclusivos son los datos que manejamos?
- Valor de negocio de la información. ¿Como de relevantes y buenos son estos datos para el propósito específico para el que cual los estamos usando?
- Valor de desempeño de la información. ¿Cómo afectan a los indicadores KPI?

Sin embargo, si estamos centrados en mejorar el beneficio económico, propone recurrir a métodos de valoración financiera.

El valor del coste es adecuado para responder a la cuestión de cuantos nos costaría perder los datos y tener que reconstruirlos, el Valor de mercado responde la pregunta de cuál es el precio de compra de esos datos en el mercado, y el valor económico como contribuyen al VAN de la explotación.

Los métodos financieros están adaptados del enfoque de valoración de activos y se ajustan mejor a algunas de las características únicas de la información, especialmente a dos de ellas: la capacidad de no agotamiento de la información y la concesión de licencias múltiples sobre el mismo conjunto de información.

Criterio del origen y procedencia de los datos

La tipología de la cadena de valor no es la única que utiliza la industria. cuando se centra en su origen y procedencia hablamos habitualmente de datos primarios y secundarios, pero eso es otra historia.

¿Futuro de las tipologías de datos en la gestión y dirección de las fábricas de datos?

Todas las tipologías de datos expuestas en esta nota comparten una misma idea: el dato es un recurso económico, sin embargo, aquí no acaban las posibles tipologías y clasificaciones de los datos que nos va a ofrecer la industria. Se confeccionarán otras clasificaciones sobre los datos a medida que se profundice en el proceso industrial de toma de decisiones (Hanski et al., 2018) o se disponga de más experiencia en el proceso de enseñanza y aprendizaje de la cultura de alfabetización (Gray et al., 2018). Mientras tanto el ejercicio es simple podemos aplicar esta tipología como hojas de ruta en nuestras fábricas de geodatos y geoanálisis. La trasferencia de la ciencia a la tecnología es ahora diálogo y comunicación.

Clasificaciones de los datos según su linaje

16/11/2018
JDR

Vamos a seguir hablando de las clasificaciones de los datos menos conocidas que se están proponiendo desde la industria. En la anterior nota titulada ¿tus datos te hablan? comentábamos algunas de las tipologías que se han desarrollado desde el punto de vista funcional de los datos, es decir, aquellas clasificaciones que destacan el papel que desempeñan los datos en la organización.

Hoy le toca el turno a las clasificaciones que se fijan en el linaje de los datos y que contribuyen a documentar su proceso de transformación dentro de la fábrica de datos.

Linaje y datos

El linaje es uno de esos metadatos imprescindibles, incluso obligatorio, en la mayor parte de normas y estándares, si bien, cada propuesta de metadatos profundiza en el concepto de linaje de manera más o menos exhaustiva.

El ejemplo que ofrece la IDEE a este respecto es muy clarificador, de 10, distingue los tres elementos habituales del linaje: la declaración, los pasos de la trasformación y las fuentes referidos al mapa topográfico nacional a escala 1:25.000.

Declaración: El Mapa Topográfico Nacional a escala 1:25.000 digital constituye la serie básica de la Cartografía Oficial de España y la fuente de datos para su creación es un vuelo fotogramétrico a escala 1:30.000, cuyo año depende de cada hoja y comienza desde el año 1999.

Pasos del proceso: Mapa Topográfico Nacional 1:25.000

- 1º Selección de geometría que representa entes del mundo real, desechando símbolos puntuales, lineales, superficiales y todo aquello cuyo fin exclusivo es el trazado del mapa: cuadrícula, leyenda, etc.
- 2º Tratamiento geométrico: – eliminación de puntos superfluos y repetidos; – eliminación de bucles y vueltas atrás; – eliminación de líneas repetidas, incluidas y solapadas; – resolución de intersecciones entre elementos; – resolución de anclajes; detección y resolución, si procede, de extremos libres; – unificación de elementos del mismo código y nombre dentro de tolerancia; – tratamiento de elementos perimetrales; creación de los contornos relativos a casos de población; – y case geométrico entre hojas.
- 3º Tratamiento semántico: codificación y asignación de nombres.
- 4º Cases entre hojas limítrofes Procesos realizados por el Instituto Geográfico Nacional en 1998-01-01

Fuentes: Para la realización del Mapa Topográfico Nacional 1:25.000 se han utilizado las siguientes fuentes. – Vuelo fotogramétrico, formación cartográfica y procesos de campo. – Bases de datos de Geodesia del IGN. – Base de datos de Líneas Límite (BDLL) del IGN.

Clasificaciones

Una vez definido el linaje, podemos pasar a describir qué tipologías de datos nos podemos encontrar analizando las fuentes de datos. Dejando a un lado las clasificaciones más habituales que hacen referencia a la localización del dato o el método de captura empelado, nos vamos a centrar en dos atributos relacionados entre sí: el origen de los datos y su procedencia.

Origen de los datos

El origen de los datos está vinculado con la cuestión de donde fueron producidos. Esta perspectiva proporciona para describirlos, entre otros criterios de clasificación, el de la propiedad de los datos. Distingue datos propios o internos y ajenos o externos.

Un aspecto interesante de los datos propios, es que habitualmente podemos controlar su frecuencia, resolución, precisión, y que a menudo tendremos perfectamente descritos en el plan de captura de datos que hayamos diseñado para ellos.

En núcleo español de metadatos el linaje Se corresponde con la componente cualitativa de la calidad e informa sobre los eventos o fuentes usados en la construcción de los datos especificados en el ámbito o declaración de falta de conocimiento del linaje.

Un mismo conjunto de datos puede ser a la vez propio o interno para la organización cuando ostentamos la propiedad sobre el conjunto de datos y ajenas o externos cuando son elaboradas por otros. Recordemos que propiedad y posesión son conceptos distintos, un ejemplo ayuda a aclarar ambas cuestiones. Se puede poseer unos datos, como consecuencia de algún acuerdo o licencia de uso de los mismos con la cual seremos poseedores con las limitaciones que establezca del acuerdo o licencia, pero no por ello ser propietario de ellos.

Procedencia de los datos

Si no fijamos en la procedencia de los datos estamos acercándonos al proceso de elaboración que se incluye en el linaje. La pregunta es ¿de dónde viene los datos? En este bloque el grado de elaboración o cocción clasifica los datos en fuentes primarias y secundarias. Esta clasificación no es nueva, las fábricas de datos han complementado la visión sobre las fuentes primarias y secundarias que nos proporciona la historiografía.

Las fuentes de datos primarias son aquellas que están situadas próximas al objeto que miden o describen y son recogidas por primera vez, por este motivo su grado de elaboración suele ser bajo, muy próximas al instrumento de medida. Por este motivo nos referimos habitualmente a ellas como datos crudos, están cerca del objeto o del hecho geográfico que estamos midiendo o describiendo.

En el lado opuesto de la balanza tenemos las fuentes secundarias son consecuencia de la elaboración de datos a partir de fuentes primarias, son por lo tanto datos cocinados mediante índices, algoritmos, o formas entre otros procesos de cocción involucrados.

Ninguna clasificación es perfecta, y está en concreto además no lo pretende, puesto que se basa en el concepto borroso de grado de elaboración. El motivo es que en sentido estricto casi todas las fuentes son secundarias, ya que los datos crudos deben tener algún grado de elaboración para asegurar su calidad y puesta en servicio. Algunos ejemplos son los procesos de agregación temporal espacial o de atributos, la validación, el relleno de las series, entre otras. Por lo que la existencia de tratamientos geométricos y semánticos no permite distinguir por sí solos si estamos ante fuentes primarias y secundarias. Necesitamos considerar la cercanía al objeto medido y conocer si los datos son recogidas por primera vez.

Un ejemplo para aclarar este concepto: una red de parcelas, una red de sensores, una colección de encuestas, en definitiva, todo aquello que midamos u observemos sobre el terreno, sobre el cliente sobre el proceso o sobre el hecho las calificamos habitualmente como fuentes primarias, aunque requieran de algún grado de elaboración. Si empleamos alguna pasarela de acceso sobre este tipo de datos seguirán siendo fuentes primarias, aunque su origen sea ajeno a nosotros.

Radiografía del linaje de datos

Resumiendo, el linaje ubica los datos de entrada que usamos en nuestra fábrica de datos con respecto a las dos tipologías. Así tenemos fuentes:

- Primarias y propias.

Son datos internos de la organización habitualmente costosos de obtener, pero las que más suelen contribuir en la construcción del valor final del producto. Los aspectos económicos de coste y beneficio suelen ser importantes, así como la automatización de su captura.

- Primarias y ajenas

Son datos externos de la organización cuyo coste dependerá de los acuerdos de licencia logrados y de las operaciones de extracción, transformación y carga ETL necesarias para su integración. Suelen ser críticos para la rentabilidad de la fábrica de datos, por ese motivo debe vigilarse la dependencia sobre ellos. Habitualmente requieren el desarrollo o adopción de pasarelas de acceso.

- Secundarias y propias.

Son fuentes internas de datos existentes en la organización, pero que habitualmente son de naturaleza gris, es decir, no muy accesibles, ni visibles, a pesar de ser producidas por nuestra organización. Utilizar este tipo de datos requiere implementar algún tipo de protocolo o procedimiento de captura y poner en marcha algún sistema de transformación digital.

- Secundarias y ajenas

Son fuentes de datos externas a la organización, las más habituales y accesibles, generalmente su coste depende exclusivamente de las operaciones ETL y de un buen conocimiento del conjunto de datos disponibles.

Al ubicar nuestros conjuntos de datos en estos tipos podemos dibujar un grafo para conocer las dependencias de nuestra fábrica, comprender la cadena de valor, comparar distintas fábricas y desarrollar distintas estrategias de gestión.

Utilidad de las clasificaciones de datos

A estas alturas más de uno se preguntará para que sirve todo esto de las clasificaciones funcionales y las basadas en linaje que se han molestado en proporcionarnos la industria, y por qué he querido detenerme en ellas en estas dos notas del blog. Es un interés puramente práctico.

Las clasificaciones no convencionales e informales sobre los tipos de datos nos permiten disponer de una radiografía del tipo de datos con el que se alimenta, nuestra fábrica de datos y que son producidas por ellas. Su uso por el director de la fábrica de datos es imprescindible para hacer que el plan de gestión de datos sea eficaz y eficiente.

Incorporar las clasificaciones en la gestión de los datos tiene las siguientes utilidades:

- Contextualizar el valor del dato e incluir aspectos económicos
- Vincular los datos y metadatos con su gestión
- Monitorizar o hace un seguimiento de la fábrica de datos mediante la construcción de cuadros de mando integral, tableros de control, alertas e informes de estado
- Apoyar la toma decisiones gerenciales necesarias para formular estrategias sobre los datos

Algunas cuestiones a las que ayuda a responder las clasificaciones o tipologías de datos van más allá de las habituales preguntas.

Al disponer de un mapa de nuestros conjuntos de datos caracterizados por estas clasificaciones podemos observar las semejanzas entre los conjuntos de datos y su vinculación para producir el producto perseguido en nuestra fábrica de datos.

Cuestionario: ¿La clasificación de tus datos te ayuda a responder a las siguientes cuestiones sobre la gobernanza de la fábrica de datos?

1. ¿Cuándo firmar acuerdos?
2. ¿Cuándo producir datos?
3. ¿Qué datos hay que producir?
4. ¿Con que calidad, frecuencia o coste?

Algunas cuestiones a las que ayuda a responder las clasificaciones de datos van más allá de las habituales preguntas ¿Cuándo firmar acuerdos? ¿Cuándo producir datos? ¿Qué datos hay que producir? ¿Con que calidad, frecuencia o coste

Al disponer de un mapa de nuestros conjuntos de datos, caracterizados por estas clasificaciones, estamos dando un paso hacia la gestión esbelta (lean) de la fábrica: podemos observar las semejanzas y vinculación entre los conjuntos de datos.

Cadena de producción

08/04/2019
JDR

Algunas fábricas de datos realizan todo el proceso de transformación de datos en información, conocimiento, inteligencia y sabiduría. Otras se especializan y se centran solo en uno de los pasos. Para describir la cadena de producción tenemos a nuestra disposición distintos esquemas para rastrear el proceso corporativo de tratamiento de los datos.

- Cadena de valor
- Ciclo de Deming
- Viaje del consumidor
- Caso de uso
- Rutinas tecnológicas
- Red de actantes de la geo-comunidad
- Jerarquía DIKW

Algoritmos

08/04/2019
JDR

La cadena de producción se descompone en operaciones. Cada operación consiste en un conjunto de algoritmos sobre los datos. Cuando las operaciones se realizan sobre datos geográficos hablamos de algoritmos SIG.

Calendario de decisiones

08/04/2019
JDR

El consumo de información está condicionado en muchos sectores por el momento en el que es preciso adoptar una decisión. La identificación de esos momentos y su registro en calendarios de decisiones es una herramienta de gobernanza de los datos. El calendario permite sincronizar la producción de las factorías de datos con el consumo, puesto que la finalidad de la producción es el consumo.

Ejemplos de fábricas de datos

08/04/2019
JDR

Quizás estemos todavía lejos de plantear clasificaciones o taxonomías de fábricas de datos, pero si que podemos recopilar algunos casos de uso o ejemplos procedentes del mundo empresarial:

1. Administración basada en la Relación con los Clientes *«Customer Relationship Management»* (CRM)
2. Administración del ciclo de vida de productos *«Product Lifecycle Management»* (PLM)
3. Administración de la Cadena de Suministro *«Supply Chain Management»* (SCM)
4. Gestión de las Relaciones con Proveedores *«Supplier Relationship Management»* (SRM)
5. Administración de Recursos Humanos *«Human Resource Management»* (HRM)
6. Planificación de Recursos Empresariales *«Enterprise Resource Planning»* (ERP)

7. Plataformas de *crowdsourcing* cartográfico

8. Las noticias de los operadores nos muestran que la integración de la geolocalización y los análisis espaciales en estos sistemas de toma de decisiones (DSS) es una cuestión abierta. Como ejemplo baste citar la noticia de la firma de un acuerdo de colaboración entre *ESRI y SAP* a través del cual *ESRI* utilizará *SAP HANA* como una geodatabase corporativa

También podemos hallar otro tipo de fábricas de datos

1. Redes sociales, fábricas de datos que transforman la actividad de los usuarios en demandas de contenido y perfiles de usuarios que son objeto de comercialización al sector editorial y publicitario.

2. Granjas de servidores. instalaciones especialmente creadas para el almacenamiento y gestión de datos.

3. Entrenamiento de inteligencia artificial. Refinerías que convierte los datos en bruto en el combustible que puede impulsar las aspiraciones de la inteligencia artificial.

4. Infraestructuras de datos espaciales: Fábricas basadas en información geográfica que proporciona servicios y facilitar el uso de datos georeferenciados para la toma de decisiones de la acción política evitando pérdidas de tiempo y facilitado su reutilización con fines comerciales. Su estructura y funcionamiento está regulando normativamente, para la Unión europea puede consultarse la directiva INSPIRE y la ley LISIGE en España.

5. *Smart city.* Herramienta para manejar y englobar factores característicos de una zona urbana con el fin de promover el desarrollo sostenible, bienestar y calidad de vida de sus habitantes.

En un sentido amplio también podemos considerar a las APIS procedimientos (*Application Programming Interface*) como fábricas de datos. Las APIS son una interfaz de programación de aplicaciones formada por un conjunto de subrutinas que incluyen funciones.

La API se está convirtiendo en es el estándar de facto para entregar datos y permitir la reutilización de la información, permite la construcción y conexión aplicaciones y desde ese punto de vista pueden ser consideradas las líneas de montaje de la fábrica de datos. La administración de API se ha vuelto esencial para la forma en que las organizaciones procesan y entregan aplicaciones en la nube.

4

Dirección de fábricas de datos

CAPÍTULO 4. DIRECCION DE FÁBRICAS DE DATOS

Al igual que en otras áreas de la producción industrial, la producción de datos geográficos se impregna de la cultura de la manufactura industrial. Importa de ella varios esquemas entre los que destacan *just in time*, *lean manufacturing*, ágil entre otras. Ente ellos sobresalen la incorporación de los principios de trabajo de la producción esbelta (*lean manufacturing*) al proceso de creación de datos espaciales mediante el «*Lean mapping*»

El consumo de datos espaciales se convierte en una fuerza motriz que tira de la producción. Para identificar el alcance de este fenómeno se introduce el concepto de punto de desacoplamiento en los modos de producción como instrumento para medir el efecto *pull* del consumo sobre la producción (Hoekstra & Romme, 1992; Van hoek, 1998; Olhager, 2012).

¿Dónde están los datos?[9]

27/06/2016
JDR

Que son los conjuntos de datos espaciales

Cuando se habla de conjuntos de datos habitualmente se tiene la imagen de datos en bruto, sin embargo, la realidad es más compleja. Tenemos disponibles datos derivados que son confeccionados o cocinados a partir de esos conjuntos de datos brutos. Los datos derivados son nuevos conjuntos de datos, el motivo es que suelen tener entidad propia jurídica, capacidad de agencia, metadatos, licencias de uso específicas, propiedad, linaje y sobre todo una temática específica. Estas características hacen que generalmente tengan mayor valor, aunque estén más alejado de la realidad ya que los modelos necesarios para su elaboración asumen hipótesis

El despliegue tecnológico, su difusión y aceptación ha hecho que el

---

[9] Extraído de la ponencia sobre gestión forestal basada en conjunto de datos espaciales que titule Bases de datos espaciales y gestión forestal: ¿Por qué hablamos de datos? Que se enmarca dentro de la jornada de Bases de datos para la Gestión Forestal Sostenible, 27-06-2016 Palencia, España

número de productores de datos espaciales aumente. La adquisición automática, remota, en tiempo real y con flujo continuo de datos es una realidad cotidiana. Pero no solo intervenme actores tecnológicos, también nuevos actores humanos como los propios usuarios de la cartografió se han sumado la producción de datos de forma más o menos activa en las plataformas de la neogeografía o simplemente mediante la actividad cotidiana registrada en nuestros móviles en sus móviles.

Entre las consecuencias de este boom alrededor del *big data* destacan algunos fenómenos por la polémicos que han suscitados, son los relacionados con la privacidad, o con la competencia entre datos por la superposición de temas y escalas en productos cartográficos que algunos autores anuncian como una nueva era de duelo entre base de datos geográficas que comparten la misma finalidad.

Pero estos son solo algunos de los temas, otros menos polémicos, pero más extendidos es que el gran volumen de datos conlleva una necesidad de aprender y utilizar estrategias complejas de búsqueda, y análisis de la información de manera previa a utilizarla. La localización y el acceso a los metadatos que antes era la clave han dado paso a procesos más sofisticados que incluyen la elección de la cantidad, calidad y fuentes necesaria para abordar el proceso de análisis espaciales requerido, una validación científica y técnica de la materia prima, los datos. Por recurrir a símiles basados en herramientas bibliográficas, de las bibliotecas y los catálogos hemos pasado a los casos de uso, la curación de contenidos, al valor económico de los datos, al ciclo de vida de los datos desde su cuna hasta su almacenamiento y posible obsolescencia.

En definitiva, hemos detectado la necesidad de aprender a usar los datos como un bien económico y un recurso productivo valioso. Existe una transferencia de ideario dese el ámbito industrial que aporta una visión instrumental, la cual equipara los datos con el resto de factores productivos. Por este motivo pierden parte de su condición singular y son objeto de las mismas tareas que el resto de factores: adquisición, control, calidad, análisis y comunicación y mejora permanente en el ciclo de su gestión.

En este entorno donde la abundancia en volumen, variedad y actualización de datos es mayor de la que solíamos estar acostumbrados a gestionar, hemos detectado una nueva necesidad, compartir experiencias en comunidad. Toda esta información sobre la cocina de datos habitualmente no está escrita, ni tan siquiera en la literatura gris y habitualmente requiere de la localización y consulta de expertos.

Por último, dado el elevado peso que tiene la producción publica de datos espaciales, no podemos olvidar que algunos conjuntos de datos son un concepto jurídico determinado, cuya producción está sujeta a procedimientos que ofrecen una seguridad jurídica y unas garantías técnicas. El motivo es simple nuestro poder legislativo determina que algunos datos espaciales tienen un efecto jurídico sobre derechos, deberes y políticas, de ahí la creación de esa tutela pública sobre ellos.

La lección aprendida es que Los BDE datos no son entes aislados en una organización. En una cultura guiada por datos. Los BDE son parte de una red, están subordinados a otros procesos como la toma de decisiones, al seguimiento de las cadenas de producción y distribución o la mejora de la gestión de proceso de negocio. (Weske, 2012). Los datos tienen por lo tanto un contexto, habitan si me permiten la analogía, en un biotopo y en una biocenosis y desempeñan una función en el ecosistema de la organización.

Dentro de las organizaciones hay CDE que a priori triunfan, podemos decir de ellos que son eficaces, longevas o empleando la terminología de Dawkings se replican. Lo curioso es que hay CDE que triunfan mientras que otros más prometedores fracasan, aunque estos sean el resultado de trabajos de alto nivel, potentes, realizados con toda la corrección posible. Esta evidencia se puede apreciar no solo con los datos, también con los modelos, tecnología o el software. Quizás estamos ante una posible paradoja, la menor incertidumbre o la mayor corrección científica no siempre es la clave del éxito del artefacto, como podría parecer lo lógico a priori. ¿Cuál es el motivo?, o formulando la pregunta de otra manera porque es habitual escuchar en reuniones la siguiente frase Lo mejor es enemigo de lo bueno? ¿hay perspectivas no cuantitativas implicadas en la gestión de los datos?

La cuna de los datos

Tomemos de la sociología la definición de actante y apliquemos a la gestión de datos. Un actante es un artefacto que participa en la gestión con datos, puede ser un dato, una información, un conocimiento, un modelo numérico, una tecnología, un software, un lenguaje de programación, una norma, en definitiva, es un elemento necesario en la producción y consumo de datos espaciales en nuestro caso aplicable a la gestión forestal.

Competencias para gestionar fuentes de datos

Estas consideraciones no son triviales, pues condicionan la apuesta por un artefacto, sobre todo si hay que informar o decidir sobre la viabilidad de adquirir un determinado conjunto de datos o invertir en su creación y mantenimiento. Descubrir como esta imbricada o relacionada la especie "artefacto" en su ecosistema no es una tarea sencilla. nos exige desarrollar competencias en aspecto estratégicos. ¿Cuáles son esas competencias? ¿desde qué perspectivas o ámbitos podemos adquirías?

1. Perspectiva histórica. Te ofrece coordenadas para situar el artefacto. No se trata de conocer en detalle la cronología de la evolución de los tipos de licencias, los tipos de inventario forestal sino de saber el origen de la necesidad y sus consecuencias, los efectos o agencia de las mismas. Este hábito es aplicable a todo tipo de cuestiones, desde el tipo de ficheros del almacenamiento de la información, como ha evolucionado los modelos numéricos, los lenguajes de consulta, o los campos de las BDE.

2.Perspectiva sociotécnica alimentada por la sociología de la ciencia y la tecnología: del determinismo los sistemas sociotécnicos, o la teoría del acto red, entre otros. Las escuelas sociológicas nos dan herramientas para confeccionar una visión y una misión sobre los datos, un conocimiento que explica cómo ha evolucionado los datos, y nuestra relación con ellos en el marco histórico.

Esto no es un ejercicio académico, es básico en la selección de una fuente de datos. Un ejemplo no se puede entender ni evaluar las BDE generadas por el LIDAR, ni favorece adopciones tecnológicas, sin conocer los tipos de inventario forestal, el pie a pie, y comprender la gestión con AB o con alturas, o el tratamiento y consecuencias de la propagación los errores en las estimaciones de existencias y estructuras y funciones de nuestros bosques

3.Prespectiva normativa o jurídica sobre la producción y consumo. Licencia de usos, protección de la propiedad intelectual privacidad, son solo algunos de ellos. Algunas de las cuestiones que conviene formularse son ¿bajo qué principios están desarrollados esos datos y se distribuyen, llevan mantenimiento? ¿Cuál es su linaje, qué organización los realiza y con qué finalidad? ¿Son datos abiertos, FAIR, INSPIRE, *small data*, *big data*? Recopilar esta información es necesario arpa evaluar la sostenibilidad de los análisis en el tiempo, sobre todo si proceden de datos externos a la organización.

4. Perspectiva documental. Las BDE tiene una literatura asociada, con sus reglas de estilo. Entre este tipo de documentos tenemos notas de conocimiento, normas técnicas, reglamentos, guías técnicas, son solo algunos de ellos. Son documentos que hay que aprender a elaborar, tiene su propia estructura, hay que saber cómo crearlos y navegar en su interior.

5. Perspectiva económica de la BDE. Los recursos son escasos por lo que determina el valor económico de la información es una herramienta necesaria para la gestión.

6. Perspectiva financiera. Esta muy relacionada con la posibilidad el manteamiento del flujo de los datos y de su análisis para apoyar la toma de decisiones

7. Perspectiva de gestión industrial. Existe una importación de conocimiento desde l organización industrial que puede ser adoptado en la gestión de datos *PMbook, lean, agile.*

8. Perspectiva de adquisición de competencias en comunicación

9. Perspectiva de gestión de innovación y conocimiento.

10. Perspectiva de gestión de la formación y del Alfabetismo en datos y TIC

Los datos no aportan valor de forma automática

Clasificaciones sobre datos hay muchas, hay datos estructurados y no estructurados, *big data* y *small data,* pero para poner todas las fuentes de datos en un mismo mapa necesitamos algún esquema que nos permita poder comparar las categorías de cada clasificación.

Entre los esquemas disponibles, la ofrecida por la empresa consultora Deloitte nos permite dibujar sobre el mismo gráfico los conjuntos de datos utilizando dos variables para describirlos. En el de ordenadas, o eje Y, se sitúa el valor de los datos. En el eje X, o abscisas, se representa alguna medida o indicador que describa el volumen y la complejidad del conjunto de datos.

Este esquema afirma que hay un conjunto de datos óptimo, que es aquel que tiene un valor económico marginal máximo. Observe que este conjunto de datos no es ni el de mayor ni el en volumen y complejidad. Pero esos si es un conjunto de datos elaborado, cocinado o trabajado.

Este esquema define cinco categorías, datos desconocido, objetivo, corporativos, externos o federados y *big data*, que sitúa en la gráfica y que nos permite conocer lo alejados que estamos del conjunto de datos ese óptimo.

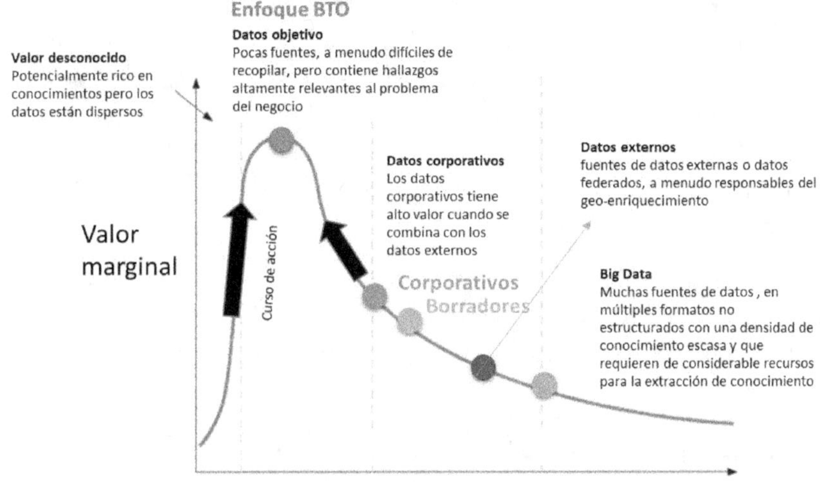

Ilustración 5 Valor marginal de los conjuntos de dato partir de su volumen y complejidad. Traducido y modificado a partir del original de Deloitte

Para determinar el valor de los datos, a veces es necesario conocer cómo se van a comportar los datos en nuestra cadena productiva es un ejercicio interesante para evaluar cantidad, calidad y conveniencia de su uso. Entre las técnicas utilizadas la más frecuente es realizar simulación con Montecarlo u otras similares analizando la propagación de los errores y los resultados posibles, a la vez que se incorporan cuestiones de microeconomía sobre costes y de planificación sobre tiempos.

¿Qué datos hay?

La búsqueda no es sencilla, ni rápida. En primer lugar, está claro que conocer a los grandes geos productores ayuda, pero no es la única fuente de información a consultar. También las búsquedas temáticas en buscadores es una fuente de interés. Pero existe una tercera vía para enriquecer la búsqueda. Recurrir a fuentes de datos explícita o implícitamente citadas.

Las fuentes explícitas citan y a menudo describe, analizan o simplemente relacionan un conjunto de datos que existe y que es más o menos accesible, aunque no siempre sea muy conocido. Las herramientas para localizar las fuentes explícitas son catálogos, metadatos, expertos, artículos, revistas, normativa, geoportales, páginas web.

De forma complementaria podemos recurrir a un criterio de búsqueda de fuentes implícitas. Este criterio es más sutil, e incluye desde las agendas públicas, privadas, de todo tipo de organizaciones e instituciones, a fuentes de texto como Wikipedia que tienen en sus textos datos espaciales. Estos recursos implícitos nos ofrecen conjuntos de datos nuevos y una visión no solo de lo que hay, sino de los datos que va a ser necesario desarrollar en un futuro próximo, incluso muchas organizaciones sobre todo las públicas facilitan hojas de ruta.

Una vez localizadas e identificados, tenemos por delante la ardua tarea a de valorarlas. Como se puede intuir no todos los conjuntos de datos tiene un botón de descarga y están ricamente documentados.

Desempeño de las fábricas de datos

08/04/2019
JDR

De forma paralela al desarrollo del informacionalismo, en la manufactura se produce una proliferación de nuevos paradigmas en la producción de bienes y servicios. Estos paradigmas conviven y se superponen en el tiempo. Hay paradigmas productivos que se adaptan mejor a determinadas circunstancias de mercado y económicas (Goldsby et al., 2006), a cada tipo de producto (Mason-Jones et al., 2000), al ciclo de vida del producto (Vonderembse et al., 2006, o a la disponibilidad de tecnologías de la información (Bi, 2011)

El esfuerzo que supone la trasformación digital provoca la necesidad de construir indicadores para evaluar el grado de desempeño, el efecto y el nivel de adopción de cada paradigma por parte de una organización o de un sector productivo concreto (Dubey & Gunasekaran et al., 2015. Los indicadores se construyen mediante técnicas multicriterio e índices de agregación que se validan empíricamente (Lau, 2001; O'Brien 2013; Agarwal et al., 2006). En la construcción de los indicadores de desempeño es habitual que se empleen técnicas de valoración económica de los datos. Se disponen de ejemplos en el análisis de los beneficios económicos de un SIG

Desde la esfera de las infraestructuras de datos espaciales (SDI) se realiza un esfuerzo en la evaluación de los datos espaciales. Los indicadores propuestos miden distintos ámbitos, desde el estado actual de desarrollo, el desempeño, el coste eficacia, la utilización de los datos en productos y los servicios, hasta el impacto en la sociedad (Morera et al., 2012).

Ecosistema de las fábricas de datos: geo-comunidad

08/04/2019
JDR

Hoy en día el consumo de datos geográficos sirve a su vez de materia prima a nuevos procesos de producción de información. La concatenación de los ciclos productivos sucesivos sirve para diferenciar y caracterizar los lugares donde se realiza la producción y el consumo.

La geoweb es coral (Goodchild, 2009) y está formada por muchas geo-munidades. En este ecosistema las geo-comunidades formadas alrededor de las factorías de datos desarrollan relaciones inter e intra-organizativas mediante políticas, acuerdos y licencias. Establecer estas relaciones entre las factorías de datos permite destinar los recursos hacia la creación de datos propios y originales mediante la integración y reutilización de la información elaborada por otras geo-comunidad en sus fábricas de datos. En este sentido se puede afirmar que casi todas las geo-comunidad son usuarios de otras.

Las geo-comunidad constituidas alrededor de una fábrica de datos realizan una mediación de los datos existentes, dentro de las actividades sociales (Hacklay, 2012). No sólo son un marco tecnológico en torno al dato espacial, son también una infraestructura sociotécnica (Dodge et al., 2009)

Las geo-comunidad y no las fábricas de datos son el ágora en el que se efectúa la negociación del proceso de producción y consumo de los datos espaciales. Es una red de acto-res que realizan una agencia compartida, cuyo éxito se puede resumir en términos de su estabilidad o supervivencia en el tiempo.

La aparición de estas redes se debe en gran parte al omnivorismo espacial de nuestra realidad, que ha provocado la necesidad de agentes y sistemas intermediarios que faciliten el acceso a la información, reduciendo los riesgos y maximizando la confianza en el consumo de datos, información, conocimiento, inteligencia.

Adopción tecnológica

Si hay diferencial entre costes e ingresos, habrá implantación. Aún con este lema basado en la idea de beneficio económico la adopción de las fábricas de datos es desigual entre los distintos sectores. Este es el motivo por el que gran parte de la acción publicitaria de industrial geoespacial está enfocada a superar la brecha de adopción tecnológica en el ámbito SIG. Esta acción publicitaria está evolucionando desde lemas próximos al «impulsado por datos» a otros donde se destaca el papel de la inteligencia artificial: *Los análisis espaciales serán el próximo salto adelante de la geoweb.*

El estudio del discurso publicitario alrededor de las fábricas de datos es incipiente por parte de la sociología de la ciencia y la tecnología, aunque algunos antecedentes se pueden tomar del campo del GIS-crítico, SIG y Sociedad. como *Los análisis espaciales serán el próximo salto adelante de la geoweb*

Impacto de las factorías de datos

Las factorías de datos como las ciudades inteligentes tienen un doble efecto de *spillover* en su nacimiento que ha sido posible gracias la integración de tecnologías y en su explotación como fuente generadora de conocimiento.

¿El próximo «salto adelante» de la geoweb?

19/11/2008
JDR

Intel ha evolucionado en su campaña de marketing, dejando atrás el conocido eslogan *intel inside* ¿por qué los SIG no pueden actuar de la misma manera, promoviendo que los análisis espaciales serán el próximo «*salto adelante*» de la geoweb

La campaña publicitaria de Intel

La era en la que el eslogan publicitario *data is the intel inside* se ha caracterizado al igual que la campaña original. en disponer de una marca aglutinante que fuera utilizable en generaciones sucesivas de productos, la información geográfica – el dato espacial- es uno de los componentes más importante en los Sistemas de Información geográfica.

La campaña original de Intel, una de las más exitosas, persiguió tres objetivos:

- Poner el logo en los fabricantes de origen
- Conseguir más atención de los usuarios sobre los microprocesadores
- Crear más publicidad en la industria.

Todo ello permitió asociar al logo una imagen de seguridad y tecnología punta. Todo esto tiene sentido si la calidad el producto respalda esta acción.

La campaña fue un éxito, la marca es ahora un activo más de la empresa, se ha creado un *branding*, una corriente emocional entre en la que hay sintonía entre la imagen de marca creada por la industria y la percepción del usuario. Con independencia de si ese corriente emocional es de aceptación o rechazo a los valores que representa.

Estos mismos principios han sido asumidos durante este año por el mundo de la geomática.

Nueva campaña publicitaria

Sin embargo, hoy en día hay que evolucionar. Esta tendencia dejará paso en el próximo año a un protagonismo mayor de los análisis espaciales (más masivos que hoy en día) que serán el próximo salto adelante. del geo-todo iremos hacia un geo-análisis todo (como esto es un blog hay que hacer pronósticos).

Ante los períodos económicos de recesión, Intel propugna un eslogan «nuevos productos nueva tecnología, nueva capacidad». Parafraseando la nueva campaña de Intel. Descubrir nuevos análisis y ser líderes del siguiente salto, será un objetivo más que razonable para superar la crisis cartográfica provocada por la necesaria rebelión de los aficionados.

Hemos de crear un valor añadido sobre los datos disponibles como acción necesaria para conseguir que la tecnología de los Sistemas de Información geográfica reporte a la sociedad una calidad de vida más satisfactoria al comprender el mundo que nos rodea y a las empresas facilitarles una ventaja competitiva.

El eslogan en las fábricas de datos podría ser: Los análisis espaciales serán el próximo "salto adelante" de la geoweb (*Spatial analysys is the next leap ahead)*

5

Valor económico de los datos espaciales

CAPÍTULO 5. VALOR ECONÓMICO DE LOS DATOS ESPACIALES

Geo-decisiones: beneficios empresariales de un SIG

25/08/2008
JDR

Beneficios de las geo-decisiones

En las fábricas de datos los beneficios económicos son difíciles de cuantificar en términos económicos. Las geo-decisiones a través de un Sistemas de información Geográfica implican dos beneficios cualitativos a los que habrá que buscar ratios apropiados que puedan ser traducidos en términos monetarios. Los beneficios que queremos destacar en esta nota son:

- Incremento de la eficiencia, ya que se ahorra de tiempo en la toma de decisiones y en su ejecución.

- Incremento de la eficacia en la toma de decisiones, ya que revela información nueva antes oculta a simple vista sobre la realidad empresarial cotidiana que permite tomar decisiones con menor grado de incertidumbre. Nos permite ver a través del humo.

Los costes de inversión y funcionamiento están hoy en día más o menos claros, descansan en el lema *"conseguir y mantener información cartográfica es caro"*. A pesar de las sugerentes propuestas de crowdsourcing cartográfico de la neogeografía.

Rentabilidad de las geo-decisiones

Recientemente Maguire y Baumann han publicado un libro en la editorial de ESRI que desarrolla una metodología para estimar los beneficios empresariales de un Sistema de Información Geográfica, desde la perspectiva económica de análisis de un proyecto de inversión evaluado mediante índice de retorno de la inversión (ROI)

La cultura cartográfica en la organización es un ámbito auge, en el que los Sistemas de información geográfica adquieren progresivamente cada vez más protagonismo, sin embargo, a pesar del boom del *Geo-Todo* y de estas grandes ventajas competitivas, la implantación de los Sistemas de Información Geográfica es lenta, quizás algún día dispongamos de estadísticas para medir el grado de adopción tecnológica. Sobre algunas de sus causas ya hemos hablado en anteriores notas.

El valor económico de los datos espaciales

08/04/2019
JDR

When you can measure what you are speaking about and express it in numbers, you know something about it, but when you cannot measure it your knowledge is of a meagre and unsatisfactory kind.

Lord kelvin

Internet nos ha recordado que el dato espacial es un bien económico, una mercancía y un nuevo factor de producción. En las organizaciones impulsadas por datos la economía de los datos geográficos o la economía de la información relacionada con la geolocalización o los mapas en Internet es un área de intensa actividad.

¿Por qué valorar los datos?

La información ya sea en forma de conjuntos de datos, apps, software mapas, análisis geoestadísticos, o las fábricas de datos están dentro de la esfera económica de la gestión de activos financieros de propiedad intelectual.

Es frecuente cuando asistís alguna conversación sobre el tema de la valoración económica de los datos espaciales que enseguida empiecen las reservas, y en ocasiones la polémica, sobre la utilidad de fijar un valor a los datos, la imposibilidad de hacer tales cálculos, o lo innecesaria que es la variable económica si los datos tienen fines sociales o nacen por requerimiento normativo. Esta es una visión demasiado simple de las posibilidades que nos ofrece incorporar la economía de la información a la gobernanza de los datos. Los datos no tienen que tener precio para tener valor. La valoración económica no tiene por qué tener el objetivo de fijar un precio a los datos. En esta nota vamos a dar unas pinceladas sobre la valoración económica de datos espaciales y de la información geográfica, comencemos por una visión.

La valoración económica de los datos es un canal de comunicación con otras áreas y agentes, además de ser una herramienta que ayuda en la toma de decisiones sobre la gobernanza y gestión de los datos.

¿Para qué valorar económicamente los datos?

La valoración económica tiene muchas posibilidades para ayudar en la gestión de los datos, que van mucho más allá de las operaciones de compra y venta. Voy a plantear algunas, elegidas simplemente porque en algún momento las he tenido que usar. Así que este listado no es académico, está en modo beta, y seguro que me dejo muchas razones en el tintero.

La primera es quizás la más conocida: Si, a veces es necesario determinar el precio de los datos, pero quiero destacar otros dos grandes grupos de finalidades.

Decisiones en el proceso de producción y consumo de datos espaciales

Las operaciones relacionadas con la creación y uso de datos espaciales, con independencia de que utilicen fuentes de datos primarias o secundarias, pueden servirnos para tomar decisiones relativas a un gran número de áreas del flujo de información en las organizaciones. Algunas de ellas son las siguientes

- Administración de los datos
    - Justificar o decidir inversiones
    - Ofertar o solicitar geo-productos
    - Elegir procedimientos de producción y ETL
    - Decidir sobre la actualización de datos
- Contabilidad de información como activo
    - Gestionar un porfolio de datos y procesos que nos permite comparar recursos
    - Conocer la eficiencia técnica y económica de varios conjuntos de datos
- Herramienta de comunicación
- Inteligencia de la organización
    - Responsabilidad social corporativa
    - Medir la transformación digital de la organización
        - cambio tecnológico
        - adopción tecnológica
- Inteligencia competitiva

o Gestionar el riesgo de las decisiones. La información reduce el riesgo de pérdida.

La clave de la valoración económica es que todos los procesos implicados se reducen a unidades monetarias, tengan o no precio de mercado. Esta reducción permite comparar y analizar utilizando las metodologías clásicas de análisis de inversiones. (ESRI, 2014)

Herramienta de geo-comunicación

No se puede considerar el análisis económico completo si nos quedamos en los costes. Los datos geográficos contribuyen a adoptar mejores decisiones, pero en qué medida. Para responder a esta cuestión debemos de evaluar en que cantidad o conocer su impacto en los resultados la organización o de la sociedad, más allá de obligaciones normativas o modas. En este sentido el análisis económico ayuda a comunicar y justificar la inversión económica realizada. Los datos ociosos son un gasto, los datos que intervienen en la organización son un activo, en términos financieros puede ser considerado un apalancamiento.

- Incorpora la valoración económica de los datos a la variable de salida, transformando las variables de salidas del análisis en unidades monetarias
- Contribuye a poner en contexto la relevancia la decisión obtenida
- Comunica a la sociedad y a la organización el valor de una infraestructura de datos espaciales, ayuda a responder la cuestión de qué han hecho por mis los datos últimamente (ESRI, 2014)
- Valor y precio no son sinónimos. Un ejemplo muy ilustrativo lo tenemos en los datos abiertos (open data): los datos gratuitos tienen valor (Kerski, 2015).

Economía de los datos

21/04/2019
JDR

Esta nota no es curso de valoración de datos, ni de su hermana mayor la microeconomía, ni de la incipiente infonomía. Hay mucho que contar sobre estos temas y se escapa a la pretensión de este blog, pero voy a intentar acercarla a los más noveles y suscitar su curiosidad.

Desde la microeconomía un billete de entrada atractivo para los más geo-inquietos es acercarse a la microeconomía intermedia explicada por

Varian, con sus ejemplos prácticos sobre marcas como *Apple, ebay, google, yahoo, Facebook*, o sobre productos como iPhone o iPod, entre muchos otros.

En cuanto a la valoración propiamente dicha, una forma quizás atractiva sea acercase a los textos cada vez más frecuentes en la literatura gris de las organizaciones. Algunos ejemplos publicados son la valoración de las infraestructuras de datos espaciales SDI catastrales, la valoración de las SDI de Cataluña, Beneficios socio-económicos de los datos de observación de la Tierra, o de los sensores remotos.

La literatura científica también nos ofrece estudios, generalmente particularizadas a determinados tipos de datos como el valor de la información geológica el valor económico de las predicciones meteorológicas, predicciones de polen.

Como consecuencia de este creciente interés por determinar el valor de los datos de la información y del conocimiento es cada vez más frecuente que se organicen seminarios y talleres donde se comparten nuevas tendencias metodológicas y formas de comunicar el valor de los datos.

Objeto de la valoración de los datos

Conviene recordar que, aunque los ejemplos anteriores tratan de valorar grandes infraestructuras o fábricas de datos. En muchas ocasiones el objeto de valoración es mucho más modesto. Podemos valorar económicamente una base datos, un mapa, un algoritmo, una patente, una app, un cuadro de mandos, una IDE, una *smart city*, un *big data*, un despliegue de internet de las cosas en una ciudad o en (Iot) o en una industria (Iot), o la contribución de un análisis espacial a la toma de decisiones.

Sectores donde se utiliza la valoración

La actividad de valoración de datos no es novedosa y actualmente en auge. Podemos encontrarnos con ejemplos de valoración de datos en los sistemas de ayuda a la toma de decisiones DSS, en la evaluación de portafolios de patentes, o activos de propiedad intelectual en la evaluación de economía de marcas, en la gestión de seguros, en la gestión de la innovación, en la ingeniería del software entre muchos otros.

Los datos como activo económico

Los datos son un bien económico. La información o los datos son un bien de consumo que puedes ser intercambiada o transferida, tiene utilidad y un valor económico asociado. También son un activo que puede generar beneficios en el futuro, es controlado por la organización y es el resultado de transacciones pasadas, bien sea por desarrollos internos, compra o descubrimiento a partir del análisis de datos (Moody & Walsh, 1999). Aunque los datos geo-espaciales sean una mercancía (Dasgupta, 2003) estimar el valor de los datos plantea ciertos retos a la economía de la información.

Retos de los datos a la economía de la información

Los datos, la información o el conocimiento tiene características especiales con respecto a otros activos. Se puede compartir sin que pierda su valor, aunque es perecedera cuando está desactualizada. La información no se agota. Su valor se incrementa con el uso, con la calidad y cuando se combina con otros datos, aunque más datos no se traduce necesariamente en más valor.

La economía del dato espacial

El dato espacial añade valor a otro dato, incorpora una capa que caracteriza la localización de un dato. Desde este prisma la economía de la información geográfica como bien económico está inmersa en fenómenos que comienza a ser abordadas, relativas a cuestiones como su papel como objeto de inversión, los costes productivos, el debate del valor y el precio, y la amortización del dato espacial (Del Río, 2015), su papel como industria de costes constante (Dasgupta, 2003).

Infonomía

23/04/2019
JDR

Doug Laney planteó la teoría de la infonomía para alentar a las empresas a cuantificar el valor de sus datos empresariales. La infonomía es la aplicación de la teoría económica de la información a la que considera como una nueva clase de activos. La disciplina estudia la contabilidad, gestión y despliegue de la información, a la que considera en igualdad de condiciones que cualquier otro activo de la organización.

El modelo en el que define los distintos tipos de valor de la información, distinguiendo indicadores basados en unidades financieras de aquellos otros indicadores basados en las características de los datos. Entre los indicadores financieros están el valor en coste, el valor de mercado y el valor económico. En el grupo de los indicadores de negocio basados en metadatos están el valor intrínseco, el valor comercial y le valor de desempeño. Los indicadores recurren a una variedad de métricas objetivas subjetivas, financieras y de metadatos, en unidades monetarias, en adimensionales y en ocasiones en términos de probabilidad.

Una batería de cuestiones nos puede ayudar a elegir sobre qué tipo de valor relacionado directamente con los aspectos financieros de la información necesitamos evaluar.

Guía para elegir los indicadores de la infonomía

¿Cuánto me cuesta no tener información?

No se trata de saber ¿Cuál es el valor de los recursos necesarios para desarrollar el producto? El valor en coste determina la pérdida planteada en el siguiente escenario Si se interrumpe el flujo de datos, ¿Cuál es el impacto financiero en la organización?

- El índice LVI es la suma de los costes de adquisición y la pérdida de ingresos (el lucro cesante)

¿Qué precio tiene el mercado la información?

El valor de mercado son los ingresos que pueden ser generados mediante la venta, licencia de los conjuntos de datos. ¿Cuánto están dispuesto a pagar por acceder a la información?

- El índice MVI es el sumatorio del precio del producto por la tasa de descuento.

¿Cómo contribuyen los datos a los objetivos de la organización? ¿Qué impacto tienen? ¿Qué beneficio proporciona la información?

- Valor económico es la diferencia entre los ingresos y los gastos. Los gastos son la suma de los costes de adquirir administrar y aplicar la información

¿Cuál es la calidad de nuestros datos?

El valor intrínseco de la información es como de buenos y fáciles de usar son nuestros datos frente a su exclusividad. Responder a esta cuestión lleva tiempo, ¿estamos en condiciones de identificar su valor intrínseco? ¿Conocemos realmente nuestros datos y su posición en el contexto del mercado de la información? ¿Tenemos descritos los metadatos de forma adecuada? no solo por cumplir los estándares sino ¿de forma útil a los objetivos de negocio? ¿Podemos responder con ellos a cuestiones sobre su exactitud, actualización, completitud, linaje? ¿podemos cuantificar cómo son de exclusivos?

- Para el cálculo propone el índice IVI que es el cociente del producto de la exactitud, completitud y accesibilidad entre la exclusividad. ¿La exclusividad es la probabilidad de que otras organizaciones también dispongan de los mismos datos?

¿Cómo son de relevantes los datos a los procesos de negocio?

El valor comercial de la información mide lo adecuado que son los datos al proceso de negocio. ¿Cuál es el valor de la relevancia de la información de los conjuntos de datos que introducimos en modelos y algoritmos? ¿necesitamos otro tipo de datos? ¿Cuál es el tamaño adecuado de nuestros datos? También plantea la cuestión de cómo contribuyen los datos a mejorar los procesos.

- El índice BVI es el cociente del producto de la exactitud, completitud y relevancia entre la latencia. La latencia es una medida de como de rápido podemos obtener datos recientes útiles a nuestro proceso de toma de decisiones, es decir, cómo de cerca estamos de conseguir datos en tiempo real.

¿Qué impacto tienen los datos en los resultados de la organización?

¿El valor de desempeño de la información mide la contribución que proporcionan los datos en los resultados de los KPI de la organización? ¿mejores datos o algoritmo mejoraran esos KPI? Los análisis marginales ayudan a responder a estas cuestiones.

- El índice PVI es el sumatorio de las diferencias entre los indicadores KPI influenciado por los datos y los mismo KPI de control sin ellos

¿Existen otros indicadores y/o métodos para evaluar estos valores?

Si. Los análisis envolventes de datos pueden ayudar a posicionar en el valor de los datos en el mercado la información. El análisis coste-beneficio puede ser utilizado para hallar el valor económico, o el coste-eficacia el valor intrínseco.

Opinión de la industria sobre la infonomía

Cada vez es más frecuente disponer de encuestas (Oppenheim et al., 2003, 2003b, 2004; Medina-Quintero et al. 2013; Ponemon Institute, 2018) que recaban la opinión de las organizaciones donde se incluye la monitorización y seguimiento del valor de los datos a través de la figura del controller de datos.

- No todos los activos de información son igual de valiosos, su valor difiere según el sector y el estado del mercado que estamos estudiando, y la organización estudiada.
- La información más reciente es la que tiene más valor
- El valor en coste varias significativamente según el conjunto de datos considerado
- El coste de gestionar las consecuencias negativas de la fuga o ausencia de datos varía significativamente según el daño a la organización
- El valor de desempeño es el de mayor influencia en la utilidad de los datos porque considera la forma en que la información afecta a los factores impulsores clave del negocio,
- La capacidad de valorar los datos como activos de información tiene implicaciones prácticas para las organizaciones.
- Existen organizaciones que no quieren invertir en algo que no pueden poseer o ver.
- Las mediciones sobre el valor económico de la información deben particularizarse para individuos, contextos y situaciones.

Valorar la información en las fábricas de datos

23/04/2019
JDR

Esta nota no trata de poner de manifiesto que existe una nueva función de fiscalización en las fábricas de datos, la figura de los *controller* de datos, o la necesidad de incluir en la contabilidad financiera de la organización la información o los datos, intentar ir un poco más allá.

El objetivo es llamar la atención sobre la necesidad de incluir la economía de los datos y considerar en su cálculo todo el ciclo de vida del dato y su efecto sobre la organización, porque la economía es una herramienta de ayuda a la toma de decisiones cuando los recursos son escasos. La cantidad de factores productivos y por lo tanto el presupuesto disponible que se puede invertir en información habitualmente es escaso.

Para incluir las fábricas de datos en la valoración económica se puede recurrir a algún esquema que organiza, describe y representa el flujo del dato involucrada en las operaciones de producción de datos y calendario de decisiones para el consumo de información.

El valor económico en el flujo de datos de las factorías

Definir el flujo de la información de las fábricas de datos es un paso previo y necesario para determinar qué valor aporta cada paso del proceso productivo al que sometemos a los datos. Algunas operaciones comunes en muchas fábricas de datos son los siguientes.

- Adquisición de los datos. La adquisición responde a la cuestión de donde están los datos como los conseguimos y en qué estado están.

- Administración de datos. Responde a la pregunta de que estamos haciendo para añadir valor a la información como se genera información que sirva de apoyo la toma de decisiones

- Aplicación de la información. Cuantifica como esos datos nos proporcionan beneficios.

Calendario de las decisiones

El consumo de información está condicionado en muchos sectores por el momento en el que es preciso adoptar una decisión. Este fenómeno es muy visible en sectores estacionales como el turismo, las energías renovables, o la agricultura que tiene una gran dependencia de la predicción meteorológica (Katz & Murphy, 1997).

El calendario de decisiones indica el ritmo del trabajo de la factoría de datos, identifica los momentos en los que debe estar disponible cada producto de salida de la fábrica de datos, es decir, la información necesaria para el apoyo a la toma de decisiones. El valor del producto de salida varía en ese calendario y puede cambiar también de manera espacial.

Valor económico de las infraestructuras de datos espaciales

Dentro de las fábricas de datos, las más características en el uso de los datos geográficos son las infraestructuras de datos espaciales (SDI). Numerosos estudios se han realizado utilizando metodologías de valoración económica de coste beneficio. Esta recopilación de casos de estudio ha permitido realizar pioneros meta-análisis (Trapp et al., 2015) que nos proporcionan indicadores sólidos del retorno de la inversión. Los beneficios esperados de las inversiones en información geográfica son aproximadamente 3,2 veces mayores que los costes. otra conclusión de interés es el valor económico de la interoperabilidad. Las inversiones regionales a pequeña escala tienen un rendimiento 2,5 veces menor que las inversiones internacionales a gran escala.

Una infraestructura de datos espaciales es una estructura virtual disponible en red, e integrada por datos georreferenciados y servicios interoperables de información geográfica distribuidos en diferentes sistemas de información, accesible vía Internet con un mínimo de protocolos y especificaciones normalizadas que, además de los datos, sus descripciones mediante metadatos y los servicios interoperables de información geográfica, incluya las tecnologías de búsqueda y acceso a dichos datos; las normas para su producción, gestión y difusión; los acuerdos sobre su puesta en común, acceso y utilización entre sus productores y entre éstos y los usuarios; y los mecanismos, procesos y procedimientos de coordinación y seguimiento establecidos y gestionados de conformidad con lo dispuesto en la presente ley. Esta es la completa definición de infraestructura de datos espaciales que contempla en su artículo tercero, la Ley 14/2010, de 5 de julio, *sobre las infraestructuras y los servicios de información geográfica en España.*

Decisión y economía de la información

La elección o decisión en condiciones de incertidumbre es un tema tratado por la microeconomía que nos permite calcular el valor de la información. La economía de la información nos permite elegir alternativas de gestión de datos y determinar el valor de la información. Estos problemas se describen matemáticamente mediante: el estado de la naturaleza (probabilidades), renta, utilidad, riesgo (valor esperado de las alternativas).

La valoración económica de datos no versa sólo sobre precios, tiene muchas ventajas, la principal es que pone a los datos en contexto, los equipara al resto de factores de producción y muestra la utilidad de las decisiones basadas en datos.

Las alternativas

Son las acciones sobre las que tenemos control

El conocimiento sobre el estado de la naturaleza

Estamos describiendo el valor de la información en términos de decisión en un contexto de incertidumbre, por este motivo los estados de la naturaleza en la economía de la información describen un acontecimiento aleatorio, contingente y externo a nuestras decisiones, expresado matemáticamente en términos de probabilidad, es decir solo puede ocurrir uno de los estados posibles. Las decisiones en las que el futuro es incierto son descritas en términos de probabilidad. El estado posible de la naturaleza es por lo tanto caracterizado mediante una probabilidad.

Es habitual que se incluyan como estado de la naturaleza variables como la demanda, la oferta factores meteorológicos, estado de los recursos etc. La información cartográfica que queremos valorar es la que describe los estados de naturaleza

Cuando afirmamos que la probabilidad es fiable, significa que tenemos plena certeza de su valor, por lo tanto, estamos ante un tipo de elección con información perfecta. La información nos indica con plena certeza cuales son los estados posibles de la naturaleza.

El otro escenario posible es disponer de información no fiable sobre los estados posibles de la naturaleza. En este caso estamos ante un supuesto de toma de decisiones con información imperfecta y recurriremos a las probabilidades condicionales (el teorema de Bayes) para abordarlo.

Rendimientos

Los rendimientos los podemos expresar como beneficios, pérdidas, o bien en términos de variaciones de stock o riqueza, o mediante flujo de caja como ganancia neta, es decir, ingresos menos costes o como pérdidas netas, costes menos ingresos. En cualquier caso, son los pagos que se reciben como consecuencia de cada alternativa.

Riesgo

El riesgo cuantifica la incertidumbre. Existen muchos tipos diferentes de riesgo, incluido el riesgo de producción, el riesgo de mercado, el riesgo institucional, el riesgo humano/personal, el riesgo financiero y el riesgo natural (Häggquist & Söderholm, 2015)

El riesgo puede describirse mediante el valor esperado de la renta o mediante la variabilidad (por ejemplo, la desviación típica del valor esperado de la renta). El valor esperado de la renta es la suma de los productos de cada probabilidad del estado de la naturaleza por su renta, es decir, la media ponderada de los rendimientos.

Preferencias por el riesgo, utilidad esperada

La preferencia por el riesgo del decisor se describe en términos de utilidad esperada. Los consumidores ante una elección arriesgada, maximizan su utilidad esperada, que depende de la renta, a mayor renta mayor nivel de utilidad. La utilidad esperada (o función de utilidad de Von Neumann-Morgenstern) es la suma ponderada de la riqueza por la probabilidad de ocurrencia de cada estado de la naturaleza que genera esa riqueza. En esta función de utilidad la elección que hacemos en un estado dado de la naturaleza es distinta de la que haríamos en otro estado de la naturaleza. Esta consideración recibe el nombre de supuesto de independencia.

Si el decidor es neutral al riesgo solo le interesa el valor esperado de la renta, no le preocupa el riesgo, para este tipo de agente decisor la utilidad es igual al valor esperado (función lineal entre renta ponderada y la utilidad). Sin embargo, no todos los agentes decisores tienen la misma preferencia por el riesgo. Existen decisores amantes del riesgo (gráfica cóncava entre renta y utilidad) y adversos al riesgo (gráfica convexa ente renta y utilidad).

El valor de la información

El valor de la información es el incremento del valor esperado cuando se dispone de información con respecto al caso en el que nos disponemos de ella. Evalúa el impacto de la disminución de la incertidumbre cuando se dispone de información. Un ejemplo ayuda a clarificar algunos de los conceptos que hemos visto hasta ahora.

Una situación en la que un modelo predice un acontecimiento meteorológico adverso con una probabilidad de 2/3. En caso de producirse nos acarrea unas pérdidas de 60 unidades monetarias (por ejemplo, perdidas de una cosecha, perdáis por la anulación de la reserva de un vuelo o un hotel). La otra alternativa describe las pérdidas que tendremos por no hacer la reserva, y que describiremos mediante los costes de acceder la información meteorológica, a título de ejemplo pongamos que son de 2 euros. Por lo tanto, conocer la predicción meteorológica tiene un valor esperado de la información de 2/3 (50-2) = 32 unidades monetarias. El valor de la información es la diferencia de los valores esperados de cada alternativa por la probabilidad de ocurrencia.

Otros ejemplos de cálculo detallados

Valor de la información como prima de riesgo

La microeconomía realiza una predicción, si el decisor, en nuestro caso el consumidor de las fabrica de datos, tiene aversión al riesgo va a maximizar su utilidad de la siguiente manera. Si se le ofrece información a una prima justa, adoptará la decisión optima de asegurarse frente al riesgo, diversificando el riesgo, contratando un seguro u obteniendo más información. Donde obtener información puede adoptar cualquier tipo de transacción sobre el dato espacial, por consiguiente, el valor de la información equivale en este caso a la prima de riesgo que estamos dispuestos a pagar para evitar el riesgo de tomar decisiones sin información, bajo el supuesto de que la prima es justa, es decir, donde el valor esperado es igual al coste. También puede ser vista como la rentabilidad del activo información.

La variabilidad de la renta aumenta el valor de la información

Cómo valorar los datos espaciales

21/04/2019
JDR

Listado de pasos para guiar cómo realizar la valoración de los datos

1. Definir la finalidad de la valoración económica

Para qué estoy valorando los datos, qué persigo con ello. Responder a estas cuestiones es clave para comenzar con la valoración de los datos, influye en la metodología que vamos a seleccionar y en la aceptación de la valoración. No existe la valoración adecuada para todos los usos, por ese motivo requiere de conocimiento sobre el negocio de los datos y las necesidades de la dirección para concretar los objetivos de la valoración.

2. Fijar el objeto de la valoración

¿Qué estamos valorando una base de datos, una app, un BI? La valoración económica de los datos espaciales e información geográfica abarca a un amplio número de objetos. Puede referirse a un producto geográfico, un servicio cartográfico, o a los componentes de la industria que intervienen en la producción de datos espaciales o los procesos de toma decisiones en la que intervienen los datos.

3. Seleccionar el método de valoración económica

Los dos pasos anteriores nos marcan la dirección en la que debemos ir. Un ejemplo ayuda a ilustrar esta idea los métodos de valoración económica a elegir no son los mismos si prendemos fijar el precio de un cuadro de mandos con KPI *dashboard*, hacer una estimación del tamaño de mercado, o una evaluación de escenarios de gestión. No hay recetas universales, ni soluciones únicas. En muchos casos se utilizan varios métodos de valoración para comparar los resultados.

4. Buscar datos

Así de simple, valorar económicamente requiere recopilar datos que deben utilizarse en las metodologías que hemos elegido. Los más habituales son los relativos a las características del producto como su tamaño, calidad o coste, su impacto en la organización y en algunos métodos conocer datos sobre el mercado.

5. Aplicar las metodologías de valoración

Crea una lista con las hipótesis y supuesto auxiliares de la valoración o los métodos auxiliares que has tenido que usar. Un caso muy habitual es utilizar algún modelo de difusión tecnológica, documentar esta fase es básico para localizar errores, o actualizar la valoración cuando haya nueva información disponible.

6. Comparar con otras valoraciones

Cada vez hay más información disponible sobre la valoración económica de datos u objetos similares. Conocer la posición de nuestra valoración es una ayuda no solo para verificar el resultado obtenido, también es una información útil para aplicar técnicas de benchmarking con método no paramétrico de análisis envolvente de datos (DEA) y determinar la posición del objeto evaluado con respecto a otros.

7. Comunicar la valoración económica

Todos los cálculos del mundo no sirven de nada si no se comunican adecuadamente. Es necesario prestar especial importancia al canal de comunicación que se elige para informar sobre el valor económico de los datos. la elaboración de informes, gráficos, presentaciones, cuadro de mando o infografías que ofrezcan el resultado del análisis.

8. Actualizar y gestionar y evaluar el portfolio

Las valoraciones económicas son algo más que un producto o un servicio de evaluación financiera de un objeto de la industria geo-espacial son parte fundamental de la gestión y gobernanza de los datos, tanto de las factorías que los producen como de las organizaciones que los consumen. Un portfolio es un repositorio que contiene y ordena las valoraciones económicas de la organización, aporta una capa financiera la gestión de la fábrica de datos. Una valoración financiera asilada aporta información, pero no cocimiento. El portafolio es una herramienta imprescindible para la toma de decisiones del *chief data officer* (CDO) o responsable de los datos que forma parte de algunos modelos de gestión como *Lean manufacturing*.

Tamaño del mercado de los datos espaciales

09/04/2019
JDR

Estudios de mercado sectorial

Algunos estudios recientes sobre el tamaño del mercado sectorial de los datos espaciales, los sistemas de información geográfica, la geolocalización, los mapas, o la cartografía digital

Estudios de mercado basados en la teoría del actor red

El consumo de la información espacial es tecnológica y económicamente accesible por ciudadanos y organizaciones desde variados dispositivos, lo que ha aumentado y diversificado los patrones que definen cómo se realiza el consumo. La oferta de contenidos ofrecida al consumidor es centralizada por geo-comunidades. En ellas, cobra un gran protagonismo el valor de cambio de los datos en información y en conocimiento geoespacial. Hoy en día el consumo de datos sirve a su vez de materia prima a nuevos procesos de producción.

La concatenación de los ciclos productivos sucesivos sirve para diferenciar y caracterizar los lugares donde se realiza la producción y el consumo [20]. Por estos motivos, la interoperabilidad de los datos no es lineal. Bajo enfoque el valor del mercado de los datos espaciales se agrega a través de una red de valor compleja en lugar de describirlo mediante una cadena de valor secuencial. El enfoque de red actantes en los datos espaciales crea un marco transdisciplinario en la evaluación su valor (Crompvoets et al., 2010) Concretarlo exige conocer las rutinas tecnológicas y la agencia de las geo-comunidades. (Del Río, 2015)

Otras valoraciones no económicas

- Beneficios socioeconómicos
- Capital social (Martínez, 2010). El dato, la información es parte del capital social de la organización en este sentido favorece el trabajo en redes y comunidades, las normas, la confianza, el entendimiento mutuo y posibilita a los participantes a actuar más efectivamente para perseguir objetivos compartidos.
- Activo de la inteligencia colectiva y competitiva de la organización (Martínez, 2010) para la toma de decisiones, solución de problemas y una orientación estratégica en ambientes cambiantes.
- Herramienta para acciones de comunicación de responsabilidad social corporativa y publicidad

Los datos y la información como mercancía y bien económico

08/04/2019
JDR

La información o los datos son un bien de consumo, una mercancía que puede ser intercambiada o transferida, tiene utilidad y un valor económico asociado. Sin embargo, medir el valor económico de los datos espaciales plantea ciertos retos a la economía de la información.

1.El valor de la información no es fijo

Existen una serie de atributos que afectan, modifican y hace que varíe el valor de la información. Algunos de ellos son (Hirshleifer, 1973; Black 1982; Bates, 1990; Lawrence, 1999)

- Costes de oportunidad
- Costes asociados con la producción
- Costes de distribución
- Certeza
- Difusión
- Aplicabilidad
- Contenido
- Relevancia de la decisión
- Modo de uso
- Factores estructurales
- Políticos

2.Valor económico y uso de los datos

Los métodos de valoración de datos espaciales basado en coste permiten estandarizar y comparar las actividades relacionadas con la producción de los datos y las decisiones informadas por datos con independencia de la tecnología implicada en la operación evaluadas o el uso posterior o finalidad a la que destinemos el dato. Es el método que menos información requiere para la valoración

La relación que existe entre el valor de la información o de los datos y el uso de los datos es uno de los temas que más atención ha recibido

Desde el punto de vista del carácter reproducible de los datos, se observa que el consumo de la información no influye en la disponibilidad de los datos para otro usuario. (Bates, 1990)

Desde el prisma del uso de los datos se confirma que el valor completo de la información no puede conocerse con certeza hasta después de que se consuma y sea puesto en uso. Es más, el corolario es que el valor de la información surge de su uso. (Arrow, 1962)

Existe una pérdida de valor por parte del productor de los datos debido a cualquier uso futuro que se haga de la información como consecuencia de que ha transferido los datos.

3.El coste del intercambio de datos tiende a ser nulo

Los datos son reproducibles a un coste muy bajo. Esta característica técnica de la información digital plantea ciertas dificultades para satisfacer el criterio de eficiencia que se define cuando el coste marginal se igual al ingreso marginal ganado por el intercambio de datos.

4.Marco probabilista del valor de la información

El valor de la información es probabilista, en lugar de determinista. El valor de los datos depende de los retornos del uso que se haga en el futuro de esa información. El valor esperado de la información en cualquier momento es un valor de stock. El valor de stock de la información puede verse afectado por la transferencia de la información a otros, por lo que dichos cambios en el valor de stock son un componente válido de las consideraciones de coste marginal del intercambio de bienes de información.

5.La Información es un bien de consumo que posee muchas externalidades.

Las 7 leyes de Moody y Walsh

19/04/2019
JDR

Leyes del valor de la información como activo económico

La información es uno de los activos más valiosos de las organizaciones, consume recursos en su captura, almacenamiento y procesamiento, a la vez que su uso genera beneficios. Sin embargo, hasta ahora se resiste la medición cuantitativa del valor económico de los datos

La inversión en información y en estimar su valor

La clave para conseguir ventaja competitiva en una organización se encuentra en la información, no en la inversión en la componente tecnológica (Broadbent & Weill, 1993). En su artículo: Midiendo el valor de la información: Un enfoque de valoración de activos Moody y Walsh examinan la naturaleza de la información como un activo, y definen una serie de leyes que rigen su comportamiento como bien económico.

- La utilidad de medir el valor de la información es que permite:
- Medir la efectividad de la TI
- Aumentar la conciencia organizativa del valor de la información
- Guiar las operaciones de la componente tecnológica
- Realizar planificación estratégica
- Justificación inversiones y costes en sistemas de apoyo la toma de

decisiones (DSS).

La información se puede compartir infinitamente sin perder su valor

La primera Ley de Moody y Walsh se enuncia de la siguiente manera, la información se puede compartir infinitamente sin perder su valor. Los tres Corolarios a la 1ª Ley de Moody y Walsh son los siguientes:

- Compartir información tiende a multiplicar su valor.
- La información puede ser replicada infinitamente
- Copiar replicar información no dobla su valor

El valor de la información se incrementa con el uso

La segunda ley de Moody y Walsh dice que La información no tiene valor en si misma solo genera valor cuando se usa. Para usarla son necesarios prerrequisitos y alfabetización.

Requisitos para usar la información efectivamente

- Saber que existe
- Conocer donde esta
- Tener acceso a ella
- Saber cómo usarla

Alfabetización informacional

Capacidad de los responsables de la toma de decisiones para interpretar la información y utilizarla para tomar las acciones adecuadas

La información es perecedera

La información caduca es la tercera ley de Moody y Walsh. El corolario: el valor de la información tiende a depreciarse con el tiempo.

Estamos ante la definición de las tres vidas de la información: Operacional, estadística, normativa.

El valor de la información se incrementa con la exactitud

El valor de la información se incrementa con la calidad es la cuarta ley de Moody y Walsh El Corolario: Existe un margen de error en las decisiones con datos.

El valor de la información se incrementa cuando se combina con otra información.

La quinta ley de Moody y Walsh afirma que el valor de la información se incrementa cuando se combina con otra información. Existe una cantidad de agregación de información que maximiza el retorno de la inversión.

Más información no se traduce necesariamente en mayor valor

Más información no se traduce necesariamente en mayor valor es la sexta ley de Moody y Walsh Más información no se traduce necesariamente en mayor valor.

Paradoja de la cantidad de información

La utilidad marginal decreciente dice que cuantas más personas tienen un producto dado menor es su valor para ellos. Sin embargo, los estudios empíricos muestran que el valor percibido de la información para los decisores continúa aumentando más allá del punto de sobrecarga. la paradoja de la cantidad de información nace de la creencia que más información reduce la incertidumbre y evita errores.

La información no se agota

El valor de la información como activo no desaparece por usarla, cuanto más usas la información más información generas y mayor valor generas. Corolario La información no es un recurso escaso.

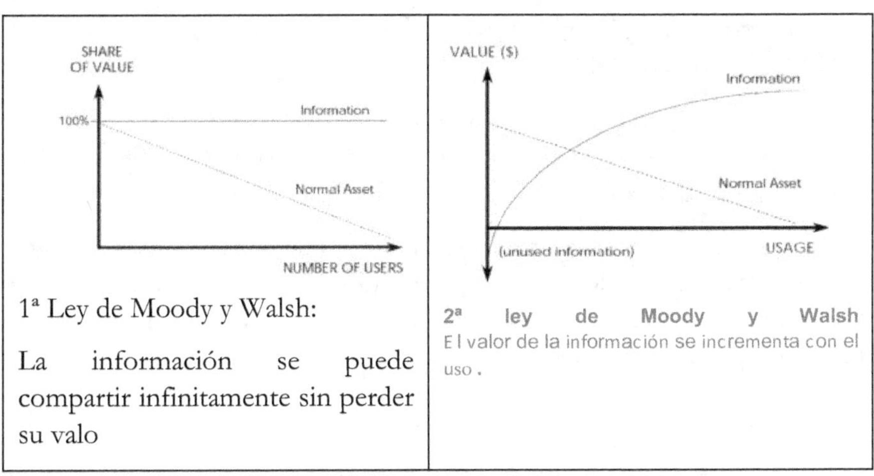

1ª Ley de Moody y Walsh:

La información se puede compartir infinitamente sin perder su valo

2ª ley de Moody y Walsh
E l valor de la información se incrementa con el uso .

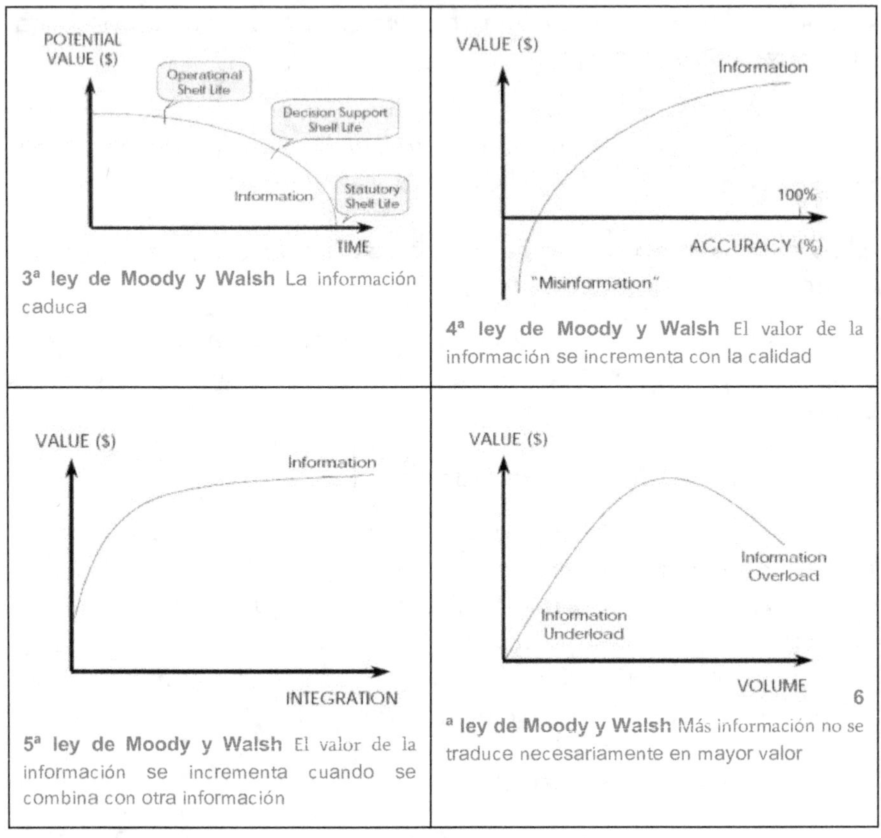

3ª ley de Moody y Walsh La información caduca

4ª ley de Moody y Walsh El valor de la información se incrementa con la calidad

5ª ley de Moody y Walsh El valor de la información se incrementa cuando se combina con otra información

ª ley de Moody y Walsh Más información no se traduce necesariamente en mayor valor

Ilustración 6 Gráficos que describe las siete leyes de Moody

Economía del dato espacial[10]

2015
JDR

Nuevas vías de producción y consumo de datos espaciales influyen en la economía del dato espacial

Los datos espaciales han irrumpido con fuerza en las agendas de gran parte de la sociedad lo que ha provocado la aparición de numerosos fenómenos, controversias y la aplicación de nuevos y variados iniciativas que intentan adaptar la producción a los nuevos patrones de consumo de

---

[10] El contenido de esta nota es parte del artículo la vía ecléctica de la producción y consumo de datos espaciales publicado en la revista Polígonos.

146

información.

El dato espacial es objeto de inversión económica

La nueva economía del dato espacial se caracteriza porque el objeto de consumo es una mercancía de información, cuya generación y mantenimiento implica una inversión económica. En este marco conceptual el valor económico de los datos se puede analizar la inversión mediante las métricas clásicas de evaluación económica de proyectos que consideran los costes y los beneficios.

En cuanto a los costes, las fases de recopilación y de mantenimiento tienen unos costes fijos altos. En cambio, las fases de reproducción y difusión avanzan hacia un coste marginal nulo. Por lo que respecta a los beneficios, estos van aumentando según se van refinando los datos y se transforman en información y conocimiento. El dato tiene un ciclo de vida y progresivamente disminuye su valor en el tiempo según se desactualiza hasta que vuelve a repuntar su valor como dato histórico o perteneciente a una serie temporal.

La distribución de los costes productivos

La accesibilidad y los requerimientos normativos han hecho que el dato espacial sea producido por quien está más próximo al dato. El principio de cercanía productiva no sólo es aplicable desde la competencia jurídica, también lo es geográficamente, especialmente en las labores realizadas por los neogeógrafos.

La aplicación del principio de cercanía productiva implica una fragmentación y atomización de la producción de los datos y, por consiguiente, una disminución de los costes por actor. El reparto en las tareas de producción es la base de la racionalización en la asignación de los recursos. Sin embargo, las consecuencias no son sólo económicas ya que hay otros efectos como la reducción de la brecha SIG que se produce al intervenir un mayor número de actores, y la creación de múltiples geo-comunidades que gestionan la producción y el consumo. La desventaja de la división de la producción es que puede provocar a corto plazo un desabastecimiento en el mercado. La ausencia de datos deriva en muchas ocasiones de la siempre difícil tarea de implantar y mantener operativa una geo-comunidad.

El valor sustituye al precio

La economía del dato espacial plantea una ruptura con la economía tradicional de la información geográfica, debido a que el valor de uso e intercambio se convierten en protagonistas, en detrimento del valor de mercado. Las características del dato espacial en Internet, han propiciado la reutilización del dato espacial y son la causa de los menores costes marginales.

Las consecuencias económicas del cambio de modelo de producción y consumo son profundas y plantean una crisis a los modelos de negocio tradicionales basados en la idea de vender la información o facturar por los servicios geoespaciales. Los modelos más afectados son los que necesitan de una gran cantidad de datos, lo cual es costoso y dificulta la aparición de una masa crítica de consumidores que la haga rentable. Además, actualmente en Internet, los consumidores han desarrollado hábitos de selección de contenidos gratuitos o que requieren un pago mínimo.

La amortización del dato espacial

La pugna por disponer de recursos económicos o rentabilizar inversiones, ya no se puede plantear exclusivamente en base a precios de mercado, sino de utilidades. No pedimos a la economía que trate de fijar el precio del producto; su nueva misión es cuantificar el éxito de implantar y mantener una geo-comunidad que gestione datos espaciales, o valorar el fracaso que supone carecer de ella (Kurwakumire, 2014). Esta misión es crucial porque la eficacia y eficiencia económica del dato espacial influyen en el grado en que los datos espaciales se pueden adquirir, utilizar y distribuir

La pregunta clave que nos planteamos es ¿cuánto cuesta tomar a tiempo buenas o malas decisiones? Para responder a esta cuestión comienzan a desarrollarse metodologías de evaluación que se centran en qué evaluar y cómo medir los beneficios, especialmente los denominados intangibles.

El encapsulamiento del beneficio de los datos espaciales

Habitualmente, en las evaluaciones económicas, el enfoque de proyecto de inversión es el más utilizado. Sin embargo, este marco tiene dificultades prácticas ya que el valor de uso y el valor de cambio están encapsulados en otros procesos productivos, muchas veces concatenados, lo que hace que el beneficio sea difícil de cuantificar, especialmente desde el momento en que hemos comenzado a producir ingentes cantidades de nuevos datos, que incorporan el atributo espacial proporcionado por la huella de todo tipo de actividades y dispositivos.

Para solventar la evaluación (Dessers et al., 2012) plantean un modelo que tiene en cuenta todo el proceso que se gestiona con la ayuda de los datos espaciales. La hipótesis del modelo es que no se puede separar el dato del proceso en el que está inmerso. El encapsulamiento del dato permite que el rendimiento de una SDI se mida por la capacidad que tiene de trabajar con un proceso en el que existe una componente espacial. El valor también es función de la importancia que el fabricante, el legislador o la política conceden a la creación, a la disponibilidad y al acceso a estos datos para la democracia y la acción de gobierno (Janssen, 2011).

El rendimiento de las geo-comunidad de datos espaciales

Las geo-comunidades son más que un proyecto de inversión, son una organización que tiene un funcionamiento continuado y en permanente evolución en el tiempo. Estas características obligan a concebir enfoques que se adapten más al rendimiento global de la geo-comunidad. En esta línea de trabajo (Giff & Crompvoets, 2008) proponen una metodología de evaluación estructurada desde múltiples puntos de vista con indicadores de desempeño como herramienta para medir e informar de la actuación de una infraestructura de datos espaciales SDI.

Metodologías de valoración de datos

08/04/2019
JDR

Aunque sea de puntillas sí que podemos dar unas pinceladas sobre las metodologías. La principal idea es que la finalidad de la valoración es la que va a marcar muchos de los aspectos de la valoración, pero no es la única que influye, la experiencia del valorador y del receptor de la valoración, el ámbito temático, o el grado de conocimiento del beneficio o de la pérdida también forman parte de los criterios usados en la selección del método de evaluación más adecuado.

Los métodos de valoración económica reducen el valor a unidades monetarias, esto permite comparar activos de muy distinta naturaleza.

Algunos de los métodos de valoración económica de la información son:

Métodos de valoración económica basada en el coste de los datos (*Cost-based method*)

En la familia de métodos basados en coste (*Cost-based method*) el valor económico de los datos espaciales o de manera más concreta de una operación de la industria geoespacial es función de los costes de su desarrollo. Habitualmente también requieren de una estimación del tiempo necesario para realizar el desarrollo o de la operación o producto que se esté valorando.

1.Campo de Aplicación

El método se utiliza para comparar el precio de compra de bases de datos, decidir sobre externalización de una actividad, orientar la inversión en desarrollo, fijar un valor para los acuerdos de colaboración, asistir la elección de operaciones en plan de gestión de recursos de la fábrica de datos, o elaborar presupuestos de inversión. Se puede usar en valoraciones económicas estructurales o como parte de valoraciones funcionales.

2.Ventajas y Utilidad

Los métodos de valoración de datos espaciales basado en coste permiten estandarizar y comparar las actividades relacionadas con la producción de los datos y las decisiones informadas por datos con independencia de la tecnología implicada en la operación evaluadas o el uso posterior o finalidad a la que destinemos el dato. Es el método que menos información requiere para la valoración

3. Limitaciones y desventajas

- No considera las externalidades
- No consideran el beneficio
- por si solo nos permiten una valoración funcional
- Dependen del país, y de la organización

4.Métodos de estimación del valor en coste

La aplicación del método requiere de un profundo conociendo de los costes fijos y variables de la organización ya sean estructurales, de capital humano incluida la existencia de posibles precios sombra. El coste de una operación generadora de productos geográficos y cartográficos puede ser en este sentido la suma del coste de inversión más coste de ejecución con medios propios que aúna el coste personal más el coste equipamiento más el coste de los gastos generales.

También deben considerarse los costes de oportunidad. relacionados con la pérdida de beneficios por los retrasos debidos a la entrada al mercado, así como de las oportunidades de inversión perdidas al decidir desarrollar el activo.

El método utilizado diferencia ente el valor económico basado en costes de remplazo o en costes de reproducción.

4.1. Métodos de valoración económica de la información basados en el coste de remplazo

La estimación del coste de remplazo responde a la pregunta de cuánto debemos gastar si perdiéramos los datos, el producto o el servicio y tuviéremos que acudir al mercado para adquirirlo o conseguir una licencia de uso.

4.2. Métodos de valoración económica de la información basados en el coste de reproducción

El coste de reproducción suma de las inversiones y costes anuales necesarias para desarrollar una réplica del servicio.

Este método recopila todos las inversiones y gastos asociados el desarrollo de una réplica del producto cartográfico o del objeto propiedad intelectual bajo valoración. El coste de reproducción es la suma de los costes necesarios para desarrollar una réplica del objeto de valoración. La réplica es un servicio de las mismas características y funciones que el que estamos valorando. El coste de reproducción responde a la pregunta de cuánto debemos invertir si perdiéramos los datos y tuviéremos que desarrollar el producto cartográfico con nuestros propios medios.

Métodos de valoración económica de la información basados en el mercado (*Market-based method*)

En la familia de métodos basada en el mercado el valor económico de los datos espaciales o de una operación de la industria geoespacial es función al precio que fija el mercado en la transacción de la actividad, del producto cartográfico o de la información espacial.

1.Campo de Aplicación

Se puede usar en valoraciones económicas estructurales y la evaluación económica de las funcional. En esta familia de métodos se distinguen dos casos, el primero de ellos cuando existe un mercado para el geo-producto, y el segundo caso cuando estamos ante un producto cartográfico novedoso para el que no existe mercado todavía.

2.Ventajas y Utilidad

Los métodos de valoración de datos espaciales basados en precios del mercado evalúan el techo máximo que se puede conseguir con la venta de un producto geográfico. Esta perspectiva es uno de los principios establecidos en la gestión de la producción esbelta (*lean manufacturing*).

3. Limitaciones y desventajas

No desglosa costes y beneficios, sino la interacción de la oferta y la demanda para fijar el precio final del producto. Es difícil de estimar los desplazamientos de la curva de la oferta que puede introducir la acción de la disponibilidad de datos o el número de operadores en el mercado. Un problema similar se produce con los desplazamientos de la demanda cuando existen bienes sustitutivos, o cambia el tamaño del mercado

4. Métodos de estimación del valor del mercado

La aplicación del método requiere de un profundo conociendo de los costes fijos y variables de la organización ya sean estructurales, de capital humano incluida la existencia de posibles precios sombra. El coste de una operación generadora de productos geográficos y cartográficos puede ser en este sentido la suma del coste de inversión más coste de ejecución con medios propios que aúna el coste personal más el coste equipamiento más el coste de los gastos generales.

También deben considerarse los costes de oportunidad. relacionados con la pérdida de beneficios por los retrasos debidos a la entrada al mercado, así como de las oportunidades de inversión perdidas al decidir desarrollar el activo.

El método utilizado diferencia ente el valor económico basado en costes de remplazo o en costes de reproducción.

4.1. Método de valoración económica de la información basado en el precio del mercado

La estimación del coste de remplazo responde a la pregunta de cuánto debemos gastar si perdiéramos los datos, el producto o el servicio y tuviéremos que acudir al mercado para adquirirlo o conseguir una licencia de uso.

Para obtener el valor económico se inventaría y describe estadísticamente los productos cartográficos similares al que se quiere desarrollar bien sea mediante el análisis de los precios de venta en el mercado utilizando catálogos de precios.

Los Catálogos de precios son la fuente de datos que podemos utilizar para conocer los valores de licencia utilizados en la topografía, diseño cartográfico, fotogrametría, web mapping, teledetección, SIG, BI. Existen otras fuentes de información: informes anules de las organizaciones, bases de datos específicas en etas materia, sentencias judiciales, o publicaciones especializadas.

Esta familia de métodos estimar el valor económico del producto en función de la descripción estadística del modelo de explotación de los datos o del producto similar. Admite su uso en la evaluación de cualquier modelo de explotación de la información plasmado en acuerdos de licencia similares al que se quiere desarrollar.

4.2. Método de valoración económica de la información basado el precio de licencias de usos de la información o los datos como servicio

Un acuerdo de licencia SaaS es un modelo de explotación del software en el que el usuario paga en función de la demanda que haga del producto. El precio de la licencia varía en función de la utilidad para el target específico, del ámbito geográfico de utilización y de la intensidad de uso. El precio se puede fijar a través de ratios sobre la unidad de obra.

4.3. Método de valoración económica de la información basado en la valoración contingente

Este método recopila todos las inversiones y gastos asociados el desarrollo de una réplica del producto cartográfico o del objeto propiedad intelectual bajo valoración. El coste de reproducción es la suma de los costes necesarios para desarrollar una réplica del objeto de valoración. La réplica es un servicio de las mismas características y funciones que el que estamos valorando. El coste de reproducción responde a la pregunta de cuánto debemos invertir si perdiéramos los datos y tuviéremos que desarrollar el producto cartográfico con nuestros propios medios.

Métodos de valoración económica de la información basados en el tamaño del producto cartográfico

El valor económico de los datos espaciales se determina en esta familia de métodos por el esfuerzo productivo. ¿Pero que es el esfuerzo productivo a la hora de elaborar un producto? Para conocerlo debemos diseccionar el importe del desarrollo del objeto evaluado. El importe del desarrollo es el resultado de multiplicar el precio unitario de la producción por el número de unidades producidas. El número de unidades estima por lo tanto la cantidad o tamaño del producto cartográfico, ese es el esfuerzo productivo que evalúan estos métodos.

El tamaño de los datos geográficos puede medirse a través del número de registros, de la complejidad gráfica de estos mediante algún índice de forma, o recurriendo a los componentes de la escala: grano-resolución y extensión. Sin embargo, estas métricas están centradas en evaluar el tamaño del base de datos o de las capas, y son insuficientes si extendemos la valoración a otro tipo de productos o servicios que utilizan datos espaciales.

Los métodos empleados en la ingeniería del software pueden ofrecernos pistas para adaptarlo a los datos geolocalizados.

1.Campo de Aplicación

En función del grado de conocimiento sobre el beneficio existen distintas posibilidades metodológicas. Si el beneficio es conocido se utiliza el análisis coste-beneficio (CBA). En ausencia de esta información si se dispone de un índice de eficacia o desempeño, recurren a un análisis coste-eficacia (CEA). En el supuesto de no disponer de ninguna de las fuentes de información anteriores, es habitual que se estime el beneficio a través del coste que evita.

Este método considera que el precio unitario es conocido y por lo tanto es la cantidad, el tamaño del producto geográfico, la variable que determina el valor final del producto cartográfico. El método del tamaño del producto es el que se utiliza de manera habitual en la metodología de proyectos, lo que se busca es concretar el denominado cuadro o estado de las mediciones mediante métricas que estiman las funciones, o características del producto cartográfico que se quiere desarrollar.

El uso de esta valoración económica está indicado en la valoración estructural o funcional de proyectos, operaciones o productos cartográficos complejos.

2. Ventajas y Utilidad

Esta familia de métodos puede ser aplicada a una amplia variedad de productos cartográficos con independencia del software, las bases de datos, el lenguaje de programación o el tipo de datos utilizados.

- Se centra en los requerimientos del producto por parte del usuario.
- Admite refinar la valoración a medida que el proyecto avanza.
- Permite la comparación de proyectos impulsados con datos y productos geográficos dispares.
- Requiere de poca información

3. Limitaciones y desventajas

La gran mayoría de métodos de valoración basados en las métricas de tamaño del producto cartográfico están tomados prestados de la ingeniería del software. Su uso en la valoración económica de productos operaciones y actividades geoespaciales es aún incipiente.

4. Métodos de estimación del tamaño del producto

Es una familia de métodos empírico por lo que los factores de ajuste y ponderaciones a proyectos pequeños de datos necesitan de una calibración debido a que los valores actuales están orientados al desarrollo de software no de productos cartográficos.

4.1. Puntos de función

El método utilizado diferencia ente el valor económico basado en costes de remplazo o en costes de reproducción.

Se estima el tamaño del software desde la perspectiva del usuario. Para ello se agrupa mediante suma la funcionalidad entregada al consumidor final independientemente de la tecnología que se emplea en su elaboración. *International Function Point Users Group* (IFPUG).

Para calcular los puntos función sin ajustar se desglosa y contabiliza el número de operaciones. Las operaciones están incluidas en alguno de estos cinco grupos Entradas Salidas Consultas Ficheros lógicos internos Ficheros externos. Este esquema de operaciones presenta ciertas similitudes con los análisis que se realizan en los Sistemas de Información geográfica.

Las operaciones se caracterizan según el número de atributos manejado por entrada en complejidad alta, media y baja lo que permite mediante la utilización de tablas proporcionadas por la metodología obtener la métrica de puntos sin ajustar.

Parta obtener los puntos de función ajustados se estima la cuantía y los factores de corrección por complejidad técnica que son de aplicación en el proyecto. A partir de estos valores se estiman los puntos de función ajustados mediante una ecuación que utiliza la suma de los factores de corrección por complejidad técnica y los puntos de función sin ajustar.

4.2. Método Cocomoll

Es un método de evaluación del tamaño del software que utiliza un modelo constructivo de costes que recurre a ecuaciones nominales que incorporan restricciones. Si las restricciones son importantes bien sea por cuestiones relativa al esfuerzo de personal o al tiempo se evalúa el tamaño mediante con un modelo empotrado. Si las restricciones son escasas se usa un modelo orgánico. El método también establece un escenario intermedio que denomina semi-encajado.

Para ajustar los valores obtenidos al entorno concreto de trabajo se utilizan atributos que modifican los costes anteriores. Los atributos se clasifican en cuatro categorías: atributos del producto, atributos del ordenador, atributos del personal y atributos del proyecto. El método es empírico y requiere calibración a los valores de cada organización.

4.3. Método de métricas de importancia

Este método recopila todos las inversiones y gastos asociados el desarrollo de una réplica del producto cartográfico o del objeto propiedad intelectual bajo valoración. El coste de reproducción es la suma de los costes necesarios para desarrollar una réplica del objeto de valoración. La réplica es un servicio de las mismas características y funciones que el que estamos valorando. El coste de reproducción responde a la pregunta de cuánto debemos invertir si perdiéramos los datos y tuviéremos que desarrollar el producto cartográfico con nuestros propios medios.

El plan cartográfico nacional de España (2017-2020) plantea un interesante método de evaluación del tamaño del producto cartográfico que evalúa la contribución individual ponderada por operación cartográfica.

El plan identifica las operaciones generadoras de recursos geográficos y cartográficos, es decir, el conjunto de actividades producción de la información geográfica o productos, o servicios. La información geográfica producida la clasifica en Unidad, Servicio web, Servicio cartográfico, Producto cartográfico, Producto base de datos, Producto conjunto de datos espaciales, Serie, Atlas y Colección.

En las operaciones de generación de productos bases de datos y productos conjuntos de datos espaciales, generadoras del recurso producto, se agrupan las correspondientes a la producción, actualización o mantenimiento de: bases de datos de información geográfica

La operación geo-servicios web, generadora del recurso de igual denominación

La operación servicios cartográficos, generadora del recurso de igual denominación, están comprendidos servicios de tipo: geodésico, fotogramétrico, teledetección, cartográfico (procesos cartográficos), geofísico, tecnológico, investigación y otro (especificable)

El método propuesto pondera la Importancia relativa de la operación. en función de características que intervienen en la elaboración y las características del producto: frecuencia de actualización, cobertura estandarizada, representación vectorial o ráster, categorización, restricciones de acceso, y restricciones de uso.

Para obtener el valor económico concreto de una operación cartográfica a partir de esta metodología se dividen los costes de la organización entre la suma de puntos de función de todos los productos generados.

Métodos de valoración económica de la información que incorpora el beneficio del dato espacial o la pérdida por su ausencia

El valor económico de los datos espaciales más completo es el que incorpora alguna métrica del impacto y/o relevancia del producto cartográfico en la organización o en la toma de decisiones. Esta familia de métodos de valoración cuantifica los beneficios de los productos y servicios que utilizan datos. El impacto de la información geo-localizada se mide en términos de beneficio, es decir ingresos menos gastos.

El mercado puede permanecer irracional más tiempo del que usted puede permanecer solvente. (John Maynard Keynes)

Campo de aplicación

En función del grado de conocimiento sobre el beneficio existen distintas posibilidades metodológicas. Si el beneficio es conocido se utiliza el análisis coste-beneficio (CBA). En ausencia de esta información si se dispone de un índice de eficacia o desempeño, recurren a un análisis coste-eficacia (CEA). En el supuesto de no disponer de ninguna de las fuentes de información anteriores, es habitual que se estime el beneficio a través del coste que evita.

Ventajas y Utilidad. Permiten obtener los indicadores financieros habituales usados en la evaluación de alternativas y proyectos de inversión.

Limitaciones y desventajas. Son métodos que requieren de gran cantidad de información y se deben explicitar los supuestos de cálculo.

Métodos de estimación de valor de la información que incorporan el beneficio

Coste evitado

Si la finalidad del dato espacial es lograr mejores decisiones. El coste evitado de una mala decisión es una forma de conseguir una estimación del beneficio económico (la ventaja). Varios métodos recuren a la estimación de las perdidas.

La relación coste-perdida, es muy utilizado en el cálculo del valor económico de las predicciones meteorológicas, parten de una tabla que describe las decisiones, las pérdidas y los umbrales de probabilidad asociadas con las consecuencias del evento de interés para hallar el valor de la información (Matte et al., 2017; Cerda & Quiroga, 2015). Esta relación desarrolla una familia de métodos en función de cómo se mide la aversión al riesgo que tiene el decisor.

En otras ocasiones el coste evitado se usa como sustitutivo del ingreso y se incorpora en las metodologías de valoración de flujos de caja.

Coste-efectividad

El ingreso es sustituido por alguna métrica que evalúa la efectividad del producto o servicio. La efectividad mide el efecto principal del activo o producto, es decir su consecuencia. Es interesante su aplicación cuando el objetivo principal se puede resumir en un solo resultado y se carece de información para valorar económicamente el objetivo.

Habitualmente se utiliza con valores incrementales en vez de valores medios. El valor incremental mide el coste extra por unidad de beneficio adicional conseguido con una opción respecto de otra. Los resultados se representan en el plano coste efectividad cuyos cuadrantes nos ayudan clasificar la dominancia de los activos.

A menudo se habla del análisis coste-efectividad y coste-eficacia como sinónimos. Algunos autores reservan el índice coste eficacia para medir al esfuerzo que es necesario desplegar para conseguir una unidad de producto. Un apunte más, de manera estricta, la efectividad es distinta de la eficiencia. La eficiencia es la capacidad de usar menos recursos para lograr un mayor rendimiento, mientras que la efectividad es la capacidad de usar recursos para alcanzar los objetivos. Por lo tanto, varios activos o productos pueden ser efectivos, pero no todos ellos serán eficientes.

Flujo de caja descontado (Cash Flow based method)

El análisis coste-beneficio es una técnica analítica que enumera y compara el coste de una inversión en datos con los beneficios que surgen como consecuencia de utilizar la información en el proceso de toma de decisiones. A partir de este análisis se puede utilizar reglas de decisión basadas en el valor presente neto del flujo de caja futuro (NPV), el ratio beneficio coste o la tasa interna de retorno (IRR) y el periodo de retorno de la inversión (Payback)

Aunque se puede usar la metodología clásica de evaluación económica de proyectos de inversión, desde el ámbito de valoración de la propiedad intelectual nos ofrecen un interesante método de evaluación cuantitativos basados en flujos de cajas IPscore® que podemos emplear en la valoración económica de datos que tiene información de geo-localización.

IPscore® es una herramienta de evaluación de la Oficina Europea de Patentes (OEP) concebida para proporcionar una evaluación integral de patentes y proyectos de desarrollo tecnológico, entre los que tiene cabida la evaluación de la propiedad intelectual entre la cual se encuentra el valor económico de los datos y de la información que se genera partir de ellos.

Ipscore (2009) usa la metodología de análisis coste beneficio CBA clásica de los proyectos de inversión en un modelo financiero. Realiza una previsión de la contribución a la liquidez de la organización, gracias al desarrollo de tecnología patentada en un período de diez años.

El modelo de IPSCORE® utiliza las variables de entrada

- Incremento estimado de la facturación del área de negocio usando la tecnología patentada (% de la facturación del negocio)
- Crecimiento de mercado del área de negocio de la tecnología patentada (%).
- Proporción de facturación del área de negocio que se mantiene cuando no se utiliza la tecnología patentada (% de la facturación del negocio)
- Costes de desarrollo en I+D (% de la facturación del negocio)
- Índice de costes de producción utilizando la tecnología patentada (% de los costes de producción)
- Inversión en equipos de producción para la tecnología patentada (% de la intensidad de inversión actual)
- Tiempo para el lanzamiento al mercado mese
- Expectativa de vida útil de la tecnología patentada en el mercado
- Fin_Facturación del negocio
- Fin_Costes_directos
- Fin_costes_indirectos
- Fin_ProvisiónporAmort.
- Fin_PeríodoAmort (años)
- Def_de ÁreadeNegocio (%)
- Fin_FactorDescuento (%)
- Fin_CrecimTotal_General_MercadoSociedad (%)

La base de los cálculos financieros de IPscore® consiste en determinar el tamaño relativo del área de negocio en el que opera la tecnología patentada, así como el incremento de facturación que puede obtenerse mediante el uso de la tecnología patentada.

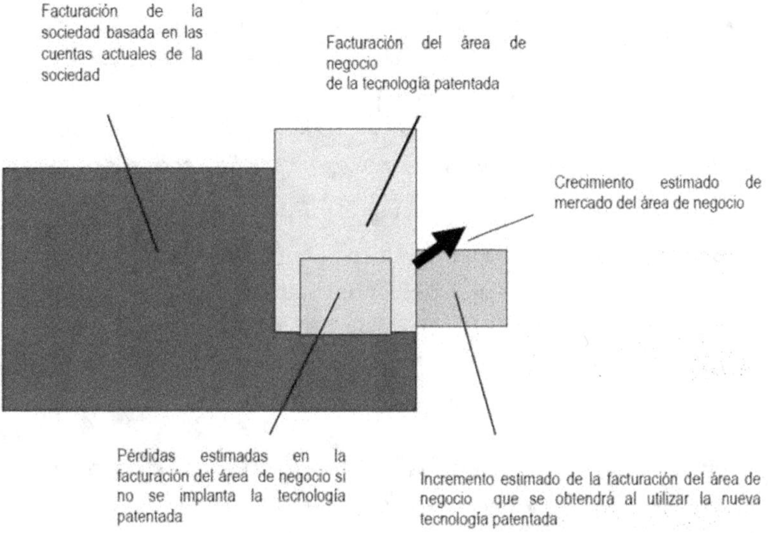

Ilustración 7 Resumen gráfico de la evaluación económica del modelo IPSCORE®. Fuente IPscore®[11]

Como establece su manual de usuario El rectángulo rojo grande representa las finanzas totales de la sociedad, tal como aparecen en las cuentas actuales de la sociedad. La ventana más pequeña en gris claro dentro de este rectángulo es el área de negocio definida y relevante para la tecnología patentada. Esta área supone entre un 1 y un 100% de la facturación total de la sociedad. Esta proporción es muy importante, puesto que constituye la base de todo el análisis financiero con IPscore®

Su diferencia con aproximaciones clásicas de coste-beneficio es que utiliza realiza una evaluación integral de las diversas condiciones que determinan el valor de una patente o proyecto de desarrollo y las incorpora

---

[11]

https://www.oepm.es/export/sites/oepm/comun/documentos_relacionados/PDF/IPscore_MANUAL.pdf un pronóstico financiero para la evaluación y valoración de la patente o proyecto de desarrollo. Considera por lo tanto los efectos económicos generados al utilizar la tecnología patentada son:

- Futuros costes de desarrollo hasta que la tecnología patentada esté en condiciones de explotarse comercialmente
- Efectos cuando la tecnología patentada facilite la producción
- Efectos sobre las necesidades de inversión de la sociedad, por ejemplo, cuando la tecnología patentada permita el uso de una tecnología de producción menos compleja

Método de ausencia de royalty (relief from royalty)

En este método el valor del producto cartográfico es la suma de los pagos por una licencia de royalties que un usuario debe abonar al propietario para poder explotar los derechos patentados. Para aplicar el método es necesario determinar previamente el valor de la tasa de *royalty*, una vez conocida se aplican los flujos de caja y descuento previstos para la explotación del dato espacial.

Métodos de valoración económica basados en opciones reales (*Real option based method*)

Los nuevos productos o la introducción de actividades en las fábricas de datos se caracterizan por su importante coste, irreversibilidad y alto grado de incertidumbre. En estos entornos existen múltiples opciones o alternativas de operación.

En este marco el valor económico de los datos espaciales puede asemejarse al de los activos intangibles derivados de la propiedad intelectual que poseen las organizaciones. En estos casos se emplea habitualmente el método de opciones reales que considera las distintas alternativas de operación. Establece la analogía de que un proyecto de inversión tiene una gran similitud con la alternativa u opción adquirir una acción.

1.Campo de Aplicación

Los datos o la información también pueden ser objeto de valoración mediante este método. Al fin y al cabo, los datos son parte del capital intelectual, sujetos a la propiedad intelectual, e integrantes de llamado capital de innovación. Al igual que otros activos intangibles como las patentes el valor de la información es construido de manera progresiva a partir de los datos mediante una serie de actividades. El inicio de cada actividad sobre los datos comienza con el ejercicio de una opción.

2. Ventajas y Utilidad

Los métodos de valoración de datos espaciales basado en coste permiten estandarizar y comparar las actividades relacionadas con la producción de los datos y las decisiones informadas por datos con independencia de la tecnología implicada en la operación evaluadas o el uso posterior o finalidad a la que destinemos el dato. Es el método que menos información requiere para la valoración

El método es interesante en entornos donde se quiere evaluar la competencia y la interacción de tal manera que el producto o servicio cartográfico afecta a los distintos competidores y al equilibrio del mercado.

También es adecuado su uso cuando estamos ante implantaciones de actividades u operaciones en la fabricas de datos que admiten demora, en las que existe una flexibilidad operativa a la hora de ponerlas en marcha y existen oportunidades de crecimiento debidas a la gestión del riesgo del flujo de caja.

También en situaciones donde el valor del proyecto está próximo al umbral de rentabilidad, pero cuyo valor puede aumentar por la opción de diferir la implantación de la actividad en la fábrica de datos o el producto o servicio cartografía. Establece un marco de decisión sobre cuando es necesario destinar inversiones en la economía de la información en base a las opciones compartidas y los niveles de competencia.

3. Limitaciones y desventajas

El método no es aconsejable en entornos donde no se pueda retrasar la inversión o se requiere tomar decisiones de forma rápida, o cuando los niveles de incertidumbre sean bajos.

4. Método Black-Scholes

La incertidumbre sobre los flujos de caja puede introducirse en la valoración del activo que usan información y datos mediante la valoración del producto o servicio cartográfico como opciones reales financieras utilizando el método de Black-Scholes.

Requiere de la estimación del precio del activo subyacente, el precio de ejercicio. El tiempo hasta el vencimiento. El riesgo o volatilidad, tipo de interés sin riesgo y los dividendos.

Este método de cálculo establece que cuanto mayor es la incertidumbre existe un coste de oportunidad mayor y tiene más perdida la opción de diferir la decisión.

La aplicación del método requiere de un profundo conociendo de los costes fijos y variables de la organización ya sean estructurales, de capital humano incluida la existencia de posibles precios sombra. El coste de una operación generadora de productos geográficos y cartográficos puede ser en este sentido la suma del coste de inversión más coste de ejecución con medios propios que aúna el coste personal más el coste equipamiento más el coste de los gastos generales.

También deben considerarse los costes de oportunidad relacionados con la pérdida de beneficios por los retrasos debidos a la entrada al mercado, así como de las oportunidades de inversión perdidas al decidir desarrollar el producto cartográfico.

6

Gestión de datos geográficos

CAPÍTULO 6. GESTIÓN DE DATOS GEOGRÁFICOS

¿Cuándo cobran vida los metadatos?

01/11/2019
JDR

Los metadatos son descripciones de los conjuntos de datos y de los servicios sobre los datos.

Los metadatos identifican y clasifican el recurso de información para el que se ha creado el metadato, y determinan su localización geográfica y su referencia temporal, así como la calidad y validez de los metadatos, la conformidad con las normas de aplicación sobre la interoperabilidad de los servicios y conjuntos de datos espaciales, las restricciones de acceso y uso, y la organización responsable del recurso.

También son necesarios elementos de metadatos que están relacionados con el registro de metadatos mismo a fin de controlar que los metadatos creados se mantengan al día, y para identificar la organización responsable de la creación y el mantenimiento de los metadatos. (Reglamento CE n°1205/2008 de la Comisión).

Una breve crónica sobre la difusión de conjuntos de datos

La publicación de libros y manuales eran el canal más frecuente para divulgar modelos, resultados y conjuntos de datos durante las últimas décadas de siglo pasado. Estos manuales explicaban en detalle la estructura de las ecuaciones, los algoritmos, sus hipótesis, los datos y los resultados. Todas estas informaciones se ofrecían en interminables ya la vez útiles tablas en papel. Estos trabajos han sido manuales de referencia para aquellos profesionales que utilizaban determinados conjuntos de datos.

La forma de publicar datos y resultados ha cambiado, para muchos este canal y genero de divulgación está obsoleto. La digitalización, el marco editorial de publicación científica, la tecnología GNSS, los sensores remotos, el SIG y las bases de datos unidas a la web 2.0. han permitido crear otros canales y géneros para intercambiar información y compartir experiencias con otros profesionales sobre el uso y campo de aplicación de los conjuntos de datos.

La fría automatización de los metadatos

En este panorama los metadatos se han convertido en el lenguaje imprescindible y normalizado para describir y descubrir los conjuntos de datos. En este proceso hemos ganado mucho. Tenemos más datos disponibles, hemos reducido los tiempos de procesado y estamos consiguiendo que sean interoperables. Dejando a un lado el debate sobre si los metadatos son para las máquinas o los metadatos son para los humanos, lo que está claro es que los metadatos son una herramienta de trabajo indispensable en la creación, y gestión de las fábricas de datos y el vocero indispensable en la reutilización de los datos.

Asistamos a diario al resultado de un intenso trabajo en la difusión y divulgación de datos en los cuales los metadatos desempeñan varias funciones. Entre las más destacadas tenemos caracterizar y elegir datos, pero no es la única, de los productos y servicios creados alrededor de los datos es también una de sus finalidades. Algunos ejemplos de explotación de los metadatos los podemos encontrarlos en el mercado editorial que hace propuestas en forma de:

- Repositorios de datos
- Artículo de datos «*data paper*» en revistas científicas
- Atlas basados en la publicación y visualización de datos
- Catálogos de datos Infraestructuras de datos espaciales
- Periodismo de datos acerca las historias y narrativas alrededor de los datos al gran público.

Geografía de los metadatos

La popularidad de los metadatos y de los conjuntos de datos comparten el mismo patrón estacional con un mínimo que coincide con las navidades, si bien a partir del verano de 2016 los datos han ido ganado ventaja sobre los metadatos. En los siguientes mapas se muestra la popularidad de los metadatos en los últimos cinco años.

Ilustración 8 Mapa mundial de popularidad de los metadatos Fuente: *Google Trends* 2010-2015

También se muestra un mapa comparativo de aquellos países donde el interés por los metadatos ha sido superior al interés por los datos. Si nos centramos en los últimos 12 meses el interés por los metadatos ha sido superior al interés por los datos solo en trece países.

Ilustración 9 Países con mayor interés por los conjuntos de datos vs metadatos Fuente: *Google Trends* 2010-2015

Limitaciones de los metadatos

La creciente disponibilidad de datos crea las necesidades de comparar, elegir y evaluar datos, para ello se requiere de perfiles profesionales con habilidades y competencias específicas en la gestión de los datos de entrada y la puesta en marcha de políticas de datos como ya está sucediendo en el ámbito científico y gubernamental. Los metadatos, aunque imprescindibles en estas tareas no son por si mismos la solución universal.

El mercado o ecosistema de los datos nos está mostrando algunas de las habilidades que debemos aprender y ejercitar para conseguir que los datos alimenten la cadena de producción y creen valor de manera eficiente. Las habilidades proceden de disciplinas dispares: economía, informática, sociología, estadística, ingeniería, biblioteconomía, cartografía, geomática o legal.

Curación de datos

Sin embargo, algo nos habíamos dejado en este camino de automatización y divulgación. Los metadatos son fríos y la divulgación crea frecuentemente cajas grises y en ocasiones cajas negras. Una posible solución podemos encontrarla en retomar la curación de contenidos sobre los datos y fusionarlos con las herramientas que tenemos hoy en día.

Quizás llegue el día en que la web semántica y los datos enlazados hagan esta actividad innecesaria, pero todavía nos falta por recorrer un buen trecho en esta dirección. Mientras tanto los productores de datos pueden inspirarse en algunas de las bondades que ofertaban de esos viejos manuales. Esos manuales hacían que la información, los datos y sus algoritmos, no solo estuvieran disponibles sino también fueran accesibles de forma atractiva para su reutilización. Su secreto era no solo enseñar la cocina en profundidad sino también ofrecer un contexto sobre los datos, los modelos y sus posibles aplicaciones, en definitiva, enseñaban a cocinar.

Comunidades verticales

Inicialmente las comunidades de datos más activas han sido las comunidades verticales. Las comunidades verticales proliferaron como un medio de acercar un conjunto de datos especifico y concreto al usuario.

El contenido de estas plataformas, creadas por los productores de los datos, ha ido evolucionando con el tiempo. Hoy en día las secciones con las que cuentan son variopintas y no hay un esquema unánime, pero es habitual que propongan funcionalidades relacionadas con los datos (buscadores, catálogos, descargas, herramientas, visualizadores), el aprendizaje, la investigación, la divulgación, las políticas de difusión y canales de dialogo con la comunidad.   https://sentinel.esa.int/web/sentinel/home

comunidades creadas por entidades que tiene entre sus principales misiones la producción de datos. Labor que desarrollan habitualmente instituciones estadísticas. En el ámbito internacional tenemos por ejemplo a *World bank*. En la administración pública española INE CNIG, *catastro* u otros portales de administraciones públicas. Especialmente interesante son las Infraestructuras de Datos Espaciales, institutos de investigación como *ECWMF* o misiones como *Sentinel* del programa *Copernicus*.

También hay otro tipo de comunidades que ofrecen acceso a los datos de la actividad que registran sus plataformas. Encontramos ejemplos procedentes de la actividad comercial, empresas como *Facebook* , *Google*, operadores de telefonía como *Teléfonica* , *idealista* , *Mastercard*. Estos no son los únicos actores otros ejemplos proceden del sector periodístico como puede ser el caso de la hemeroteca de La vanguardia, o del sector de la comunicación digital *BuzzFeed* o del periodismo de datos como *FiveThirtyEigth*.

Comunidades horizontales

En una fase posterior y habitualmente impulsadas desde el sector de los usuarios o consumidores de los datos aparecen las comunidades horizontales. Las comunidades horizontales se agrupan alrededor de un campo de trabajo común y ofertan enlaces a distintas fuentes y temáticas, en ocasiones las describen comparan y discuten sobre su utilidad y las herramientas, el código o los algoritmos necesarios para la utilización.

Las principales misiones de las comunidades horizontales son ofrecer la información necesaria para permitir la selección del conjunto de datos adecuado a un trabajo concreto y disponer de una catálogo, directorio o colección de enlaces y repositorios de datos que son de utilidad al campo de trabajo en el que este centrado la comunidad.

¿Por qué han surgido estos sitios? Las principales causas de la aparición de las comunidades horizontales podemos hallarla en el fenómeno del duelo entre base de datos que describe la proliferación de conjuntos de datos sobre los mismo ámbitos territoriales o temáticos. Las bases de datos compiten y se vigilan entre ellas para captar usuarios. Los usuarios necesitamos destrezas para seleccionar y elegir entre ellas. Otra de las causas es la invisibilidad de una web saturada de contenidos donde los algoritmos de los buscadores generalistas de información en Internet han mostrado su incapacidad para realizar esta tarea. Ambas motivaciones son algunos de los escollos que tiene que hacer frente la reutilización de datos.

La suma de las motivaciones descritas ha impulsado por los tanto la creación de comunidades horizontales que inicialmente se han articulados en foros. Para pasar a crear portales cuando alcanzan cierto nivel de madurez.

Al igual que sucede con las comunidades verticales todavía es incipiente los trabajos de clasificación de las comunidades horizontales.

- Catálogos de la búsqueda de datos: https://data.world/
- Orientados a la formación, herramientas o recursos en sentido amplio como *Kaggle, Quandl.*[12]
- Mixtas. En estas plataformas se presentan varias funciones. Un ejemplo en esta última línea la tenemos la web *IUFORDATA*[13] recientemente presentada por IUFOR.

¿Para qué sirven los metadatos?

He ofrecido un rápido repaso a una visión personal sobre los metadatos basada en buscar repuestas a la pregunta ¿cuándo cobran vida los metadatos? El interrogante planteado en esa nota no deja ser una cuestión derivada de la pregunta que titula esta conclusión ¿para qué sirven los metadatos?

En esta nota me he detenido en algunos de los mecanismos que nos ofertan respuestas a la pregunta. Algunos de los lectores prefirieran la contestación ofrecida por el rol técnico y estarán más de acuerdo con que los metadatos cobran vida en el momento en el que se completan y validan.

Desde la gestión de datos preferirán fijar el momento de utilidad en el instante en el que gracias a los metadatos los conjuntos de datos puedan ser encontrados, utilizados y reutilizados y actualizados. Los roles vinculados con el usuario estarán más cómodos con la respuesta que marca el momento en el son convertidos en visualizaciones, narrativas, historias y hallazgos de

---

[12] Kaggle es una plataforma de aprendizaje de ciencia de los datos, popular por las competiciones de *machine learning*. Dispone de secciones sobre conjuntos de datos, discusión, recurso de aprendizaje y entornos de programación

[13] IUFOR DATA recupera el espíritu de los viejos manuales y ha sido sensible a estas nuevas necesidades. La misión de IUFORDATA es hacer accesibles los datos a la comunidad científica y gestores de los ecosistemas forestales, para ello, se estructura en tres pilares: buenas prácticas, recursos y asistentes de tomas de decisiones. Una iniciativa interesante de explorar y utilizar que seguro que tiene eco como aplicativo horizontal en otros campos y a la que esperamos ver crecer.

interés para el negocio. Los roles orientados al gran público escogerán el momento en que los metadatos permiten que los conjuntos de datos sean utilizando distintos géneros de comunicación basadas en datos: mejores prácticas, formación, investigación, informes, reportaje, análisis, o resúmenes ejecutivos. La respuesta no es única.

Una respuesta más perturbadora está basada en considerar que los metadatos cobran vida el momento en que permiten la curación de contenidos del conjunto de datos que describen. Por lo tanto, la actividad de desarrollar los metadatos es crucial: otorga visibilidad y relevancia a los datos, y como consecuencia de ello los introduce en el mercado. Los metadatos hacen visibles los datos al negocio de las bases de datos.

Desde el punto de vista de la curación de contenidos. la calidad de los metadatos se convierte en un criterio de evaluación de los datos, Los metadatos pueden condicionar el futuro del conjunto de datos, su posible evolución, supervivencia y la continuidad de su financiación.

La actualización de los datos vigoriza a los SIG

30/10/2013
JDR

Cuando se está vinculado a la producción o al uso de datos espaciales la importancia de la actualización cartográfica se torna evidente. Un sencillo ejemplo cotidiano, ¿qué sucede cuando un navegador GPS dispone de un mapa de carreteras oxidado? Pero cómo justificar la actualización de datos en un SIG, y sobre todo cómo explicar por qué no es inmediata, vamos a intentarlo en esta nota. Hay muchos hilos argumentales, pero comencemos en la Edad Media.

Uno de los aspectos más destacados por los historiadores cartográficos sobre el cartógrafo Al Idrisi es la capacidad que demostró de producir un mapa actualizado en su época. Ahmad dedica unas líneas en la Historia de la cartografía de la *University of Chicago Press,* a cómo Al Idrisi realizaba este procedimiento de actualización cartográfica, apartado que por cierto tiene un simpático título: *las instrucciones de Al Idrisi para hacer un mapa mundi.* Al Idrisi fue un faro en la niebla, había pasado mucho tiempo desde la última actualización de un mapa *mundi.*

Con el paso del tiempo la actualización cartográfica se transformó en un tema central en la producción de mapas, que se utilizaba para calificar la calidad de un mapa o la fama de un cartógrafo. Incluso fue clave en la política de las primeras compañías comerciales, en las que se convirtió en un elemento estratégico de negocio, hasta tal punto que el éxito y futuro de la organización dependía de cómo se llevaba a cabo la actualización cartográfica y de su frecuencia. Esta situación produjo sofisticados, obsesivos e ingeniosos procedimientos de actualización, y generó tema para aventuras que hoy parecen novelescas, como el espionaje, o la fuga de cerebros cartográficos.

Mucho se ha avanzado en las técnicas, tecnologías y procedimientos disponibles para lleva a cabo la actualización de cartografía, mapas y datos espaciales desde la Edad Media. Una de las repercusiones más destacadas, de esta potente amalgama de herramientas, es que el tiempo necesario para realizarlas ha disminuido. Incluso es posible hacer algo que en aquel momento parecía ciencia ficción: la actualización en tiempo real.

En la práctica las posibilidades y métodos de actualización, que nos ofrece hoy en día la geomática, está condicionada por el tipo, naturaleza y relevancia del dato espacial que estamos cartografiando, las características de la organización que lo produce, la estructura de la demanda cartográfica, y los recursos disponibles, entre otros factores.

Los controles de calidad, los metadatos, la automatización de la actualización, el crowdsourcing, el outsourcing, las estrategias *lean-mapping*, la integración de datos multiescalares, la posibilidad de realizar seguimiento, detección de cambios y tendencias, el análisis de datos históricos, la vida útil del dato, son sólo alguno de las múltiples y numerosas cuestiones en boga vinculadas a la actualización de los datos espaciales que salen a la luz cuando nos acercamos a este tema.

Todo esto nos lleva a una consideración evidente, la actualización no es inmediata, exige un estudio, una previsión, una integración, y unos controles de calidad en el proceso productivo cartográfico.

Además, la actualización tiene un precio, necesita recursos, pero como contraprestación los datos espaciales generan valor. La actualización de datos espaciales otorga eficacia a las acciones del análisis SIG, y sobre todo alarga y hace sostenible el beneficio de los SIG.

Sin lugar a dudas el ROI de la actualización ayuda a desvelar la importancia de esta tarea y justifica la asignación de procedimientos y recursos. Si no se presta la suficiente atención a las actualizaciones, si nos son previstas e integradas, se compromete el futuro del SIG en la organización, por un motivo trivial: si no actualizas, tomas decisiones obsoletas, y una herramienta que no sirve para tomar decisiones se abandona.

Gestión de proyectos de cartografía

28/04/2011
JDR

Aunque las producciones cartográficas han estado reguladas tradicionalmente por pliegos, instrucciones, manuales o normas y normativas de diversa índole, entre otra miríada de documentos técnicos, hoy en día comienza a irrumpir con fuerza la gestión por proyectos.

La gestión de los proyectos cartográficos ha venido de la mano de la conversión de la cartografía a datos espaciales, principalmente porque que las TIC han aportado su esquema de trabajo, y de la mayor complejidad de las normas y disposiciones de aplicación.

Ventajas de esta aproximación: Las propias de cualquier sistematización de la gestión:

a) Controlar que la solución productiva cartográfica adecuada a un uso o usos determinados sea obtenida con los recursos y calidad fijados con anterioridad.

b) Destacar, desde el punto de vista cartográfico, que sistematizar la gestión permite: un control integral del proyecto cartográfico. Este objetivo es especialmente útil en las tareas de dirección, control y ejecución. Otra utilidad importante es la trasmisión del estado y resultados del proyecto a todos los implicados y facilitar la transferencia tecnológica. Se logra además una mejora en eficiencia y eficacia, sobre todo en organizaciones que realizan una producción continua y actualización de cartográfica. Pero estas ventajas eran en parte compartidas por la gestión mediante normas, la gran diferencia radica en que se habla un lenguaje común.

Todo ello con la precaución de una gestión por proyectos debe estar enmarcada y supeditada a un contexto de planificación de carácter más estratégico que asigne unos objetivos y finalidades de la producción cartográfica.

Pero convencidos de la utilidad de la gestión de proyectos cartográficos, llega la siguiente cuestión: ¿Qué metodología es la más apropiada para desarrollar una administración y gestión de la producción cartográfica?

El problema es la diversidad de sistemas de gestión y que en principio no existe uno específico ampliamente aceptado para la administración y gestión de proyectos de cartografía. Entre los sistemas generalistas heredados de otros campos destacan:

- Metrica3. Metodología para la planificación, desarrollo y mantenimiento de sistemas de información. Desarrollada en su última versión en el año 2000, por el Ministerio de Presidencia del Gobierno de España. Aunque ya cuenta con algunos años y está muy vinculada al concepto de ciclo de vida del software ofrece un buen marco de trabajo.
- ITIL. Buenas prácticas destinadas a mejorar la gestión de los servicios TIC.
- PMBOK, De carácter generalista y versátil
- Existen algunas propuestas muy vinculadas al beneficio o al retorno de la inversión SIG, ROI.
- Los modelos orientados a la capacidad y madurez. CMMI y CMM
- El modelo PRINCE2, proyectos en entornos controlados.

Algunas de estas metodologías conllevan la aparición expresa de un nuevo tipo de formación «por competencias». Cuyo fruto es la certificación que acredita la especialización y conocimiento en la aplicación de este tipo de metodologías[14]

Cómo siempre se agradecen las aportaciones, sí habéis recurrido a algunas de estas metodologías en el campo de la cartografía ¿os ha resultado útil?, ¿qué problemas os ha dado su aplicación? ¿Conocéis metodologías de gestión de proyectos cartográficos que se estén aplicando y que tengan un cierto grado de normalización?

---

[14] Otro tema colateral al tema de esta nota, pero no por ello menos destacable, es que, en el mundo de los sistemas de información geográfica, también se estas produciendo desarrollos formativos en esta dirección de "formación certificada". Su implantación y puesta en marcha esta acompañada de una intensa polémica y continuo debate entre los distintos agentes implicados. Algunos de los ejemplos más conocidos son: el certificado GISP, el certificado GIS / LIS través ASPRS, o las certificaciones ESRI en el uso de su plataforma.

Valor geomático al cuadrado

11/07/2012
JDR

Hay muchas herramientas que ayudan en la dirección, planificación, gestión y seguimiento de proyectos SIG, producción de datos espaciales, cartografías, infografías o mapas web, entre otros tipos de productos geomáticos.

Normalmente la producción geomática es un proceso sobre el que no se reflexiona. Se ejecuta el automatismo de proyecto, casi como un acto reflejo que lleva asociado principalmente las siguientes acciones:

- Se define el producto a la vista de las especificaciones y condicionantes.
- Se realiza una rápida selección de alternativas operativas
- A continuación, se diseña la cadena de producción, se le asigna costes y tiempo y se orquesta en un cronograma
- Se incorporan los indicadores de seguimiento y calidad
- y se comienza el trabajo. …

Sin lugar a dudas la receta es práctica y útil, pero en ocasiones nos hace perder perspectiva del producto y de las tareas adicionales que no hemos considerado. Y lo que es todavía más grave desconocemos

- El valor que genera el producto geomático
- Cómo podemos a su vez ponerlo en valor
- Cómo nos retorna ese valor.

El valor al cuadrado se puede concretar y conocer utilizando hojas de ruta o lienzos como el que nos ofrece el modelo *Business Model Canvas*.

1. El primer valor es el asociado al propio producto:

- ¿Por qué es relevante?
- ¿Qué aporta?
- ¿Qué le hace diferente?
- ¿Por qué es útil?

2. El segundo valor está asociado a la puesta en valor del producto:

- ¿Cómo se va a difundir?
- ¿Cuál es su usabilidad?

- ¿Es amable su consulta y uso?
- ¿Caduca, qué vida útil tiene?

2.1 Del lado del productor

La puesta en valor puede cifrase en la contribución del producto geomático a la construcción de marca.

2.2 Del lado del consumidor

Sea cliente o audiencia, a la usabilidad y difusión del producto (sea dentro de la organización o fuera de ella)

3.Transformación del valor en retorno de inversión

Pero hoy en día conocer el valor al cuadrado de los productos geomáticos no es suficiente. La economía nace para la gestión de recursos limitados y la producción geomática no puede ni debe escapar a este entorno de eficiencia, así que la consecuencia de producir un valor al cuadrado es la evaluación del retorno ROI (en tiempo, dinero o cualquier otra unidad de medida) que ofrece la inversión de recursos que se ha utilizado en la obtención del producto geomático.

Unidades de medida en un proyecto SIG

14/08/2012
JDR

Aunque no es una lista cerrada si es indicativa de alguna de las unidades de medida más frecuentes en la gestión de datos geográficos que se emplean en la definición de las unidades de obra de un proyecto SIG.

- Por número de vértices
- Por unidad de longitud de perímetros
- Por unidad de superficie
- Por índices de ecología del paisaje como los índices de forma
- Por entidad espacial sea gráfica, alfanumérica o ambas.
- Por unidad
- Por capas
- Por producto cartográfico
- Por tiempo de ejecución
- Por líneas de código

10 unidades de obra más habituales en SIG

24/07/2012
JDR

Sin ánimo de realizar un inventario exhaustivo, recogemos algunas de las unidades de obra recurrentes en la gestión de datos geográficos en un proyecto SIG. Las unidades de obra hacen referencia a los siguientes 10 temas o capítulos.

1. Captura de información gráfica y alfanumérica
2. Conversión de la información a datos espaciales
3. Tratamiento de datos espaciales
4. Control de datos espaciales
5. Procesado de datos espaciales
6. Análisis SIG de la información
7. Control del procesado y análisis
8. Edición y documentación de productos
9. Integración en IDE
10. Control final y metadatos.

Dirección de proyectos SIG mediante unidades de obra

28/08/2012
JDR

Los gráficos de control fueron ideados inicialmente en 1920 por Shewhart y representan a lo largo del tiempo el estado o calidad de un proceso. En el caso de la gestión de datos geográficos nuestro caso vamos a utilizarles para hace un seguimiento de la ejecución de las distintas unidades de obra de un proyecto SIG.

Seguimiento de un proyecto SIG

Imaginemos que el proyecto consiste en la realización de un determinado análisis espacial por entidad geográfica que parte de distintos datos para cada entidad.

Para cada ejecución de la unidad de obra el precio real de ejecución se sitúa en ordenadas, representándolo mediante un punto.

Construcción de un gráfico de control

En función de la región en la que se sitúe el punto obtenemos una valiosa información sobre el desarrollo de la unidad.

Si el punto se sitúa entre las rayas negras estamos en la región normal de desarrollo de la unidad de obra. Generalmente están originadas por muchas causas y dan origen a una distribución aleatoria estable y por lo tanto previsible.

Si el punto se sitúa en la región definida por la raya negra y línea roja, dos veces la desviación típica, estamos en la región de comportamiento excepcionalmente alto o bajo. En este caso hemos rebasado el límite de precaución. Es preciso estudiar la situación para determinar las causas por las que se ha producido esta desviación entre el coste estimado y el ejecutado

Si el punto se sitúa ente las dos rayas rojas o por encima del LSC o del LIC estamos en la zona de comportamiento atípico de la ejecución de la unidad de obra que exige las mayores de la atención para evitar desviaciones que comprometan la ejecución del proyecto. Indican que el proceso está fuera de control. Se ha superado el límite de acción y generalmente exige la realización de actividades correctivas

Los límites superior e inferior de control son arbitrarios, aunque habitualmente se toman valores de 2 o 3 veces la desviación típica. Se puede emplear también los rangos intercuartílicos como los que se utilizan en el diagrama de cajas.

Matemáticamente el gráfico de control es una imagen que refleja el resultado de un test estadístico. Un punto situado ente los límites de control es equivalente a no poder rechazar la hipótesis nula. Si el punto se sitúa fuera de los límites de control equivale a rechazar la hipótesis nula.

Naturalmente se puede estandarizar o tipificar la unidad de obra para poder comparar el desempeño distintas unidades de obra entre sí.

Si se evalúa un conjunto de unidades de obra, sean las de una fase concreta o las de todo el proyecto, se puede realizar gráficos: Gráficos de control de la tendencia central, donde se estudia el comportamiento medio, y gráficos control de recorrido donde se analiza el comportamiento de la desviación típica.

Unidades de obra de un proyecto SIG

01/07/2012
JDR

La unidad de obra de un proyecto SIG es la parte elemental en la que se divide un proyecto con el fin de poder medir, presupuestar, dirigir y controlar la ejecución del proyecto SIG.

La unidad de obra recoge un trabajo susceptible de medición, valoración y permite cuantificar los recursos que se van a consumir, por estos motivos la unidad de obra es una herramienta imprescindible en la gestión de datos geográficos

La unidad de obra SIG está definida mediante una unidad de medida que tiene asociada un precio unitario. De tal forma que conociendo el cuadro de mediciones del proyecto SIG, se puede concretar el presupuesto. Al amparo de un prisma doctrinal, la unidad de obra tiene un precio constante, cuya revisión durante la ejecución de la obra está regulada normativamente.

Realizaciones de la unidad de obra

Ahora bien, planteemos un ejercicio basándonos en el análisis de las desviaciones de las unidades de obra.

La ejecución continuada de la misma unidad de obra nos muestra que estas realizaciones no siempre son constantes, sino que, por diversos motivos, se comportan como una variable aleatoria. Por lo que podríamos plantear la hipótesis de un comportamiento frecuencial de la unidad de obra semejante matemáticamente al de una distribución normal.

La distribución normal nos permite definir la unidad de obra como una función definida por su media y desviación típica. Esta definición estadística de la unidad de obra, aparte de contribuir la revisión de las unidades de obra tiene una aplicación práctica inmediata en la labor de control y dirección de proyectos SIG.

Gracias a esta técnica estadística, el estudio de la asimetría, apuntamiento, centralidad y dispersión nos ofrece información útil sobre el desempeño de la unidad de obra en un proyecto SIG.

Unidades de obra múltiples

04/09/2012
JDR

Gráficos de control

La lectura de los gráficos de control ofrece información valiosa, no sólo en la labor de vigilancia y dirección del proyecto SIG, sino también como una potente herramienta de retroalimentación para el ajuste de las unidades de obra tras la realización de un proyecto concreto.

Lectura del gráfico de control

Algunas de las anomalías más habituales son descritas en la literatura especializada como:

- Fluctuaciones numerosas en recorridos y promedio
- Tendencia central constante pero no centrada
- Incremento o disminución constante en el mismo sentido
- Variación periódica de la tendencia central
- Dientes de sierra

Detección de nuevas unidades de obra

Vamos a comentar un caso especial por su interés en la gestión de datos geográficos. Cuando el gráfico de control nos muestra la necesidad de realizar nuevas unidades de obra a partir de la original.

En esta situación apreciaremos en el gráfico de control unidades obra cuya ejecución lleva un comportamiento muy dispar al planificado, con ejecuciones muy dispersas según el gráfico de control. Estamos ante la posible existencia de una unidad de obra múltiple.

Gradación de la unidad de obra

En ocasiones la distribución de puntos en el gráfico no se llega a alcanzar el coste planificado y en otras se rebasa de manera significativa.

Se observa además unos agrupamientos de distribución temporal aleatorios ¿Qué nos está indicando este caso especial?

181

La necesidad de realizar una graduación de la unidad de obra, en función de algún indicador de dimensión como un rango de superficies, perímetros, índices de forma, o número de vértices que escalonen una dificultad de ejecución alta, media o baja.

7

Buenas prácticas

CAPÍTULO 7. BUENAS PRÁCTICAS

Impacto mediático de las ciudades inteligentes ¿Éxito de masas o moda entre el público especializado?

07/07/2015
JDR

En las fábricas de datos la inteligencia aplicada a los datos espaciales inunda el sector geomático. Las *Smart city* y las *smart grid* son las más conocidas protagonistas, aunque no las únicas. Estamos ante un fenómeno que algunos han tildado como una difusión tecnológica en fase de adaptadores tempranos (*early adopter*).

En los momentos de rápida difusión de un concepto como el de ciudades inteligentes siempre hay agentes que formulan las mismas cuestiones: ¿es una simple moda lingüística? ¿Es un nuevo campo?, ¿Por qué se ha creado?, ¿Qué ofrece? ¿Qué lo hace distinto? Y ya puestos ¿Cuál será su futuro? La publicación de las normas de específicas en España *UNE 178303 Ciudades inteligentes. Gestión de activos de la ciudad y UNE-ISO 37120 Desarrollo sostenible de comunidades.* Indicadores para los servicios de las ciudades y la calidad de vida nos da ya una idea de la repercusión del tema.

En esta nota vamos a interna responder a la siguiente cuestión:

¿El fenómeno Smart es un tema que ha calado entre el público especializado, o ha alcanzado también al gran público? ¿Cuáles son los contenidos que más se han desarrollado?

El paisaje de los datos espaciales inteligentes (*Smart spatial data*)

Vamos a utilizar los índices habituales del SEO para aproximarnos y dibujar el paisaje relacionado con las *smart city* y las *smart grid*.

Palabras clave datos espaciales inteligentes (*smart spatial data*)

He elegido 5 expresiones para dibujar aspectos temáticos concretos del mundo geo-Smart consultando el número de búsquedas mensuales y de contenidos indexadas a escala global en *Google*.

- *Smart city* para caracterizar las ciudades inteligentes, posiblemente el término de mayor difusión en las agentes de los medios de comunicación, de la política, y de la industria.

- *Smart grid*, para observar de cerca uno de los campos donde se aprecia mayor aplicación práctica de lo smart.

- Comunidades inteligentes como forma de conocer a través de la preocupación por la administración y estado de la gobernanza de lo smart, cual es el grado de madurez e implantación.

- *Smart map* como manera de apreciar si el fenómeno se está extendido al mundo de la producción y consumo de cartográfico.

- *Smart GIS* por si existe un reconocimiento de los sistemas de información geográfica como uno de los motores principales o componentes de lo smart

SEO de los datos espaciales inteligentes (*Smart spatial data*)

Para cada una de las palabras clave he calculado los índices SEO: KFI, y KEI

KEI mide la efectividad de las palabras clave seleccionadas para representar el paisaje de lo *smart keywords*. Un valor elevado de este índice indica que estamos ante palabras muy utilizadas en las búsquedas en Internet (popularidad alta) que navegan entre poco contenido relacionado que podríamos denominar generalista (competencia baja). El KEI es un indicador simultáneo de lo popular que es un tema y de la competencia que hay entre el contenido existente para satisfacer la demanda de contenidos. Por lo tanto, podría aproximarse a una medida del tamaño del mercado tanto de la oferta como de la demanda de contenidos. En SEO ofrece una información preliminar de la competencia que existe para posicionar contenidos y la dificultad de penetrar en el mercado.

El KEI lo utilizamos en este pequeño análisis para conocer la relevancia del tema para el público en general y la oportunidad de desarrollar el mismo entre los productores de contenidos, puesto que tiene en consideración tanto el número de búsquedas como el número de contenidos existentes.

KFI mide la viabilidad de las palabras clave *keywords*. Un valor elevado de este índice indica que estamos ante palabras muy utilizadas en las búsquedas en Internet que compiten con poco contenido que ha sido optimizado para SEO, lo que en principio podríamos suponer como contenido especializado.

EL KFI será en nuestro análisis lo utilizamos para conocer la relevancia del tema entre el público profesional, más especializado.

La relevancia de los datos espaciales inteligentes (*Smart spatial data*)

En la gráfica siguiente presentamos el valor de los índices para las palabras clave que hemos seleccionado para acotar la relevancia de los datos espaciales inteligentes. Más que el valor absoluto nos interesa la posición relativa entre las palabras clave.

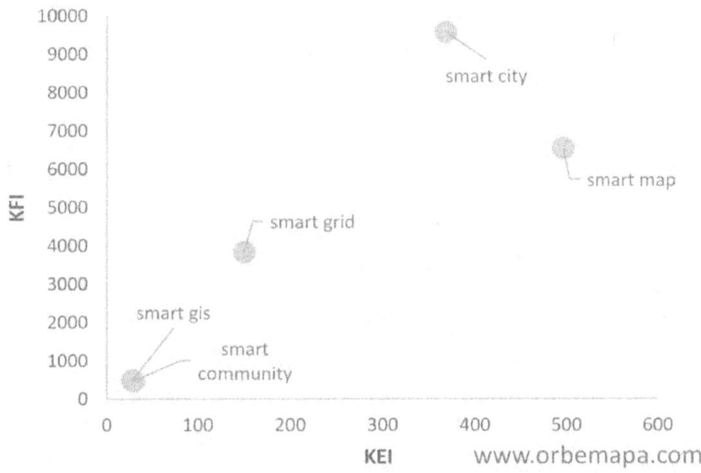

Ilustración 10 SEO de los términos *smart*, indicadores KFI y KEI Fuente Google 2018

- Las ciudades inteligentes es el tema de mayor relevancia e interés para el público especializado (KFI mayor), seguido a continuación de los mapas inteligentes. Mientras que los temas relacionados con los Sistemas de información geográfica o las geo-comunidades tiene un mercado de búsquedas y contenido mucho menor, que indica su menor relevancia.

- Entre el público más generalista (KEI mayor) los mapas inteligentes son el contenido más relevante seguido de las ciudades inteligentes.

Las utilidades y usos relacionados con la inteligencia aplicada a los datos espaciales tienen mayor relevancia entre el público que sus aspectos técnicos y organizativos

¿Tema técnico o cuestión de opinión pública?

Para evaluar si el contenido generado en torno a los Smart es de difusión entre especialistas o ha alcanzado al gran público utilizaremos el índice KSI.

KSI Este es un índice que proponemos desde el blog. Es el porcentaje de contenido especializado indexado (con *title*) sobre el total de contenidos disponibles. Es una medida del grado de optimización SEO de los contenidos disponibles en Internet sobre un tema. No tiene en cuenta el volumen de búsquedas. En nuestro análisis es una manera de evaluar la cantidad de información especializada que existe en Internet sobre un tema.

En la figura adjunta se observan dos grandes bloques.

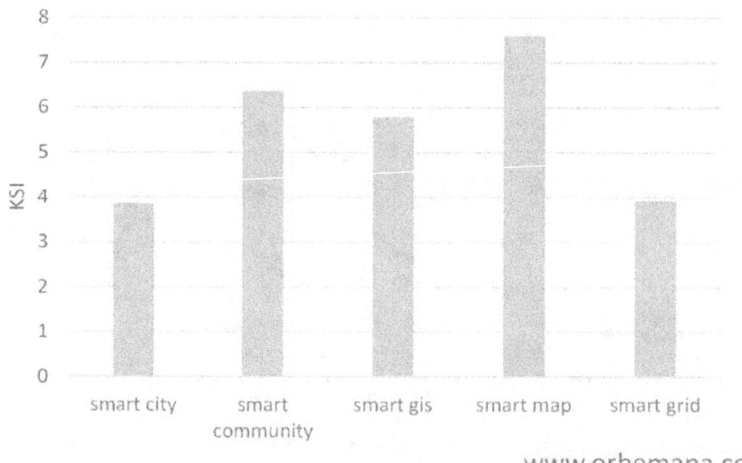

Ilustración 11 SEO de los términos *smart* indicadores KSI Fuente Google 2018

El primero el formado por la *Smart city* y la *Smart grid* donde menos del 4% del contenido se puede considerar especializado. Este valor es un indicio de un fenómeno de éxito de masas que ha trascendido el target del público especializado.

El segundo formado por palabras como *Smart gis*, *smart map* y *smart community* con porcentaje de contenido superiores al 6% lo que indica que esas áreas de lo Smart son de carácter más técnico y relacionadas con la producción y la gestión de las geo-comunidad de lo Smart, y están por lo tanto más reservadas a un público especializado.

Las utilidades y usos relacionados con la inteligencia aplicada a los datos espaciales tienen mayor relevancia entre el público que sus aspectos técnicos y organizativos.

El futuro inmediato de la generación de contenidos sobre lo smart

Este tipo de análisis sirve para caracterizar el mercado de contenidos sobre un tema concreto. Conocer la oferta y demanda de geo-contenidos entre el público general y el sector más especializado ofrece varias utilidades:

- Reconoce la existencia de tendencias
- Permite construir una estrategia de contenidos, productos y acciones de marketing.
- Determina la repercusión social y profesional de un tema

A la vista de los datos obtenidos algunas conclusiones sobre el paisaje Smart: Las *Smart city* y la *Smart grid* son temas populares para el gran público. Los temas relacionados con los mapas inteligentes, las geo-comunidades, o los Sistemas de Información geográfica son temas poco populares, aunque dada la demanda presentan una clara oportunidad para desarrollar contenidos divulgativos dirigido al público en general. Dados los niveles de demanda existentes existe una oportunidad para el desarrollo de contenidos relacionados con lo smart dirigido a un público más especializado.

El doble *spillover* de la Smart city

30/06/2015
JDR

Resumiendo, mucho se puede definir el *spillover* como un tipo de externalidad. En la esfera de lo Smart el *spillover* ha sido la causa de la aparición de lo smart. El desbordamiento del conocimiento que ha generado lo geo-smart ha sido posible gracias la madurez y especialización científica, técnica, y tecnológica en las que la electrónica y la geomática, en su más amplio sentido, son dos de las grandes protagonistas.

Las ciudades inteligentes (*Smart city*) y las redes inteligentes (*Smart grid*) son palabras con las que uno se encuentra de manera recurrente durante los últimos meses en los medios de comunicación especializados en geomática y también en los medios generalistas.

No vamos a entrar en el debate sobre la necesidad de la *smart city* y la *smart grid* porque los datos de crecimiento urbano a nivel mundial y los indicadores urbanos son claros y ahuyentan cualquier incertidumbre sobre su necesidad. Tampoco vamos a revisar el concepto de los territorios inteligentes, que da para mucho.

Para introducir la idea de ciudad inteligente baste decir que es un combinado al que conviene aproximarse desde la geografía urbana y que tiene mucho sabor de sociedad red, sociedad líquida, sociología de ausencias y de emergencias, proyecto ciudad, marketing territorial, urbanismo, sostenibilidad, tecnologías de la información, infraestructuras de datos espaciales, sistemas de información geográfica, sensores, ecosistemas de innovación, neoterritorios, neogeografía, internet de las cosas, políticas públicas, comunicación, y sistemas inteligentes entre otros.

La ciudad inteligente es una fábrica de datos geográficos con una promesa de eficacia y bienestar.

Definiciones de ciudad inteligente

Un concepto tan integrador y sugerente siempre tiene algo de esquivo a la hora de definirlo y provoca una multitud de definiciones, desde las más proactivas como la ofrecida por Caragliu et al (2009). Una ciudad sólo puede considerarse inteligente «cuando invierte en capital humano, social, en infraestructuras tradicionales, y de comunicación para lograr un crecimiento económico sostenible que permite una alta calidad de vida y una gestión racional de los recursos a través de una gobernanza participativa».

Otras definiciones son más reduccionistas, entre ellas, destaca la relacionada con la piel digital de las ciudades como propuso Hall et al. (2000). En la centralidad del concepto de ciudad inteligente descansa el concepto de utopía de la ciudad del futuro. En esta visión concurre en el espacio urbano la seguridad ambiental y la eficiencia en el diseño, y operación de las estructuras ya sea para la energía , el agua , el transporte entre otras están diseñadas, construidas y mantenidas haciendo uso de avanzadas , materiales integrados , sensores , la electrónica, y redes que se interconectan con los sistemas informatizados que constan de bases de datos, seguimiento y algoritmos de toma de decisiones y las buenas decisiones aumentan la calidad de vida.

Existe un tercer grupo de definiciones de postura más integradoras como la ofrecida en la rueda de las *smart city* de Cohen que va más allá del concepto smart de gestión optimizada basada en datos y que se puede resumir a las vistas de los indicadores del gráfico adjunto que lo smart es calidad de vida.

Adenda 2020 sobre ciudades inteligentes

Stübinger & Schneider (2020) realizan una revisión sistemática de los 200 artículos publicados más relevantes sobre ciudades inteligentes en los últimos años para determinar que el ámbito de la sostenibilidad inteligente es el tema que pasará a primer plano en los próximos años. Esta predicción confirma y esta alienada con la tendencia actual, ya que minimizar la entrada requerida de energía, agua, alimentos, desechos, producción de calor y la contaminación del aire son temas cada vez más importantes

El contagio de lo Smart: La viralidad de los agentes transmisores

Uno de los fenómenos más llamativo ha sido observar el efecto de contagio del término *smart*. Seguro que conocen más de un ejemplo. Estamos asistiendo a una entusiasta utilización del adjetivo inteligente para calificar el diseño, construcción, operación, gestión y administración eficiente y sostenible de prácticamente cualquier estructura que nos rodea.

¿Por qué el adjetivo inteligente (*smart*) es atractivo?

La difusión se ha producido en un modelo en espiral en la que Cohen distingue tres generaciones que se van sucediendo en la ciudad inteligente según va madurando el proceso de implantación.

1. En la primera fase es la industria geoespacial, la principal impulsora
2. En la segunda fase son los agentes receptores, usuarios de lo smart, los embajadores que empujan la difusión de esta geo-gestión
3. en la tercera fase la propia ciudadanía y los medios de comunicación son los que tiran de la implantación.

La creación de masa crítica necesaria para la divulgación la sociedad se logra gracias a los miembros de las geo-comunidad creadas entorno a lo smart. Ellos son los agentes transmisores de lo Smart. La progresiva incorporación de miembros en estas geo-comunidades inteligentes y el nacimiento de muchas de estas comunidades son los dos vectores que han favorecido la rápida difusión en un modelo que se asemeja al arquetipo de diplomacia veneciana.

La concentración de recursos movilizados entorno las ciudades inteligentes también ha favorecido el nacimiento de contactos y enlaces entre los agentes integrantes de las comunidades inteligentes. Este carácter trasversal ha favorecido la extensión de su práctica hacia otros sectores. Esta puesta en común de un mercado nuevo y viejo a la vez, produce un contagio de lo Smart que se traslada del ámbito interno de las organizaciones al externo de otros contextos.

En definitiva, el éxito de este modelo distribuido de difusión de lo smart no es tecnológico, nace de compartir dos ideas básicas: Buenos mapas te permiten tomar buenas decisiones. Y las buenas decisiones deben aumentar la calidad de vida.

El *spillover* es la génesis de lo smart

La colaboración entre ambas ha generado el objeto de la trasferencia: un producto geoespacial nuevo de alto contenido tecnológico y científico. A su vez los sistemas de Información Geográfica, y sobre todo la experiencia acumulada alrededor de las Infraestructuras de Datos Espaciales han sido los medios y mecanismos del *spillover* cuyos destinatarios se enfrenta a un entorno donde es necesario geolocalizar la gestión de forma eficiente.

La inteligencia genera *spillover*

La explotación del *spillover* que hacen las geo-comunidad creadas entorno lo geo-smart genera vínculos, acuerdos y transferencia de conocimiento. Estas actividades no sólo estimulan la asociación o la creación de estándares, como los recientemente aprobados en España por AENOR para las ciudades inteligentes, sino también la creación de nuevas externalidades como hemos podido observar ya en las Infraestructuras de Datos Espaciales.

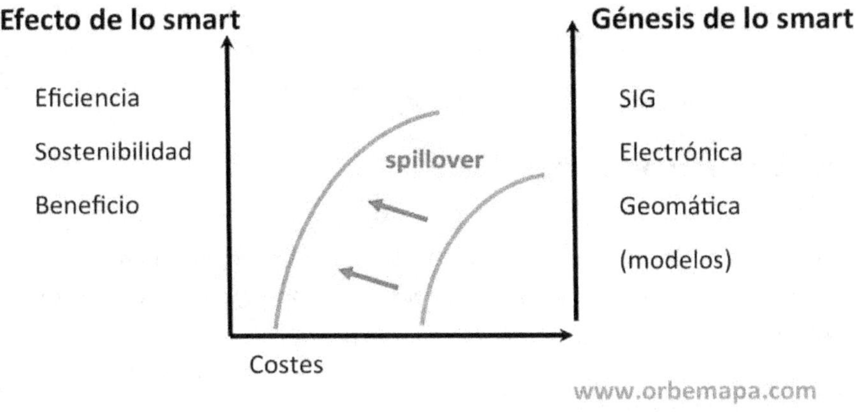

Ilustración 12 Descripción gráfica de la Genesis y efecto del *spillover* económico

A modo de resumen en esta nota planteamos la siguiente idea: Lo Geo-Smart ha sido causado por un *spillover* . Su difusión crea a su vez otro *spillover* formando un continuo de producción y consumo de datos espaciales, donde la generación de valor es el flujo que lo mantiene activo.

Valor de la cartografía sobre potencial de ventas

18/04/2019
JDR

Caso: cartografía del geomarketing relativa al potencial de ventas

Valor económico de la información perfecta

La finalidad de este caso de estudio es describir el procedimiento de cálculo del valor de la información perfecta con varios estados de la naturaleza posibles mediante el planteamiento de un caso de estudio que describe el valor económico de la cartografía del geomarketing relativa al potencial de ventas.

Este ejercicio de cálculo del valor económico de los datos espaciales tiene dos finalidades:

- Mostrar como tomar decisiones desde el punto de vista económico relativas al proceso de gestión de datos geográficos.

- Calcular el valor económico de la información geoespacial.

Los datos del ejemplo son ficticios.

Caso de Geomarketing

Describamos un caso de estudio contextualizado al ámbito geomarketing. Se precisa conocer el valor económico que tiene para una empresa la información geográfica relativa al potencial de ventas de un territorio

Potencial de ventas

Definición

Un poco de geomarketing para introducir el caso. El potencial de ventas de un territorio se define como el número de cuentas por el poder adquisitivo de compra, sin que tengamos restricciones por competencia, canal de distribución, aceptación del producto o tiempo de viaje. El potencial de ventas es una variable que habitualmente presenta una gran dependencia espacial.

Interés para el marketing

El objetivo es que nuestra fuerza de ventas y de la red de puntos de venta asuman la mayor cantidad posible del potencial de ventas que existe el territorio. El potencial de ventas es una variable de interés utilizada operaciones propias de análisis de los estudios de ventas o de marketing El potencial de ventas se usa:

- Diseño de territorio de ventas
- Estimación del tamaño de mercado
- Dimensionamiento de las cargas de trabajo del personal de ventas
- Estrategia y despliegue de la fuerza de ventas
- Planificación de estrategias por canal, u otras.

Sistemas de información geográfica y el potencial de ventas

El departamento de marketing de la empresa requiere una base de datos espacial, en formato de capa cartográfica que incluya potencial de ventas de cada una unidad del territorio. Vamos a estimar el potencial de ventas por un método de agregación.

La unidad del territorio que consideramos en el análisis espacial puede ser un país, una región, , una provincia, municipio, código censal, una manzana, una celda de una rejilla, un territorio de ventas, o cualquier otra unidad espacial que obtengamos mediante un análisis de densidad.

Cada registro de la base de datos espacial contendrá por lo tanto una parte grafica que describe la localización de una unidad del territorio y una parte alfanumérica con datos que describen el potencial de ventas

Decisiones de gestión de la fábrica de datos de geomarketing

Se nos plantea en este ejercicio dos acciones posibles para el *chief data officer*. Ambas son opciones o alternativas de gestión en la gobernanza de los datos que posee la factoría de información sea esta un sistema *Bussines Inteligent* (BI), un Sistema de información geográfica (SIG), o cualquier otro tipo de factoría de datos de la que dispone la organización:

Alternativa a) utilizar la base de datos interna propiedad de la compañía

Alternativa b) comprar un base de datos espacial en el mercado lista para usar.

Estado de la naturaleza

En nuestros casos de estudio se establece el siguiente supuesto de probabilidades. Existen dos estados de la naturaleza posibles. En el primero estemos ante una zonificación con alto potencial de ventas para nuestro producto. En el segundo estamos ante una zonificación que presente un bajo potencial de ventas para la gama de productos que comercializa la organización. En base a los datos disponibles por la compañía, al anclaje, se estima que existe una probabilidad de que el potencial de ventas sea alto en el territorio del 60% y una probabilidad de que el potencial de ventas bajo es el 40%.

Rendimientos

Algunos números. En nuestro ejemplo del valor de la cartografía de geomarketing consideramos que en el caso de que la zonificación contenga un potencial de ventas alto, la alternativa a) utilizar los datos disponibles genera un rendimiento por venta de 8 unidades monetarias y comprar los datos 10 unidades monetarias. En el caso de que la zonificación no nos sea favorable porque el potencial de ventas es bajo el rendimiento generado es de 4 unidades monetarias en el caso de utilizar los datos internos disponibles en la empresa, y de 2 unidades monetarias en el caso de recurrir a la compra de la base de datos en el mercado.

Utilidad-esperada

En este caso del valor de la cartografía de geomarketing consideramos que el decisor es neutral al riesgo y por lo tanto la utilidad es igual al valor esperado de la renta, la suma ponderada de cada renta por su probabilidad de ocurrencia.

Elección de las alternativas de gestión de datos

La utilidad esperada de las alternativas de gestión de los datos espaciales si no disponemos de información recibe el nombre de valor esperado sin información. El procedimiento de cálculo es el siguiente

Valor esperado de la alternativa de utilizar los datos de la compañía $0,6*8 + 0.4*4 = 6,4$ unidades monetarias.

Valor esperado de la alternativa de adquirir una base de datos espacial: $0,6*10 + 0.4*2 = 6,8$ unidades monetarias.

¿Cuánto vale la base de datos a adquirir?

Las preguntas surgen de forma inmediata ¿cuál es su valor para la empresa? ¿Cuánto estamos dispuestos a pagar como máximo por esa base de datos espacial?

El valor de la información es la diferencia entre la utilidad esperada con información completa menos la utilidad esperada sin información que ya hemos calculado.

Nuestros datos nos muestran que con información perfecta elegiremos utilizar los datos geográficos de la compañía, si la zonificación nos mostrara zonas con bajo potencial de compras y adquirir la base de datos, si la zonificación nos mostrara zonas con alto potencial de compras, por lo tanto, el valor esperado con información cartográfica completa es en este ejemplo: $10*0,6 + 4 *0,4 = 7,6$ unidades monetarias.

Cálculo de la utilidad esperada con información perfecta

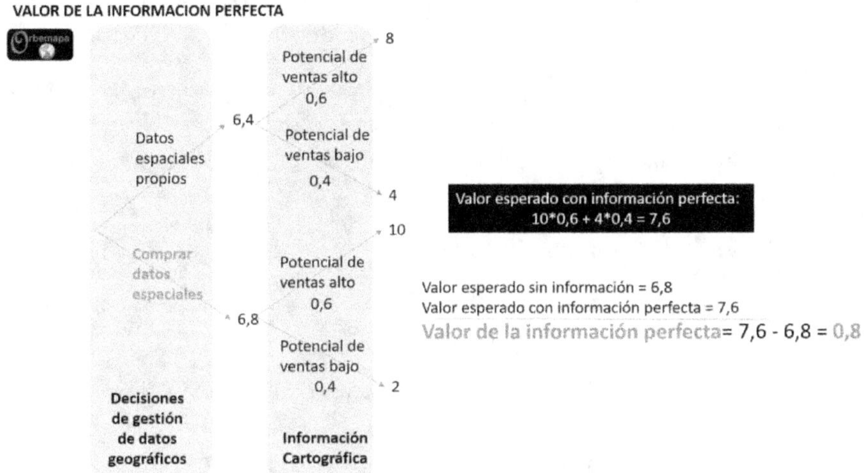

Ilustración 13 Ejemplo de cálculo de la utilidad esperada con información perfecta

cálculo del valor de la información cartográfica de geomarketing potencial de ventas

Ejemplo numérico de cálculo del valor de la información cartográfica de geomarketing potencial de ventas

Cálculo del valor de la información cartográfica

El valor de la información perfecta es el incremento de utilidad cuando se dispone de información perfecta que en nuestro caso es proporcionado por la capa cartográfica. El valor de la información mide el impacto económico de la disminución de incertidumbre cuando disponemos de datos cartográficos y nos indica el valor máximo que estamos dispuestos a pagar por conseguir esos datos geográficos.

En nuestro ejemplo de cálculo el valor de la cartografía de geomarketing (caso de información perfecta) es 7,6 − 6,8 = 0,8 unidades monetarias por venta. El valor de la información cartográfica es por tanto 0,8 es el precio máximo que estamos dispuestos a pagar por esa base de datos geográfica

Interés del valor de la información perfecta para el productor de datos geográficos

Lógicamente desde el punto de vista del productor de los datos este método le proporciona una idea del valor de la cartografía de geomarketing cuánto puede recibir como máximo por su capa cartográfica, si esta fuera perfecta, y por lo tanto ajustar sus costes de producción de datos geográficos.

Nota importante: El ejemplo y los datos de este caso de estudio son ficticios y han sido expuestos a título de ejemplo del proceso de cálculo del valor de la información perfecta. Cualquier parecido con valores reales es pura coincidencia.

A modo de resumen

Cómo calcular el valor económico de una capa cartográfica bajo la consideración de información perfecta

1. Definir las decisiones, opciones o alternativas de gestión
2. Identificar y cuantificar los estados posibles de la naturaleza
3. Recopilar la información sobre la renta
4. Calcular la utilidad sin información, el valor esperado de las alternativas, media ponderada de los rendimientos por las probabilidades.
5. Elegir la alternativa de gestión
6. Elegir la alternativa de gestión
7. Calcular la utilidad con información, el valor esperado con información perfecta
8. Calcular el valor de la información

Valor del algoritmo de estimación del potencial de compra

18/04/2019

Valor económico de la información imperfecta

Los algoritmos no son perfectos. La calidad de los datos de entrada o las hipótesis supuestos auxiliares del modelo matemático subyacente entre otros factores hacen que las predicciones no siempre se ajusten a la realidad y no sean del todo fiables. Entramos de lleno en el campo de la calidad de los datos espaciales y del valor económico de la información imperfecta.

La finalidad de este caso de estudio es describir el procedimiento de cálculo del valor de la información imperfecta con varios estados de la naturaleza posibles mediante el planteamiento de un caso de estudio que describe el valor económico de los datos espaciales, de manera particularizada a un algoritmo de geomarketing usado para estimar el potencial de compra de un territorio.

Caso de Geomarketing

Describamos un caso de estudio contextualizado al ámbito geomarketing. Se precisa conocer el valor económico que tiene para una empresa un algoritmo de análisis espacial que utiliza la información geográfica para hallar el potencial de compras de un territorio.

Potencial de compra

Establezcamos un caso de estudio del geomarketing. Queremos estimar el valor de un hipotético geo-algoritmo de cálculo que nos permite realizar la cartografía del poder de compra de un territorio realizando una zonificación.

El potencial de compra es la capacidad adquisitiva de un tipo de producto que tiene un segmento de la población.

El potencial de compra se puede estimar a través de numerosas variables como son los niveles de ingreso promedio, la renta, el endeudamiento, el promedio de ventas de empresas similares, la socio-demografía de la población, la afinidad de cada segmento o perfil al producto entre otras. El potencial de compra suele ser específico de cada sector.

El potencial de compra se utiliza habitualmente para estimar el tamaño potencial de las ventas, es decir, el valor máximo que puede alcanzar la fuerza de ventas en un territorio

Una lectura muy ilustrativa sobre Sobre el potencial de compra, la repercusión en las ventas, y el segmento de negocio

Exactitud del algoritmo de análisis espacial

Imaginemos que tras un análisis de Montecarlo hemos llegado la conclusión de que nuestro algoritmo predice un 95% de las veces correctamente la posición y descripción del poder de compra de una zona de alto valor y en un 70 % de los casos predice correctamente la ubicación y el poder de compra en zonas con bajo valor.

Estado de la naturaleza

En nuestros casos de estudio se establece el siguiente supuesto de probabilidades. Existen dos estados de la naturaleza posibles. En el primero estemos ante una zonificación con alto potencial de ventas para nuestro producto. En el segundo estamos ante una zonificación que presente un bajo potencial de ventas para la gama de productos que comercializa la organización. En base a los datos disponibles por la compañía, al anclaje, se estima que existe una probabilidad de que el potencial de ventas sea alto en el territorio del 60% y una probabilidad de que el potencial de ventas bajo es el 40%.

Probabilidades con información imperfecta

Zonas con alto potencial de compra

VALOR DE LA INFORMACION IMPERFECTA

 Zona con alto potencial de compra

Realidad
A Zona con alto potencial de compra
NA Zona con bajo potencial de compra

Predicciones del algoritmo
B el algoritmo predice zona con alto potencial de compra
NB el algoritmo predice zona con bajo potencial de compra

P(A/B) A posteriori. Probabilidad de que sea zona zona con alto potencial de compra **sabiendo** que el algoritmo lo predice.
Probabilidad de que **si** el algoritmo predice una zona de alto potencial lo sea

P(B/A) Condicional. Probabilidad de que el algoritmo prediga una zona con alto potencial de compra **sabiendo** que lo es.
Probabilidad de que **si** es una zona con alto poder de compra lo haya predicho el modelo

$$P\left(^{A}/_{B}\right) = \frac{P\left(^{B}/_{A}\right)\cdot P(A)}{P\left(^{B}/_{A}\right)\cdot P(A)+P\left(^{B}/_{NA}\right)\cdot P(NA)} = \frac{0{,}95\cdot0{,}6}{0{,}95\cdot0{,}6+0{,}7\cdot0{,}4} = 0{,}85$$

$$P\left(^{NA}/_{B}\right) = 1 - P\left(^{A}/_{B}\right) = 0{,}15$$

Ilustración 14 Ejemplo de cálculo de probabilidades con información imperfecta en zonas con alto potencial de compra

Zonas con bajo potencial de compra

VALOR DE LA INFORMACION IMPERFECTA

 Zona con bajo potencial de compra

Realidad
A Zona con alto potencial de compra
NA Zona con bajo potencial de compra

Predicciones del algoritmo
B el algoritmo predice zona con alto potencial de compra
NB el algoritmo predice zona con bajo potencial de compra

P(A/NB) A posteriori. Probabilidad de que sea zona zona con bajo potencial de compra **sabiendo** que el algoritmo lo predice.
Probabilidad de que **si** el algoritmo predice una zona de bajo potencial lo sea

P(NB/A) Condicional. Probabilidad de que el algoritmo prediga una zona con bajo potencial de compra **sabiendo** que lo es.
Probabilidad de que **si** es una zona con bajo potencial de compra lo haya predicho el modelo

$$P\left(^{A}/_{NB}\right) = \frac{P\left(^{NB}/_{A}\right)\cdot P(A)}{P\left(^{NB}/_{A}\right)\cdot P(A)+P\left(^{NB}/_{NA}\right)\cdot P(NA)} = \frac{0{,}05\cdot0{,}6}{0{,}05\cdot0{,}6+0{,}30\cdot0{,}4} = 0{,}20$$

$$P\left(^{NB}/_{B}\right) = 1 - P\left(^{NB}/_{B}\right) = 0{,}80$$

Ilustración 15 Ejemplo de cálculo de probabilidades con información imperfecta en zonas con bajo potencial de compra

Rendimientos

Algunos números, en nuestro ejemplo consideramos que en el caso de que la zonificación contenga un potencial de ventas alto, la alternativa a) utilizar los datos disponibles genera una renta por venta de 8 unidades monetarias y comprar los datos 10 unidades monetarias. En el caso de que la zonificación no nos sea favorable porque el potencial de ventas es bajo la renta generada es de 4 unidades monetarias en el caso de utilizar los datos disponibles, y de 2 unidades monetarias en el caso de recurrir a la compra de la base de datos.

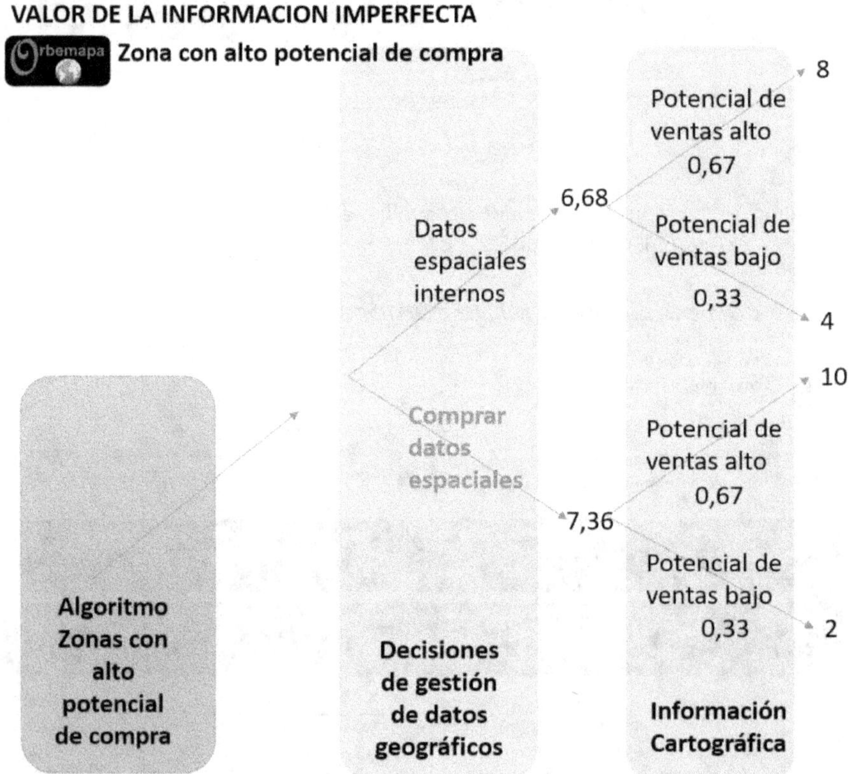

Ilustración 16 Ejemplo de cálculo de la utilidad esperada con información imperfecta en zonas con alto potencial de compra

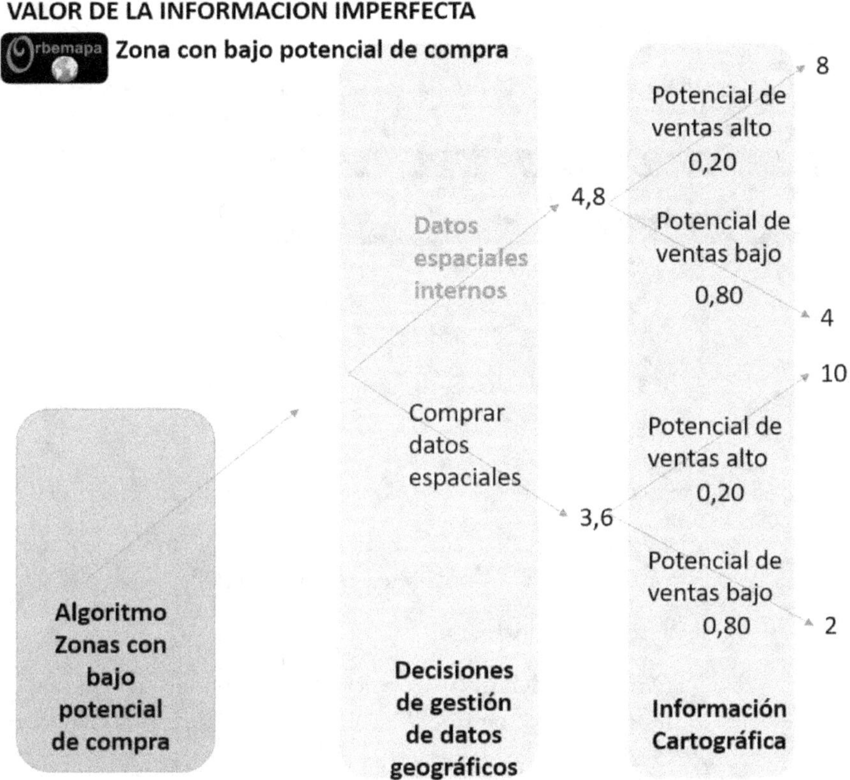

Ilustración 17 Ejemplo de cálculo de la utilidad esperada con información imperfecta en zonas con bajo potencial de compra

Valor de la información imperfecta

El valor de la información imperfecta es de 0,18 unidades monetarias por venta, valor muy alejado del 0,8 en caso de disponer de una capa cartografía que nos proporcione información perfecta, tenemos margen para mejorar la fiabilidad del algoritmo.

VALOR DE LA INFORMACION IMPERFECTA

Realidad
A Zona con alto potencial de compra
NA Zona con bajo potencial de compra

Predicciones del algoritmo
B el algoritmo predice zona con alto potencial de compra
NB el algoritmo predice zona con bajo potencial de compra

Probabilidad de que el algoritmo prediga una zona de alto potencial de compra

$$P(B) = P(A) \cdot (^B/_A) + P(NA) \cdot (^B/_{NA}) = 0,6 \cdot 0,95 + 0,4 \cdot 0,7 = 0,85$$

Probabilidad de que el algoritmo prediga una zona de bajo potencial de compra

$$P(NB) = 1 - P(B) = 0,15$$

Ganancia recurriendo al algoritmo
7,36*0,85 + 4,8*0,15 = 6,98

Ganancia sin recurrir al algoritmo
10*0,6 + 4,8*0,15 = 6, 80

Valor de la información imperfecta = 6,98 − 6,8 = 0,18

Ilustración 18 Ejemplo de cálculo del valor global de la información imperfecta

¿Cómo calcular el valor económico de un algoritmo de análisis espacial bajo la consideración de información imperfecta?

Los pasos son los siguientes

1. Definir las decisiones, opciones o alternativas de gestión
2. Identificar y cuantificar los estados posibles de la naturaleza
3. Determinar la exactitud del algoritmo
4. Calcular la probabilidad condicional
5. Recopilar la información sobre la renta
6. Calcular la utilidad sin información, el valor esperado de las alternativas, media ponderada de los rendimientos por las probabilidades.
7. Elegir la alternativa de gestión de datos
8. Calcular la utilidad con información, el valor esperado con información imperfecta,
9. Calcular el valor de la información

8

Casos de uso

CAPITULO 8. CASOS DE USO

Game data, del juego a los datos

08/04/2019
GB

A finales de la década pasada el sociólogo Manuel Castells habló de la Era de la información en su magnífica trilogía, tal y como dice la Wikipedia "es el nombre que recibe el período de la historia de la humanidad que va ligado a las tecnologías de la información y la comunicación".

Hoy en día la cantidad de datos que se generan es inmensa y se han convertido, tal y como vaticinó Tim Berners Lee, en la materia prima del siglo XXI. Organizaciones, empresas y administraciones intentan capturar todos estos datos con los que obtener información que, debidamente interpretada, se convierta en conocimiento que aporte un verdadero valor.

A partir de aquí han surgido numerosos términos alrededor de los datos:

- Big data: hace referencia a los grandes volúmenes de información, de gran variedad, generados a gran velocidad y de un gran valor potencial.
- Smart Data: la cuestión no es disponer de muchos datos, sino que éstos sean inteligentes, que aporten valor.
- *Open data:* que los datos sean abiertos, que sean compartidos de forma libre y puedan ser reutilizados y mejorados.
- *Thick Data*: surge como respuesta ante un desarrollo tan cuantitativo, se busca obtener datos de forma cualitativa que incorporen información subjetiva.

Desde *Play&go experience* estamos trabajando para que nuestras aplicaciones aporten datos de valor y para ello, el mejor concepto que se nos ocurre es el de "game data". Se trata de un nombre que ya ha sido trabajado anteriormente vinculado al mundo de los videojuegos, pero consideramos que se le puede sacar más partido.

El *game data* es la obtención de datos a través del juego, es decir, la técnica que permite obtener información de los usuarios de los juegos y su uso de forma inteligente y siempre sin que afecte a su privacidad.

Si la gamificación es el uso de dinámicas de juego en entornos serios el *"game data"* se basa en el uso de la información obtenida. A partir de aquí se puede conocer su identificación (*email* y teléfono), cómo es el jugador (sexo, edad, estudios), sus intenciones (deseos), su comportamiento en el juego, su movilidad (mapas de calor), etc.

Por tanto, en *Play&go experience* hacemos "game data" y lo hemos demostrado en todas las aplicaciones que hemos desarrollado hasta el momento: los datos obtenidos mediante el juego en Fallas (2017), en Fiesta y Boda (2017), en Feria del Automóvil (2017) o en Territorio Borgia (2018), muestran que toda la información que generamos es de gran valor para las organizaciones, siempre manteniendo la privacidad de los usuarios.

Tal y como se observa en esta infografía, *Play&go experience* es una herramienta móvil de comunicación, que une a los visitantes (la demanda) con las organizaciones (la oferta). Los visitantes obtienen información, premios, regalos por usar la aplicación, mientras que las organizaciones obtienen un nuevo canal de promoción, flujos de movilidad, datos y/o leads cualificados.

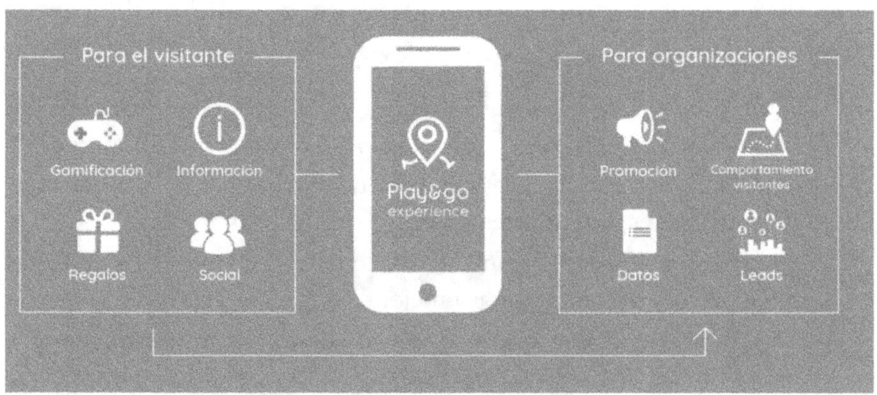

Ilustración 19 Infografía del funcionamiento de *Play&go experience*

Además, podemos inducir a que los usuarios realicen ciertas acciones en el territorio, que se muevan por él fomentando la visita a stands, a recursos turísticos, a ciertas zonas "frías" y todo ello de una forma entretenida, jugando y generando un resultado muy visual denominado "mapas de calor". De este modo, las organizaciones pueden realizar acciones de promoción y vertebración de sus espacios mucho más eficiente y los usuarios reciben la información segmentada en función de sus intereses, de modo que ambas partes participan de lo que se denomina un *"win to win"* (ambas partes ganan).

Si eres una empresa u organización y te interesan los datos, si además los quieres obtener de forma no intrusiva e inteligente, entonces pregúntanos y te ofreceremos una solución demostrada en el mercado.

El proyecto REACH, una iniciativa nacida de los esfuerzos de *European Data Incubator* (EDI) y del programa *Horizonte 2020* de la Comisión Europea, persigue acelerar la innovación dirigida por los datos en Europa, hacia la visión del Espacio de Datos Común Europeo y el Mercado de Datos Europeo.

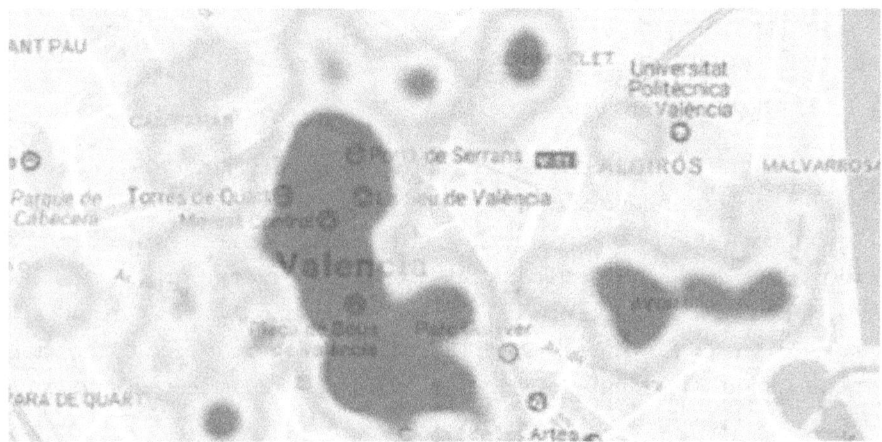

Ilustración 20 Ejemplo de mapa de calor de *game data* obtenido de *Play&go experience*

REACH incubator

08/04/2019
GB

REACH establecerá un mecanismo de soporte a la innovación y un ecosistema multi-actores que facilitará la experimentación de soluciones impulsadas por los datos seguras y confiables, que usen datos propietarios, industriales y personales, con frecuencia procedentes de distintos actores. REACH irá más allá de EDI, no sólo conectando proveedores de datos con innovadores europeos, sino también involucrando a Hubs de Innovación Digital (DIHs) en la concepción de cadenas de valor del dato y servicios con valor añadido de un alto potencial.

REACH es un programa de incubación de empresas, implementado por 10 socios y 9 proveedores de datos. Este consorcio, altamente versátil y experimentado, pondrá su conocimiento, redes y recursos clave para facilitar

209

el desarrollo de más de 100 ideas de negocio dirigidas por los datos. El proyecto creará una base fértil para que startups y PYMES resuelvan retos realistas de empresas y sociedad, proporcionando los siguientes beneficios:

- Hasta 120.000€ financiación directa
- Acceso a grandes corporaciones y sus datasets industriales
- REACH *Services:* Acceso a capacidades digitales y de negocio
- REACH *Toolbox:* Herramientas para cadenas de valor del dato seguras y confiables
- REACH *Infrastructure:* Infraestructura Big Data
- Acceso a inversión privada
- Visibilidad

El programa conducirá a las startups y PYMEs a través de 4 etapas intensas de crecimiento técnico y de desarrollo de negocio (Explora, Experimenta, Evoluciona, Exhibe) a lo largo de once meses, y que llevará a cabo 3 rondas de incubación en sus tres años y medio de duración del proyecto. Debido al COVID19, REACH adoptará todas las medidas y precauciones de seguridad, e implementará sus servicios de incubación online, mientras las reuniones y actividades formativas presenciales no estén permitidas o recomendadas.

Juan José Cadavid Gómez, Coordinador de REACH: ”REACH se posicionará como el motor clave del cambio en el ecosistema de Datos europeo. Demostraremos que los silos de datos pueden romperse habilitando una incubadora multi-actores y multi-sectorial que impulse soluciones sostenibles dirigidas por los datos.”

Play&go, proveedor de datos (data provider)

La participación de *Play&go experience* en este proyecto europeo es como proveedor de datos. Tal y como hemos comentado en diversas ocasiones, trabajamos en el ámbito del *game data*, la obtención de datos a través de la gamificación, que convertimos en conocimiento a través de nuestra área de inteligencia. Tras más de 3 años de actividad hemos alcanzado más de 85.000 usuarios, lo que nos permite disponer de un *dataset* con información geolocalizada de gran valor. Además, el control de la privacidad que ofrecemos, permite anonimizar y agregar dichos datos para mantener los principios de data ética de los que participamos.

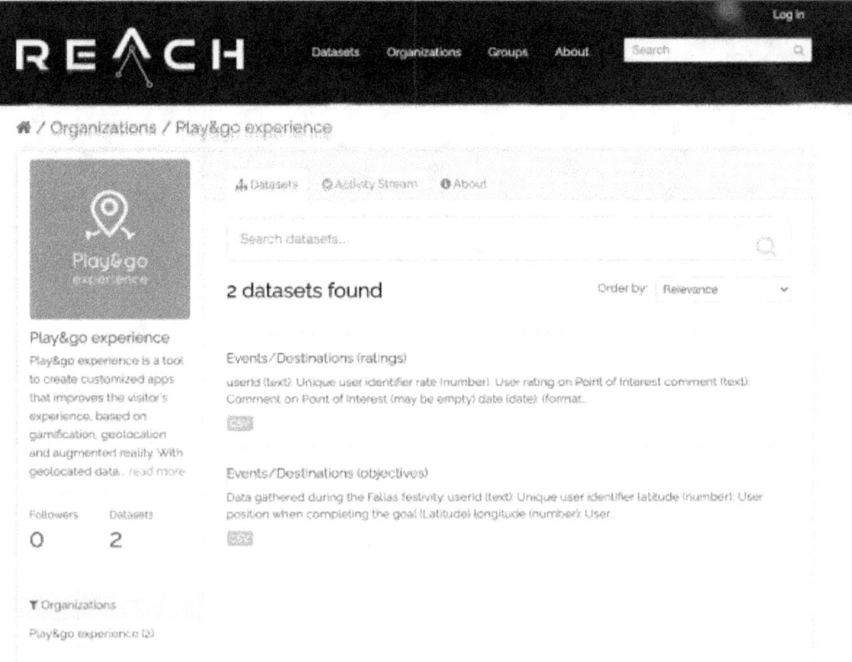

Ilustración 21 *Playgoxp data provider* REACH

Hemos puesto a disposición de los participantes una muestra de nuestros *datasets* con el objetivo de lograr un reto: analizar el comportamiento de los turistas y aumentar su gasto medio, con objeto de identificar el comportamiento de los turistas que visitan el destino y definir qué productos o servicios extra se pueden ofrecer para incrementar su gasto medio. Para ello hemos planteado dos subretos: el análisis y perfilado del turista y de la demanda de servicios no existentes. Los datos que ofrecemos son de dos tipos:

- Información geolocalizada sobre los objetivos cumplidos en nuestras experiencias gamificadas, incluyendo la visita a los Puntos de Interés (POIs)
- Valoración de los usuarios sobre dichos POIs, tanto puntuaciones como opiniones generadas

El total de este *dataset* implica disponer de más de 170.000 datos geolocalizados en 8 ciudades de toda España. Al tratarse de datos obtenidos con nuestras apps, son lo que se denomina *"First Data Party"*, los datos con un mayor valor cualitativo.

211

Epílogo

¿El futuro de la geografía o la geografía del futuro?

GB y JDR
marzo 2021

La geografía como ciencia se enfrenta a un proceso de transformación similar al resto de disciplinas: la formación, la investigación y la profesión tienen por delante un desafío que será vital para el futuro de la geografía. Precisamente, esta visión dependerá de cómo se conforme la geografía del futuro si es capaz de seguir aportando su visión espacial a la sociedad, la disciplina sobrevivirá, en caso contrario, no desaparecerá como tal, pero quedará aislada en una dinámica endogámica y autocomplaciente, alejándose de la capacidad de análisis espacial y transformación social que le ha caracterizado desde hace más de 200 años.

Enrique Dans ya avisaba en el año 2010 de que «Todo va a cambiar», reflexionando sobre la relación entre tecnología y evolución con la máxima darwinista de "adaptarse o desaparecer". Poco después Genis Roca avisó en el TEDx Galicia del año 2012 de que estábamos en la prehistoria de esta era post-Internet y que el futuro no volverá a ser igual que lo que conocemos hasta ahora. Otros autores como Andy Stalman, en el año 2017, hablan de que no se trata de una era de cambio, sino de un cambio de era. La 4ª revolución industrial, con la robotización y la inteligencia artificial lo van a transformar todo, pero, en un mundo hipertecnificado y datificado, como dice Marc Vida el año 2018, harán falta más filósofos y poetas, más humanismo con su ética y su creatividad.

Los geógrafos siempre nos hemos quejado de que somos mucho más importantes de lo que la sociedad nos percibe. La disciplina desaparece de muchos planes de estudio, en algunas universidades españolas no hay motivos para mantenerla, en otras ha habido que ponerle "apellidos" como ordenación del territorio o medio ambiente, como una herramienta de marketing para hacerla más explícita y/o atractiva. Los geógrafos buscan empleo compitiendo con otras disciplinas, porque identifican que la suya no es lo suficientemente demandada en el mercado laboral. ¿Alguna vez has conocido a un geógrafo rico?, me dijeron una vez. La verdad es que no.

Estos libros pretenden servir de reflexión a los geógrafos actuales y de estímulo, ayuda e inspiración a los futuros geógrafos desorientados (paradójicamente) y desmotivados. Si somos capaces de reflexionar sobre los cambios que vienen, visualizar no sólo como van a afectar a la geografía, sino cómo ésta va a impactar en la sociedad, seremos capaces de imaginar la geografía del futuro y, por tanto, definir cuál queremos que sea el futuro de la geografía

Desde el comienzo de la historia de la humanidad, la tecnología ha sido el factor que ha producido los cambios sociales y espaciales, tanto en la revolución neolítica, como en la industrial o en la de la información. Por ello, a lo largo de este libro hay una revisión de las nuevas tecnologías que están produciendo y van a producir un impacto sobre la humanidad y cómo la geografía tiene mucho que decir y que aportar al respecto: inteligencia artificial, coches autónomos, *blockchain, big data, smart cities, chatbots*, internet de las cosas, no son solo tecnologías que determinan nuestras capacidades también son instrumentos que construimos y a los que dotamos de sentido, utilidad y territorialidad.

Si unimos la palabra espacial a la tecnología obtendremos el término tecnología geoespacial o geotecnología, entendiéndola siempre como una herramienta de transformación social y nunca como un fin y relacionándola en todo momento con dos aspectos estratégicos e indispensables hoy en día: los datos y la privacidad.

Para superar la percepción de la geografía como una ciencia antigua, que habla un poco de todo y mucho de nada, se utiliza la palabra espacial como sinónimo, la importancia del dónde, de la variable espacial, del lugar, del sitio, del contexto espacial, del territorio y, en definitiva, del planeta Tierra.

Al igual que la programación informática o la estadística irrumpieron en nuestra cultura, estamos asistiendo al comienzo de un reconocimiento a la Geografía como ciencia transversal cuyo saber enriquece la práctica cotidiana de numerosas profesiones. Una cultura geográfica a la que se demanda respuestas ante las nuevas realidades y retos a las que tiene que hacer frente nuestras sociedades.

La geografía del futuro deberá estar orientada a las personas, a cómo ayudar (medicina) o aportar (vitamina) su desarrollo en el territorio. El futuro de la geografía no tiene fronteras, porque la geografía del futuro deberá estar presente en todos los ámbitos de la sociedad y eso sólo depende de nosotros, de los geógrafos.

EL MERCADO TERMINOLÓGICO

entre *hastaghs* y *keywords,* algo más que etiquetas y palabras clave

En Internet buscar información es un arte que requiere de un cierto aprendizaje. La búsqueda por palabras clave continúa siendo la estrella. mientras se acaban de desarrollar e implementar otros sistemas de búsqueda de tipo semántico que procesen preguntas naturales.

Las palabras clave reciben múltiples nombres *Hastaghs, keyword.* Estos anglicismos hacen referencia a alguno de las formas que la tecnosfera utiliza para nombrar las etiquetas en las que se basa la búsqueda de información en Internet. Estos nombres no son sinónimos estrictos, describen la peculiaridad de uso de las palabras clave en las etiquetas en Internet en función del canal y/o red social en la que se emplean.

Estas palabras clave en ocasiones forman listas cerradas ya configuradas y en otras son listas abiertas a la edición de los usuarios, navegamos entre dos distintos sistemas: Taxonomías el primero y folksonomías el segundo, más toda una gama de soluciones intermedias. Conocer los faros que son las palabras clave en varios idiomas es una necesidad si queremos que nuestra navegación en busca de información sea exitosa.

Para conocer estas palabras clave podemos observas las acciones de comunicación en las áreas temáticas de nuestro interés, podemos acudir múltiples sitios que las recopilan, plataformas que utilizan listas cerradas en combos desplegables, buscadores predictivos. Las fuentes de etiquetas son múltiples, recuerda que cada plataforma social dispone de las suyas, y no siempre coinciden. Al final del trabajo de recopilación dispondrás de una colección o bagaje tanto más valiosa cuanto más se aleja de las búsquedas más populares.

Recuerda que las palabras clave no son eternas, mutan en el tiempo, varían, tienen su ciclo de vida, de nacimiento y muerte, y durante su período de vigencia tienen distinto grado de popularidad. Hay una matemática detrás de las palabras clave (Del Río, 2009) que describe y desvela su frecuencia y secuencia de utilización, una estadística cuyas técnicas son similares las que se utilizan para describir eventos meteorológicos como los aguaceros.

Pero más allá de esta visión cuantitativa, si investigamos al público que se reúne alrededor de las palabras clave en foros, y redes, observaremos narrativas e historias muchas de ellas por narrar. Mercados terminológicos de palabras clave, un auténtico mercado lingüístico de Bourdieu (Alonso 2002), donde ser reúne como si fuera un culebrón coral distintos personajes: autores, voceros, seguidores, *trolls, hater,* un auténtico juego de tronos que desvelan comunidades que se sientan de manera informal alrededor de ellos.

Los sinónimos estrictos en las palabras claves no existen. Etiquetas y hashtags están connotados y se relacionan mediante pugnas con intereses, finalidades y públicos objetivos distintos. Esa es otra área de estudio interesante. Por último, también está la cuestión del idioma, un ejemplo ilustra esta cuestión, la palabra online, y su connotación de "siempre conectado" hace que sus traducciones por "digital", "en red", "disponible, o "en línea", nos suene a sinónimos parciales válidas solo en algunas ocasiones.

Alrededor de cada red social es posible localizar herramientas en línea que miden la popularidad de una palabra clave. Estas aplicaciones web lanzan una lista de palabras relacionadas que se utilizan en ese contexto. Cuando uno explora las ideas relativas a la geografía en red como *geografíayredes, geocomunicacion, datosespacailes, geofans, SIG, Copernicus o IDE* descubre términos relacionados que le asoman a conversaciones, documentos, autores, experiencias o eventos. Esta exploración es mas rica si uno aborda otros idiomas como el inglés, con términos como *geocomunication, spatialdriven, datagovernance, smartcity, smartgrid, GIS, Gistribe, SDI, mapping, cartography, spatialdata.*

Hemos estado tentados de recopilar una lista exhaustiva de términos, pero dentro de unas semanas estarán obsoletos, la conversación habrá mudado, y habrán sido sustituidos o matizados por otros. Etiquetas y hashtags en la geografía en red son dinámicos, son conversaciones siempre vivas que están alejadas de los sistemas de clasificación taxonómicos de la documentación analógica, quizás por este motivo, la búsqueda en internet no sea una tarea sencilla a pesar de la labor de indexación de los buscadores.

GLOSARIO

3

3D · 257

A

agile · 31, 53, 115
alfabetización digital · 52, 53
algoritmos · 29, 50, 82, 91, 93, 96, 97, 103, 107, 132, 166, 169, 170, 191, 199
Amazon · 80
análisis espaciales · 36, 108, 120, 121
API · 108, 240
Apple · 129
atlas · 89, 90

B

B2B · 54
Balanced scorecard · 89
bases de datos · 29, 38, 77, 78, 93, 150, 153, 155, 157, 166, 170, 172, 190
Beidou · 254
big data · 30, 55, 73, 79, 95, 112, 114, 115, 117, 129, 214
Boston Consulting Group · 83
brecha GIS · 147
BuzzFeed · 170

C

capacitación geoespacial · 32, 52, 96
CARTO · 82, 83
Casa de contratación · 93
catastro · 86, 169
ciberinfraestructura · 71, 72
ciencia ciudadana · 32, 86
ciudades inteligentes · 14, 52, 120, 185, 186, 187, 190, 192, 238
CNIG · 169
Copernicus. · 170
crowdsourcing · 86, 108, 125, 173

D

dashboard · 89, 139
Dell · 87
Deloiite · 82
doble digital · 91, 92

E

ebay · 129
ECWMF · 170
EIT-Climate-Kic · 85
Elecnor-Deimos · 86
ERP · 73, 85, 107, 252
ESRI · 85, 125, 128, 175, 237, 239, 255
ETL · 32, 104, 105, 127

W

web 2.0 · 95, 166
web mapping · 31, 89, 90, 96, 153
web mapping, · 108
WIC · 93

World bank · 169

Y

yahoo · 129

DICCIONARIO

Algunos conceptos de La Geografía en red

El siguiente glosario ha sido recopilado y elaborado por los autores para los tres libros de esta colección, por lo que es posible que en este libro no aparezcan todos los términos recogidos en este pequeño diccionario.

Los términos han sido seleccionados para apoyar la lectura de los textos. Siéntase libre de comunicarnos si le gustaría ver desarrollado algún término cuya definición no hayamos abordado. Queremos transmitirles que de ningún modo este glosario se plantea o puede ser considerado como completo, ni como definiciones cerradas, oficiales ni doctrinales; es muy difícil llegar a ese estado de madurez, enfrascados en pleno desarrollo y aplicación tecnológica. Los conceptos aquí planteados todavía deben madurar o en terminología de la teoría del actor-red de Latour todavía deben estabilizarse y clausurar el debate en torno a ellos. En la terminología del web 2.0 los glosarios habitan en una beta perpetua.

El glosario es por lo tanto una herramienta que tiene la utilidad de guiar al lector y facilitarle la comprensión del texto y la navegación en el mar terminológico creado alrededor de los datos geográficos. Buzai afirma que *Los Sistemas de Información Geográfica (SIG) han producido una revolución tecnológica, pero principalmente están produciendo una notable revolución intelectual.* Por este motivo las definiciones planteadas navegan a medio caballo entre la definición y el esbozo de una entrada más amplia.

Es una recopilación de múltiple autores y fuentes, algunas de las definiciones son textos totalmente personales. En cuanto a las fuentes aquellas que aparecen con un * están extraídas del *E-diccionario*[15] publicado por la agencia *Aquí no llueve sobre mojado 3.0.*

Si la definición tiene otro autor, se cita su origen o procedencia siempre que ha sido posible determinarlo. Si detecta alguna errata no dude en disculparnos y ponerse en contacto con los autores. Intentaremos

---

[15] Fuente: https://www2.slideshare.net/Gersónbeltran/conceptos-de-geografia-online

recopilar y corregir las erratas e incluir las sugerencias en esperamos que sean futuras ediciones de estos libros.

La geoweb vibra a una gran velocidad, uno de los termómetros de su entropía es la creación de nuevas palabras. Algunas se crean para redefinir viejas ideas y otras se acuñan para anclar nuevos términos que nos ayuden a entender los cambios que las geo-tecnologías y la disponibilidad de datos provocan en nuestro entorno cotidiano y a intentar comprender este geo-vivero léxico en el vivimos inmersos.

Invitamos a los lectores a explorar otros significados y definiciones de los términos expuestos. Y les proponemos una actividad para el futuro, observar la evolución en el tiempo de estas palabras, cuáles pervivirán, evolucionarán, morirán o nacerán nuevos términos para describir la tecnología, su construcción y efectos.

Listado de términos

Alfabetización en el uso de las infraestructuras de datos

API

Beta perpetua

B2B

B2C

BIM

Brecha SIG

Big data [ing]

Cibercartografía

Cibergeografía

Ciberinfraestructura

Ciberinfraestructura espacial

Ciencias de la Información

Geográfica

Commodity

Conjunto de datos espaciales

COTS

Dato enlazado

Dato espacial

Datos de juegos

Datos FAIR

Educación informal

Efecto de reina roja

Fábricas de datos

Falacia ecológica

Gemelo digital

Gemelo virtual

Geoalfabetización

Geocodificación

Geocomputación

Geodiseño

Geoenriquecimiento

Geogamificación

Geografía automatizada

Geo-Comunicación

Geografía Global

Geografía informal

Geoidentificador

Geoinformación

Geoinformática

Geolocalización digital

Geolocalización online

Geolocalización social

Geolocalización emocional

Geomática

Geomarketing*

Geoportales*

Geoposicionamiento emocional*

Geonames

Geotecnoesfera

Geotecnología

Gobernanza electrónica

Interoperabilidad

Inteligencia empresarial (BI)

Infraestructura de Datos Espaciales (IDE)

KPI

Mapas invisibles

Mapa Lira

Mapas persuasivos

Mapas r y mapas k

Marketing industrial

Mercado terminológico

Microdatos

Micropaisaje

Modelos digitales

Neogeografía

Neo-territorios singulares

Neo-territorios invisibles

Neo-territorios noveles

Neutralidad tecnológica

Organización de uso intensivo de datos

Organizaciones exponenciales

Paradoja mapas invisibles

Problema de unidad de área modificable (MAUP)

Publificación cartográfica

Retorno de la inversión (ROI)

SEO

Servicios de datos espaciales

Sistema de planificación de recursos empresariales ERP

Sistema de Información Geográfica (SIG)

Sistema nervioso digital inteligente

Sistema global de navegación por satélite

Sistemas de ayuda para la decisión espacial (SADE)

Sistemas de ayuda a la toma de decisiones en planificación urbana y ordenación del territorio

SoLoMo

Story *maps*

Tasa de crecimiento anual compuesto (CAGR)

Tecnología de las 3-S

Unidad de obra

V del big data

Web 2.0.

Web 3.0.

web semántica

Alfabetización en el uso de las infraestructuras de datos

Capacidad de utilizar, de forma creativa en las infraestructuras sociotécnicas implicadas en la creación, extracción análisis y comunicación de datos espaciales, de tal manera que cualquier persona sea capaz de buscar información para responder a preguntas que le permitan formarse una opinión e intervenir en el debate y práctica social, institucional o utilizando datos.

API

Application Programming Interface [ing]

Interfaz de programación de aplicaciones formada por un conjunto de subrutinas que incluyen funciones. La API es el estándar de facto para construir y conectar aplicaciones

Beta perpetua

Concepto relacionado con la web 2.0 y con el desarrollo de software siguiendo los principios ágiles. Las aplicaciones que se pueden considerar parte de la web 2.0 se han caracterizado por su rápida respuesta a los cambios y por una retroalimentación continuo de la comunidad de usuarios.

Jummp's Blog https://jummp.wordpress.com/2011/06/24/desarrollo-de-software-beta-perpetua/

B2B

Business-to-business [ing]

Sigla que se refiere la expresión inglesa «Negocio a negocio». B2B hace referencia a las transacciones comerciales entre empresas, es decir, a aquellas que típicamente se establecen entre un fabricante y el distribuidor de un producto, o entre un distribuidor y un comercio minorista.

Wikipedia

B2C

business-to-consumer [ing]

Las relaciones entre un comerciante y su cliente final se denominan negocio a consumidor o B2C. Ambos términos se emplean especialmente en el ámbito del comercio electrónico.

Wikipedia

BIM

Building Information Modeling, [ing]

Modelado de información de construcción también llamado modelado de información para la edificación, hace referencia al proceso de generación y gestión de datos de un edificio durante su ciclo de vida utilizando software dinámico de modelado de edificios en tres dimensiones y en tiempo real, para disminuir la pérdida de tiempo y recursos en el diseño y la construcción. Este proceso produce el modelo de información del edificio o la infraestructura civil, también abreviado con las siglas BIM, que abarca la geometría de la obra de construcción, las relaciones espaciales, la información geográfica, así como las cantidades y las propiedades de sus componentes.

Wikipedia

Brecha SIG

GIS gap, [ing]

Fracaso en el despliegue y puesta en funcionamiento y adopción de nuevas tecnologías, como los Sistemas de Información Geográfica (SIG), en una organización depende en gran medida, no solo de la amabilidad del sistema tecnológico, sino de la forma en la que la organización tenga interiorizado como principio inspirador de su actividad la innovación. El discurso de la brecha digital recibe críticas desde la sociología de la ciencia y la tecnología por estar enmarcado en la corriente determinista tecnológica e imperativa de la innovación y de la adopción tecnológica.

Big data [ing]

Macrodatos, datos masivos, inteligencia de datos, datos a gran escala

(1) conjuntos de datos tan grandes y complejos que precisan de aplicaciones informáticas no tradicionales de procesamiento de datos para tratarlos

adecuadamente.

Wikipedia

(2) formas de analizar, extraer información sistemáticamente o tratar con conjuntos de datos que son demasiado grandes o complejos para ser tratados por software de aplicación de procesamiento de datos tradicional

Wikipedia

(3) uso de análisis predictivos, análisis del comportamiento del usuario o ciertos otros métodos avanzados de análisis de datos que extraen valor de *big data*, y rara vez a un tamaño particular de conjunto de datos.

Wikipedia

Cibercartografía

Término acuñado por primera vez en la reunión del ICA de 1997. que fue evolucionando con varias acepciones distintas

(1) Disciplina preocupada por la denominada entonces como cartografía multimedia

(2) Infografía cartográfica en internet,

(3) Herramienta para desarrollar y difundir narrativas geográficas para contar historias sobre gentes lugares espacios y sociedades, esta última acepción es compartida por los *storymaps*.

Cibergeografía

(1) Rama de la geografía propuesta por Toudert, y Buzai en el año 2004, con la que se refieren al estudio de las amplias relaciones entre lo real (espacio geográfico) y lo virtual (representación digital).

(2) Tomando como antecedente el ciberespacio descrito por el escritor de ciencia ficción William Gibson, la cibergeografía es una matriz electrónica de interconexión entre bancos de datos digitales a través de los sistemas computacionales conectados a la red mundial.

(3) Un nuevo espacio que se superpone y complementa cada vez con mayor fuerza a la geografía real de los paisajes empíricos.

Ciberinfraestructura

Integración de tecnologías avanzadas de computación, información y comunicación para potenciar la práctica científica. Está basada en la computación y es impulsada por datos. Estas herramientas mejoran la síntesis y la capacidad de análisis de datos científicos de manera colaborativa y compartida. Presenta una evolución en el funcionamiento de la investigación científica que ha facilitado el acceso fácil a las utilidades computacionales y la colaboración simplificada a distancia entre disciplinas, lo que permite alcanzar avances científicos de manera más rápida y eficiente.

(Atkins, 2003)

Ciberinfraestructura espacial

Ciberinfraestructura que busca resolver problemas complejos de gestión que integran cuestiones relacionada scon la geografía fisca, humana mediante los análisis conjuntos de datos espaciales masivos y heterogéneos, y compartidos.

(Dawn J. Wright & Shaowen Wang 2011)

Ciencias de la Información Geográfica

GIScience [ing]

Concepto introducido por GoodChild en el año 1992. La ciencia de la información geográfica (en inglés e) es el campo de investigación básico que busca redefinir los conceptos geográficos, cartográficos y de geodesia y su uso en el contexto de los sistemas de información geográfica (SIG).

Entre sus áreas de trabajo examina los impactos de los SIG en los individuos y la sociedad, y las influencias de la sociedad en los SIG, al tiempo que incorpora desarrollos más recientes en las ciencias cognitivas y de la información.

También se superpone y se basa en campos de investigación más especializados, como la informática, la estadística, las matemáticas y la psicología, y contribuye al progreso en esos campos. Apoya la investigación en ciencias políticas y antropología, y se basa en esos campos en estudios de información geográfica y sociedad (Mark, 2000). Sin embargo, la comunidad no ha adoptado completamente tal definición de la ciencia de la Información geográfica.

Commodity

Voz inglesa que se usa ocasionalmente en español, en el ámbito de la economía, con el sentido de 'producto objeto de comercialización'. Se emplea más frecuentemente el plural commodities, normalmente en referencia a las materias primas o a los productos básicos.
Este anglicismo innecesario, que debe sustituirse por equivalentes españoles como mercancía(s), artículo(s) o bienes de consumo, productos básicos, materias primas, según los casos.

RAE

Conjunto de datos espaciales

Spatial dataset [ing]

Recopilación identificable de datos espaciales

COTS

Commercial Off-The-Shel [ing]

En el ámbito de las tecnologías de la información podría traducirse como Producto de Caja o de estantería, o producto informático estandarizado, es un elemento no desarrollado a medida (NDI). Habitualmente este suministro, se puede adquirir en grandes cantidades en el mercado comercial, y que puede ser adquirido o utilizado bajo contrato de la misma forma exacta a como está disponible al público en general. Los productos COTS son alternativas a desarrollos personalizados.

Wikipedia

Existen otras siglas para describir el tipo de software según su grado admisible de personalización, como son: MOTS, GOTS y NOTS. El extremo opuesto es BTO que hace referencia al desarrollo de soluciones tecnológicas a medida.

Dato enlazado

linked data [ing]

Datos enlazados o vinculados (a menudo referidos en inglés) describe un método de publicación de datos estructurados para que puedan ser interconectados y más útiles. Se basa en tecnologías Web estándar, tales como HTTP, RDF, RDFa y los URI, pero en vez de utilizarlos para servir páginas web para los lectores humanos, las extiende para compartir información de una manera que puede ser leída automáticamente por ordenadores. Esto permite que sean conectados y consultados datos de diferentes fuentes.

Tim Berners-Lee, director del Consorcio de la *World Wide Web*, acuñó el término en una nota de diseño que trataba de cuestiones relativas al proyecto de Web Semántica. El término «datos enlazados» hace referencia al método con el que se pueden mostrar, intercambiar y conectar datos a través de URI desreferenciables en la Web.

Wikipedia

Dato espacial

Legal. Concepto jurídico definido en la normativa europea y recogido en las legislaciones nacionales de los países miembros de la Unión europea. De forma estricta la normativa legal lo define. cualquier dato que, de forma directa o indirecta, hagan referencia a una localización o zona geográfica específica. Un «conjunto de datos espaciales» es una recopilación identificable de datos espaciales.

Geomática. Adjetivo que se utiliza para describir cualquier dato o información que está asociado a una localización geográfica mediante un geoidentificador.

Datos de juegos

Game Data [ing.]

Obtención de datos a través del juego, es decir, la técnica que permite obtener información de los usuarios de los juegos y su uso de forma inteligente y siempre sin que afecte a su privacidad.

Datos FAIR

El 15 de marzo de 2016 fue publicado en la revista *Scientific Data* de *Nature* el artículo: Principios FAIR para el manejo y administración de datos científicos. Los Principios FAIR ofrecen un conjunto de cualidades precisas y medibles que una publicación de datos debería seguir para que los datos sean Encontrables, Accesibles, Interoperables y Reutilizables (del inglés FAIR – *Findable, Accessible, Interoperable, and Reusable*), como detallamos a continuación:

Findable (Encontrables): Los datos y metadatos pueden ser encontrados por la comunidad después de su publicación, mediante herramientas de búsqueda.

- F1. Asignarles un identificador único y persistente a los datos y los metadatos

- F2. Describir los datos con metadatos de manera prolija

- F3. Registrar/Indexar los datos y los metadatos en un recurso de búsqueda

- F4. En los metadatos se debe especificar el identificador de los datos que se describen.

Accessible (Accesibles): Los datos y metadatos están accesibles y por ello pueden ser descargados por otros investigadores utilizando sus identificadores.

- A1 Los datos y los metadatos pueden ser recuperados por sus identificadores mediante protocolos estandarizados de comunicación

- A1.1 Los protocolos tienen que ser abiertos, gratuitos e implementados universalmente

- A1.2 El protocolo debe de permitir procedimientos para la autentificación y la autorización (por si fuera necesario).

- A2 Los metadatos deben de estar accesibles, incluso cuando los datos ya no estuvieran disponibles.

Interoperable (Interoperables): Tanto los datos como los metadatos deben de estar descritos siguiendo las reglas de la comunidad, utilizando estándares abiertos, para permitir su intercambio y su reutilización.

- I1. Los datos y los metadatos deben de usar un lenguaje formal, accesible, compartible y ampliamente aplicable para representar el conocimiento

- I2. Los datos y los metadatos usan vocabularios que sigan los principios FAIR

- I3. Los datos y los metadatos incluyen referencias cualificadas a otros datos o metadatos

Reusable (Reutilizables): Los datos y los metadatos pueden ser reutilizados por otros investigadores, al quedar clara su procedencia y las condiciones de reutilización.

- R1. Los datos y los metadatos contienen una multitud de atributos precisos y relevantes

- R1.1. Los datos y los metadatos se publican con una licencia clara y accesible sobre su uso y reutilización

- R1.2. Los datos y los metadatos se asocian con información sobre su procedencia

- R1.3. Los datos y los metadatos siguen los estándares relevantes que usa la comunidad del dominio concreto

datos.gob.es

Educación informal

proceso permanente en el que todo individuo adquiere y acumula conocimientos, habilidades, actitudes y modos de discernimiento mediante las experiencias diarias y su relación con el medio ambiente

(Coombs, 1990).

A pesar de la denominación, informal se refiere a información, de igual manera que formal hace referencia a fórmula. De esta manera ésta es una educación que se adquiere no a través de fórmulas como la Educación Formal, sino de información que ofrece el medio y el entorno. El aprendizaje se obtiene a través de las experiencias diarias, de la interacción dinámica con el medio y de la exposición al entorno, al contexto y al ambiente natural, social y cultural. A pesar de ser un tipo de educación espontánea, no planificada, ausente por tanto de intencionalidad y de sistematización, al final se logran efectos educativos por medio de la exposición e interacción con el medio.

(Jerez, 2012)

233

Efecto de reina roja

El efecto de la Reina Roja fue utilizado por Van Valen para explicar las teorías de biología evolutiva. Pero existen bastantes similitudes con cualquier entorno competitivo y en permanente evolución.

La hipótesis de la Reina Roja (también conocida como el efecto Reina Roja, la carrera de la Reina Roja, o la dinámica de la Reina Roja) es una hipótesis evolutiva que propone que los organismos (entendidos como poblaciones o especies) deben adaptarse, evolucionar y proliferar constantemente para sobrevivir mientras compiten con otros organismos en continua evolución, en un entorno además en constante cambio, y conseguir así una ventaja reproductiva frente a sus rivales. En otras palabras, dicha hipótesis describe la necesaria adaptación continua de las especies solo para mantener el statu quo (estado del momento actual) con su entorno.

«Para quedarte donde estás tienes que correr lo más rápido que puedas. Si quieres ir a otro sitio, deberás correr, por lo menos, dos veces más rápido».

La Reina Roja en A través del espejo y lo que Alicia encontró allí

(Lewis Carroll, 1871).

ETL

Proceso que permite a las organizaciones mover datos desde múltiples fuentes, reformatearlos y limpiarlos, y cargarlos en otra base de datos, *data smart*, o *data warehouse* con el fin de analizar, o apoyar un proceso de negocio.

Los procesos ETL también se pueden utilizar para la integración con sistemas heredados. Se convirtieron en un concepto popular en los años 1970. Los procesos ETL constan de tres fases extracción, transformación y carga.

 La extracción consiste en extraer los datos desde los sistemas de origen. La mayoría de los proyectos de almacenamiento de datos funcionan con datos provenientes de diferentes sistemas de origen. Cada sistema separado puede usar una organización diferente de los datos o formatos distintos.

La transformación consiste en plica una serie de reglas de negocio o funciones sobre los datos extraídos para convertirlos en datos que serán cargados. Algunas fuentes de datos requerirán alguna pequeña manipulación de los datos. No obstante, en otros casos pueden ser necesarias.

La fase de carga es el momento en el cual los datos de la fase anterior (transformación) son cargados en el sistema de destino.

Wikipedia

Fábricas de datos

(1) Proceso de transformación de los datos en conocimiento se realiza mediante una cadena o línea de montaje que va incorporando valor a la materia prima, el dato por su conversión sucesiva en información y luego en conocimiento.

(2) Datos recopilados que proporcionan información valiosa para tomar decisiones estratégicas informadas que alineen a las personas (habilidades técnicas y sociales, niveles de desempeño, toma de decisiones, etc.), procesos comerciales, proyectos e infraestructura (equipos, instalaciones, sistemas de TI, tecnología, etc.). etc.) con la estrategia de la empresa. Al observar todas las variables simultáneamente, el liderazgo puede asignar recursos de manera efectiva y eficiente para optimizar los resultados.

Mark Rome @markrome

Falacia ecológica

Ecological fallacy [ing]

Falacia de las poblaciones, falacia de ambigüedad por división

Error en la argumentación basado en la mala interpretación de datos estadísticos, en el que se infiere la naturaleza de los individuos a partir de las estadísticas agregadas del grupo al que dichos individuos pertenecen. Esta falacia se da a partir del supuesto de que todos los miembros de un grupo muestran las mismas características del grupo. Los estereotipos son un tipo de falacia ecológica muy extendida: por el hecho de pertenecer a un grupo, se aplican falazmente a un individuo alguna de las características típicas del grupo en general.

Wikipedia

Gemelo digital

Obra civil y arquitectura Creación de un prototipo digital de una obra o infraestructura con el fin de simular el comportamiento, tanto su funcionamiento como su efecto sobre el terreno y de facilitar las operaciones de diseño o comunicación entre otras.

Industria. Generación o colección de datos digitales que representan un objeto físico. El concepto de doble digital tiene sus raíces en la ingeniería (*Wikipedia*).

Los datos asociados a los gemelos digitales son interoperables y se comparten para agregar y expandir la información enriqueciendo la simulación total de procesos de producción real, que incluya las operaciones de fabricación, planificación mantenimiento, reparación y puesta a punto.

Geomarketing. Son los clientes, usuarios, ciudadanos nuevos existentes en el territorio con similares características y perfiles que los clientes usuarios, o ciudadanos existentes o prefijados

Hidráulica e Hidrología. Prototipo digital de un modelo a escala. Se crea cuando no es posible utilizar modelos numéricos debido al elevado grado de incertidumbre. El prototipo es la construcción de un modelo digital a escala que reproduzca, de la forma más fiel posible, el comportamiento real del prototipo. denominamos modelo digital a la reproducción a escala del prototipo, que es el modelo a escala real. El grado de similitud o semejanza requiere de la utilización de índices obtenidos mediante el análisis dimensional del problema.

Gemelo virtual

Entidad. Gemelo digital sensorizado mediante IoT, y por lo tanto conectados en tiempo real. La experiencia del gemelo virtual es un modelo virtual ejecutable de un sistema físico que aporta aprendizaje y experiencias adquiridas de los procesos reales para actualizar el modelo de gemelo digital. Lograr esta capacidad de bucle cerrado supone una materialización total de los beneficios que se pueden obtener de la convergencia de los mundos virtual y real.

Geoalfabetización

(1) Habilidad de usar el conocimiento geográfico y el razonamiento geográfico para tomar decisiones.
(2) Combinación de habilidades y la comprensión necesaria para tomar decisiones de gran alcance basadas en datos geográficos. Una decisión de gran alcance es la que tiene un impacto mucho más allá del tiempo y el

lugar donde se realiza la toma de decisión.

(3) Campaña de divulgación realizada por *National Geograhic*

Geocodificación

Proceso. Atribuir coordenadas geográficas a las direcciones de los callejeros.

Geocomputación

Geoinformática

(1) Campo de estudio intersección de informática y geografía.

Wikipedia

(2) Paradigma emergente de investigación multidisciplinaria e interdisciplinaria que permite la exploración de los problemas geográficos mediante modelos dinámicos, mecánica del espacio-tiempo, el análisis de datos espaciales, y la visualización, y tiene un enfoque inductivo de análisis geográfico, que pone el acento más en el proceso que la forma, más en la dinámica que estática, y más en la interacción de respuesta pasiva

Wikipedia

Geodiseño

Método de planificación que permite simular el efecto del diseño de entornos construidos en el contexto geográfico. El geodiseño no solo facilita la creación de diseño, simulación y evaluación de alternativas, también permite la conceptualización del proyecto, análisis, especificación de diseño, participación y colaboración de agentes.

Jack Dangermond, presidente de ESRI presentó en TED2010 una breve charla sobre el GeoDiseño, definiéndolo como un concepto que permite que los arquitectos y urbanistas puedan sacar provecho de los SIG para poder lograr mejores diseños teniendo en mente la naturaleza y la geografía.

Geoenriquecimiento

Geomarketing. Enriquecimiento de una localización o de cualquier tipo de dato espaciales con información sociodemográfica y de mercado.

Geogamificación

Unión de los conceptos de geolocalización y gamificación en aplicaciones para su utilización en diversas áreas como videojuegos, educación, marketing, o turismo.

Geografía automatizada

Realidad reducida a un modelo digital de análisis. Este enfoque revaloriza la Geografía cuantitativa en el ambiente computacional.

(Buzai)

Geo-Comunicación

Comunicación geoespacial es el enfoque geográfico del programa de difusión y transferencia de red, característico del modelo de consumidor y productor. La geografía global y la geografía informal están vinculadas a los argumentos prosumidor (Toffler 1980) y productor (Bruns 2008) que incorporan individuos, organizaciones (industria 4.0), máquinas (Internet de las cosas) e incluso datos geográficos (ciudades inteligentes), que tiene una Rol simultáneo como productor y consumidor de datos, información y conocimiento. Ambas geografías han encontrado su nicho en el ecosistema del ciberespacio, independientemente de las críticas a las motivaciones que dieron origen al argumento del consumidor (Leszczynski 2014).

Geografía Global

Campo teórico y metodológico de aplicación generalizada de la geografía descrita por Buzai. Esta globalización guarda alta correspondencia con las condiciones actuales de la posmodernidad y la post industrialización. La geografía global se ha difundido a través de los sistemas computacionales conectados a la red mundial. Esta geografía global permite definir una explosión disciplinaria e elementos para el entrenamiento de la «inteligencia espacial» y el impacto del espacio geográfico es tan grande en todo tipo de investigación que consideramos que comienza a ocupar un lugar destacado.

Geografía informal

(1) Uso no académico de la geografía realizada por la ciudadanía e instituciones.

(2) Adquisición de un conjunto de conocimientos no especializados de las diversas ramas del saber científico y tecnológico, que permiten a la sociedad usarlas, desarrollar un juicio crítico sobre las mismas y que idealmente poseería cualquier persona educada y cualquier organización.

Geoidentificador

Sistema localizador de la posición geográfica que consta de un puntero, un sistema de codificación y un marco de referencia entre el mundo real y el sistema codificado. Los geoidentificadores pueden ser de muchos tipos. Algunos de ellos son ampliamente utilizados en nuestro día a día: coordenadas planimétricas, geográficas, direcciones, códigos postales, divisiones administrativas, puntos kilométricos, topónimos, redes fluviales. Cada sistema tiene una extensión en la cual es aplicable y válido y una exactitud de la localización. La tecnología está haciendo grandes esfuerzos para poner en funcionamiento algoritmos que permitan la extracción automática de conjuntos de datos espaciales de todo tipo de documentos, sean textos, audios, o videos.

OGC. Estructura geométrica de localización. Establece una función que relaciona la posición real de un objeto sobre el territorio geográfico (referencia espacial) con un sistema de referencia arbitrario.

Geoinformación

(1) **Datos**. Datos espaciales georreferenciados requeridos como partes de operaciones científicas, administrativas o legales. Dichos geodatos poseen una posición implícita o explícita. (*Wikipedia*). Información geográfica computerizada

Dicionario de Oxford

(2) **Web-GIS**. Información geográfica publicada en portales web mediante servicios interoperables que incorporan funcionalidades de simbología, etiquetas, visualización o consulta entre otras.

ESRI

(3) **Tecnología.** Tecnología que integra conocimientos y tecnología de las 3S para ser aplicado en una amplia gama de trabajos:

Geoinformática

(1) **Tecnociencia.** Ciencia y tecnología que se ocupan de la estructura y el carácter de la información espacial, abarcando las operaciones de captura, clasificación, calificación, almacenamiento, procesamiento, representación y difusión, incluida la infraestructura necesaria para asegurar un uso óptimo de esta información.

(2) **Geoinformación.** Arte, ciencia o la tecnología que se ocupan de la adquisición, el almacenamiento, producción, la presentación y la difusión de geoinformación.

Geolocalización digital

Online geolocation [ing]

Conjunto de aplicaciones que permiten ubicar una entidad en el espacio físico (localizar) con unos atributos (información) obtenidos a través de Internet

Geolocalización online

Conjunto de aplicaciones que permiten ubicar una entidad en el espacio físico (localizar) con unos atributos (información) obtenidos a través de Internet y que se visualizan sobre un mapa.

Gersón Beltrán

Técnica que permite a aplicaciones (web o móviles) conocer la posición de sus usuarios mediante una API estándar que dan acceso a la localización aproximada asociada a una IP o una celda de telefonía móvil, o incluso a la posición precisa del usuario mediante el uso de su GNSS.

Jorge Sanz*

Geolocalización social

Localización de las personas y negocios en el espacio que comparten en sus redes sociales para generar comunicación. Este concepto hace referencia a las nuevas formas de relación social que surgen gracias a la geolocalización de los individuos con sus móviles y que pueden desarrollarse mediante diversas herramientas. Estas herramientas desencadenan nuevas formas de relación social que surgen gracias a la geolocalización de los individuos con sus dispositivos y que comparten en las redes sociales a través de diversas herramientas.

Nuevas formas de relación social que surgen gracias a la geolocalización de los individuos con sus dispositivos y que comparten en las redes sociales a través de diversas herramientas.

Uso de determinadas herramientas sociales (social media) de la geolocalización como elemento clave para generar y compartir información. Por tanto, la geolocalización se convierte aquí en una herramienta de comunicación entre lo local, lo físico con lo global, lo online, a través de Internet y la nube (*cloud*).

Gersón Beltrán*

Técnica que permite el descubrimiento de la posición aproximada de un usuario de redes sociales únicamente atendiendo a su actividad en las mismas. Esto puede conseguirse de forma explícita (algunas redes sociales permiten compartir la ubicación) o de forma implícita haciendo análisis de su contenido.

Jorge Sanz*

Geolocalización emocional

(1) **Geomarketing.** Ubicación de opiniones mediante la recopilación y análisis de la actividad en redes sociales

(2) **Negocio.** Concepto propuesto por Gersón Beltrán en el que usa de la geolocalización teniendo en cuenta elementos emocionales y que puedan ser útiles para los negocios. Cuando hablamos de geoposicionamiento emocional, estamos diciendo que las personas son, en primer lugar, emocionales y eso lo transmiten en sus comunicaciones. Cada vez que alguien dice dónde está o hace un *check-in*, está generando una información emocional, positiva o negativa, y en menos ocasiones neutra. También es verdad que de momento no podemos identificar esas emociones de forma automática, de hecho, uno de los grandes problemas es la ironía del ser humano, que es difícilmente identificable por máquinas, ya que es un uso inteligente del lenguaje que además varía en

cada lugar y en cada contexto, aunque se avanza hacia ahí. Por tanto, defiendo que el uso de este concepto, de momento, debe ser personalizado y a mano, pero aun así puede darnos muchos beneficios, si entendemos las posibilidades prácticas que nos ofrece este concepto aparentemente teórico.

Geomática

Tecnociencia relativa a la información topográfica y geodésica computerizada.

Geomarketing*

Técnica de marketing que pone el enfoque en la variable espacial para ayudar a la toma de decisiones estratégicas de cara a su promoción y comercialización (dónde se encuentran las personas, dónde están los clientes actuales y potenciales, cómo llegar a ellos, etc).

Gersón Beltrán*

Poner todas las herramientas analíticas y mucho sentido común para responder: ¿Aquí están mis clientes? ¿Aquí pueden estar mis clientes? ¿Hasta aquí pueden llegar mis clientes? ¿Desde aquí puedo llegar a mis clientes? Hacer esto nunca fue tan fácil: *Google Maps* o con software libre.

Raúl Hernández

Disciplina que busca explicar fenómenos y establecer relaciones entre los hechos que se dan en la interacción de los negocios o servicios con el espacio geográfico

David Piles

Geoportales*

Página web basada en un mapa online como herramienta de comunicación entre el usar

Gersón Beltrán*

Portal o sitio web que permite a los usuarios visualizar, consultar y analizar datos a través de una serie de recursos y servicios web basados en información geográfica. Permite buscar información y servicios a través del contenido de sus metadatos. Íio y la información de la web que aparece georreferenciada.

Paulino Vallejo *

Geoposicionamiento emocional*

Capacidad de un usuario para mostrar sus emociones (positivas, negativas o neutras) en Internet en función del sitio donde se encuentre a través de su dispositivo móvil y que afecta directamente a la reputación en Internet de dicho lugar

Gersón Beltrán*

Se entiende en dos sentidos: técnica de cartografiado a partir de la percepción subjetiva de un grupo de individuos (¿cómo dibujarías de memoria tu ciudad?) y técnica de cartografía temática acerca de las emociones de un grupo de individuos en un conjunto de localizaciones (¿cómo te sentías en X, Y y Z?).

Jorge Sanz*

Geonames

Base de datos geográfica gratuita y accesible a través de Internet bajo una licencia *Creative Commons* Reconocimiento 3.0. contiene más de 10 millones de nombres geográficos que corresponden a más de 9 millones de lugares existentes. Estos nombres están organizados en 9 categorías y 645 subcategorías. Datos como la latitud, la longitud, la altitud, la población, la subdivisión administrativa y el código postal están disponibles en varios idiomas para cada ubicación. Las coordenadas geográficas se basan en el sistema de coordenadas WGS 84

Wikipedia

Geotecnoesfera

Fenómeno definido por Buzai y Ruiz en el año 2012 considerada todavía en vía de desarrollo, según el cual la aparición de la web 3.0, fluidamente conectada a diversos objetos que enviarán automáticamente datos de utilidad geográfica y tendrá alcance planetario, permitirá, al menos de de forma utópica, construir un modelo terrestre digital, integral y almacenado en la red

243

mediante el cual será posible el acceso al conocimiento geográfico detallado y preciso de todo nuestro planeta.

Geotecnología

Conjunto de herramientas, métodos, técnicas y procedimientos orientados a la gestión de la Información Geográfica Digital.

Wikipedia

Gobernanza electrónica

Uso de dispositivos tecnológicos de comunicación, como computadoras e Internet para proporcionar servicios públicos a ciudadanos y otras personas en un país o región. El gobierno electrónico ofrece nuevas oportunidades para un acceso ciudadano más directo y conveniente al gobierno, y para la provisión de servicios gubernamentales directamente a los ciudadanos.

El término consiste en las interacciones digitales entre un ciudadano y su gobierno (C2G), entre gobiernos y otras agencias gubernamentales (G2G), entre gobierno y ciudadanos (G2C), entre gobierno y empleados (G2E), entre gobierno y empresas (G2B).

Esta interacción consiste en que los ciudadanos se comuniquen con todos los niveles de gobierno (ciudad, estado/ provincia, nacional e internacional), facilitando la participación ciudadana en la gobernanza utilizando tecnologías de la información y comunicación (TIC) y reingeniería de procesos comerciales (BPR). Los ideales de interacción del ciudadano que incorporan estas tecnologías, incluyen valores progresivos, participación ubicua, geolocalización y educación del público.

Wikipedia

Interoperabilidad

Capacidad de combinar los conjuntos de datos espaciales y de conseguir la interacción de servicios de datos sin intervención manual, de forma que el resultado sea coherente e incremente el valor de los conjuntos de datos y de sus servicios.

Wikipedia

Inteligencia empresarial (BI)

business intelligence

Inteligencia de negocios, inteligencia comercial

Conjunto de estrategias, aplicaciones, datos, productos, tecnologías y arquitectura técnicas, los cuales están enfocados a la administración y creación de conocimiento sobre el medio, a través del análisis de los datos existentes en una organización

Wikipedia

Infraestructura de Datos Espaciales (IDE)

Sistema de información integrado por un conjunto de recursos (catálogos, servidores, programas, datos, aplicaciones, páginas Web,...) dedicados a gestionar Información Geográfica (mapas, ortofotos, imágenes de satélite, topónimos,...), disponibles en Internet, que cumplen una serie de condiciones de interoperabilidad (normas, especificaciones, protocolos, interfaces,...), y que permiten que un usuario, utilizando un simple navegador, pueda utilizarlos y combinarlos según sus necesidades.

La IDE tiene 4 componentes fundamentales:

- Datos
- Metadatos. Son los descriptores de los datos
- Servicios. Son las funcionalidades accesibles mediante un navegador que una IDE ofrece al usuario para aplicar sobre los datos geográficos.
- Aspectos organizativos. Estándares y normas que hacen que los sistemas puedan interoperar, leyes, reglas y acuerdos entre los productores de datos geográficos, así como el personal humano y la estructura organizativa. Los organismos de estandarización más importantes son el OGC (*Open Geospatial Consortium*) y la ISO (Organización Internacional de Estandarización)

KPI

key performance indicator [ing.]

indicador clave o medidor de desempeño o indicador clave de rendimiento, es una medida del nivel del rendimiento de un proceso. El valor del indicador está directamente relacionado con un objetivo fijado previamente y normalmente se expresa en valores porcentuales Un KPI se diseña para mostrar cómo es el progreso en un proceso o producto en concreto. Cuando se definen KPI se suele aplicar el acrónimo SMART, ya que los KPIs tienen que ser: Específicos (Specific), medibles (Measurable), alcanzables (Achievable), relevantes (Relevant), oporunos (Timely),

Wikipedia

Mapas invisibles

Mapas apenas conocidos. Los cartógrafos pretenden que sus obras sean vistos o conocidos en Internet, al menos por un segmento de la población y algunos por qué no, pasar a formar parte del salón de la fama cartográfica y que como consecuencia de los avances tecnológicos tiene que hacer frente a un anonimato prácticamente garantizado y no buscado, debido a la abundancia de contenidos en la Red.

Mapa Lira

Cartografía. Nombre que reciben determinados estilos de mapas que han sido imitados hasta la saciedad, por su diseño o por su temática, convirtiéndose en auténticos mapas lira. Los mapas lira hacen valer la célebre cita de «No hay nada que tenga más éxito que el éxito» y su corolario «nada es tan contagioso como el fracaso».

Mapas persuasivos

Los mapas persuasivos son mapas diseñados para promover un punto de vista o fomentar una perspectiva frente a otra

(Tyner, 1982)

Mapas r y mapas k

Ambos mapas son una clasificación – que proponemos desde este blog- aplicable a los mapas, según su contenido. Estas denominaciones r y K se basan en la analogía ecológica de la distinción de las estrategias de supervivencia de las especies sobre el modelo r-K.

Los mapas-r basan su supremacía en la rapidez de su producción, para lograr su superveniencia producen muchos mapas en poco tiempo, tiene poco o ningún análisis, sin embargo, son los primeros en colonizar nichos vacíos, que ocupan con celeridad. Son mapas propios de la era los *datos son intel inside*. Estos mapas no pueden tener éxito en situaciones de competencia frente a mapas de estrategia k. Pero en el actual entorno de socialización en la producción cartográfica han cobrado gran popularidad, sobre todo en nichos de espacios cartográficos vacíos.

Los mapas-K son más longevos, pero tardan más tiempo en producirse. Basan su supremacía en confeccionar análisis de calidad sobre información ya disponible. Ocupan nichos ya cartografiados donde la calidad de sus análisis supone una ventaja competitiva frente a mapas de estrategia r. Son propios de la nueva era de análisis espacial en las organizaciones.

Marketing industrial

Aplicación de los fundamentos del marketing al tipo de relaciones comerciales características de los mercados B2B. Algunas de las técnicas de marketing digital más utilizadas en el sector B2B incluyen el *inbound marketing, email marketing, e-commerce,* publicidad en buscadores y redes sociales, *display* publicitario, entre otras. También se utilizan las publicaciones de nicho (revistas especializadas, guías de proveedores, periódicos, etc.), la mercadotecnia experiencial, los eventos y las ferias de negocios.

Wikipedia

Mercado terminológico

Fenómeno que comparte muchas similitudes con el mercado lingüístico descrito por Pierre Bourdieu. El autor francés afirma que las palabras no se producen en el vacío, sino que se inscriben en discursos que se intercambian en un campo donde su valor se define en competencia con otras palabras, según una lógica propia de la economía.

En el mercado terminológico de la geotecnosfera se superponen y van sucediendo términos para nombrar los fenómenos y tecnologías que proporciona el mercado. Esta sucesión de palabras o tren terminológico tiene por finalidad lograr un mayor enrolamiento, ventas o adeptos, buscan claridad en su mensaje y ser inclusivas de distintos sectores y ámbitos con el fin de eliminar la brecha de adopción tecnológica.

Microdatos

small data [ing]

Pequeños conjuntos de datos

Conjuntos de datos de tamaño suficientemente reducido para la comprensión humana. Tanto su volumen como su formato los hacen accesibles, informativos y procesables para que los seres humanos puedan utilizarlos en la toma de decisiones. Los microdatos conectan personas con ideas oportunas, significativas y derivadas de macrodatos y/o fuentes de datos locales.

(Bonde, 2013)

Micropaisaje

Paisaje que tenemos delante de nosotros y del que formamos parte junto con nuestros vecinos. Es el espacio en el que nos relacionamos y realizamos nuestra vida cotidiana. Es el territorio donde se superpone el paisaje percibido, el vivido y el concebido de Lefebvre, Soja y Piaget.

Modelos digitales

Digital model [ing.]

Representación gráfica en 3d de una escritura de datos que almacena para cada par de localización un atributo, si el valor es la elevación se denomina modelo digital de elevaciones MDE, si es cualquier otra variable recibe el nombre de modelo digital del terreno MDT

Neogeografía

Herramientas y técnicas geográficas empleadas para actividades personales o realizadas por grupos de usuarios no expertos para uso informal de los datos de naturaleza no analítica.

Turner, 2006

Neo-territorios singulares

Espacios azonales, dinámicos, concentradores de la actividad sobre el territorio de fenómenos y procesos naturales y antrópicos de escalas de local a mundial, que están definidos por un atributo o variable concreta que identifica zonas o islas de geometría poligonal de extensión variable.

Neo-territorios invisibles

Entidades geográficas cuya identificación no puede obtenerse directamente de la observación del territorio, de ahí su nombre de invisibles, ya que no son evidentes sin el concurso del mapa.

Neo-territorios noveles

Espacios que hasta ahora no se habían cartografiados, al estar alejados de una vinculación directa con el territorio. El espacio cartografiado ya no es el territorio. Son espacios vinculados indirectamente al territorio conocido, y que se observan en las escalas no habituales de trabajo de los mapas

Neutralidad tecnológica

libertad de los individuos y las organizaciones de elegir la tecnología más apropiada y adecuada a sus necesidades y requerimientos para el desarrollo, adquisición, utilización o comercialización, sin dependencias de conocimiento implicadas como la información o los dato

Wikipedia

Organización de uso intensivo de datos

Organizaciones capaces de integrar la información en su estrategia de negocio y conseguir de esta manera una ventaja competitiva. Galzer (1993) estableció que para conocer el grado de uso de la información en una organización era necesario implementar procedimientos de valoración económica de la información, un indicador que permite evaluar los datos como un activo empresarial más.

Organizaciones exponenciales

Concepto propuesto y comentado en el año 2016 por Salim Ismail, Michael Malone S., Yuri Geest Van en su libro organizaciones exponenciales. Los autores plantean que para competir es necesario diseñar y crear soluciones que permitan aumentar exponencialmente la capacidad de las organizaciones para crear valor a partir de los datos y acelerar su crecimiento gracias al uso de Big Data, Inteligencia Artificial y otras tecnologías, así como de recursos humanos. El reto al que se enfrenta estas organizaciones es ¿cómo podemos acelerar el crecimiento sin que el coste de infraestructura y la cantidad de científicos de datos crezca exponencialmente?

Paradoja mapas invisibles

Nunca en la historia de la humanidad hemos contado con una abundancia de contenidos cartográficos tan grande, ni con medios de difusión de este alcance, pero esa abundancia es la responsable de un nuevo periodo de mapas invisibles.

Problema de unidad de área modificable (MAUP)

modifiable areal unit problem [ing]

Sesgo estadístico que puede afectar significativamente los resultados de las pruebas de hipótesis estadísticas . MAUP afecta los resultados cuando las medidas puntuales de los fenómenos espaciales se agregan en distritos, por ejemplo, la densidad de población o las tasas de enfermedad . Los valores de resumen resultantes (por ejemplo, totales, tasas, proporciones, densidades) están influenciados tanto por la forma como por la escala de la unidad de agregación

Por ejemplo, los datos del censo se pueden agregar en distritos de condado, secciones censales, áreas de códigos postales, precintos policiales o cualquier otra partición espacial arbitraria. Por tanto, los resultados de la agregación de datos dependen de la elección del cartógrafo de qué unidad de área modificable utilizar en su análisis. Un mapa de coropletas del censo que calcula la densidad de población utilizando los límites estatales producirá resultados radicalmente diferentes a los de un mapa que calcula la densidad según los límites del condado. Además, los límites del distrito del censo también están sujetos a cambios con el tiempo. Lo que significa que el MAUP debe ser considerado al comparar datos pasados con datos actuales.

Wikipedia

Publificación cartográfica

(1) En el avance de la vigésima tercera edición del Diccionario de la Real Academia Española de la Lengua se define el verbo publificar, por vez primera, como «1. tr. Dar carácter público o social a algo individual o privado. 2. tr. Der. Trasladar la regulación de una determinada actividad desde el derecho privado al derecho público. 3. tr. Der. Dicho de una entidad pública: Asumir la propiedad de una empresa privada».

(2) Agregar al acto formal de la publicación, la producción de su resonancia social.

(3) La conversión de un problema en social significa su publificación, es decir, su consideración, a partir de ese momento, como un asunto público (que tendrá publicidad, interesará y concernirá al público o a la sociedad en general y re-clamará intervenciones de los poderes públicos y de los cuerpos profesionales)

(4) Publificación de lo público. Extensión de la esfera de lo público más allá del Estado (Cunill, 1997; 1999; Bresser-Pereira, 1997; 2000).

Retorno de la inversión (ROI)

Razón financiera que compra el beneficio con la inversión realizada, mide por lo tanto el retorno por cada unidad monetaria invertida (por ejemplo, por cada euro o por cada dólar). Es una medida del rendimiento de la inversión, independientemente de su tamaño.

Wikipedia

SEO

search engine optimization [ing]

Posicionamiento en buscadores, optimización en motores de búsqueda.

Conjunto de acciones orientadas a mejorar el posicionamiento de un sitio web en la lista de resultados de Google, Bing, u otros buscadores de internet.1 El SEO trabaja aspectos técnicos como la optimización de la estructura y los metadatos de una web, pero también se aplica a nivel de contenidos, con el objetivo de volverlos más útiles y relevantes para los usuarios.

Wikipedia

Servicios de datos espaciales

(1) Tecnología que utiliza un conjunto de protocolos estandarizados por OGC que sirven para intercambiar datos espaciales entre aplicaciones.

(2) Operaciones que pueden efectuarse a través de una aplicación informática o sobre los datos espaciales o los metadatos.

Sistema de planificación de recursos empresariales ERP

Enterprise resource planning [ing]

Sistemas de información gerenciales que integran y manejan muchos de los negocios asociados con las operaciones de producción y de los aspectos de distribución de una compañía en la producción de bienes o servicios.

La planificación de recursos empresariales es un término derivado de la planificación de recursos de manufactura (MRPII) y seguido de la planificación de requerimientos de material (MRP); sin embargo, los ERP han evolucionado hacia modelos de suscripción por el uso del servicio (SaaS, *cloud computing*).

Los sistemas ERP típicamente manejan la producción, logística, distribución, inventario, envíos, facturas y contabilidad de la compañía de forma modular.1 Sin embargo, la planificación de recursos empresariales o el software ERP puede intervenir en el control de muchas actividades de negocios como ventas, entregas, pagos, producción, administración de inventarios, calidad de administración y la administración de recursos humanos.

Los sistemas ERP son llamados ocasionalmente *back office* (trastienda) ya que indican que el cliente y el público general no tienen acceso a él; asimismo, es un sistema que trata directamente con los proveedores

Sistema de Información Geográfica (SIG)

GIS [ing]

Conjunto de programas equipamientos metodologías, datos y personas perfectamente integrados de forma que se hace posible la recolección almacenamiento, procesamiento y el análisis de datos georreferenciados, así como la producción de información derivada de su aplicación

(Txeira et al. 1995)

Programa de ordenador de escritorio o software en la web dedicado al tratamiento de datos espaciales, su captura, análisis y visualización

herramienta que trabaja con bases de datos espaciales organizadas por capas de información que, gestionadas, permiten realizar análisis multivariables complejos y previsiones que son visualizadas sobre un mapa.

Gersón Beltrán*

conjunto de herramientas que permiten a los usuarios gestionar, analizar, consultar y editar, de manera lógica y eficiente, cualquier tipo de información geográfica asociada a un territorio, permitiendo visualizar los datos obtenidos en un mapa.

Paulino Vallejo*

Sistema nervioso digital inteligente

Interacción entre sensores, conectividad, personas y procesos de toma de decisiones genera nuevos tipos de aplicaciones y servicios inteligentes. Esta visión ha sido adoptada y popularizada por la empresa ESRI en el ámbito de los datos espaciales para explicar cómo se integra la tecnología, de localización y análisis espacial con tecnologías de IOt, big data e inteligencia artificial.

ESRI

Sistema global de navegación por satélite

Global Navigation Satellite System, GNSS, [ing]

Tecnologia. Una de las tecnologías incluidas en el grupo de tecnología de las 3S. Es un sistema global de navegación por satélite es una constelación de satélites que transmite rangos de señales utilizados para el posicionamiento y localización en cualquier parte del globo terrestre, ya sea en tierra, mar o aire. Estos permiten determinar las coordenadas geográficas y la altitud de un punto dado como resultado de la recepción de señales provenientes de constelaciones de satélites artificiales de la Tierra para fines de navegación, transporte, geodésicos, hidrográficos, agrícolas, y otras actividades afines.

Sistema de navegación basado en satélites artificiales puede proporcionar a los usuarios información sobre la posición y la hora (cuatro dimensiones) con una gran exactitud, en cualquier parte del mundo, las 24 horas del día y en todas las condiciones climatológicas.

Actualmente, el Sistema de Posicionamiento Global (GNSS) de los Estados Unidos de América y el Sistema Orbital Mundial de Navegación por la red Galileo rollado por la Unión Europea. Exiten Otros sistemas de navegación por satélite como el Beidou, Compass o BNTS (BeiDou/Compass Navigation Test System) de la República Popular China, el QZSS (Quasi-Zenith Satellite System)de Japón y el IRNSS (Indian Regional Navigation Satellite System) de India.

Wikipedia

Sistemas de ayuda para la decisión espacial (SADE)

Spatial Decision Support System, (SDSS) [ing.]

Conjunto integrado de programas informáticos, que auxilia la determinación de la localización óptima de diferentes tipos de equipamientos: a) los que producen extemalidades positivas en su entorno y, por lo tanto, son atractivos para la población, tanto los de carácter público (escuelas, guarderías, hospitales, etc.), como los comerciales (supermercados, hipermercados, grandes almacenes, etc.); b) los centros de distribución comercial dedicados a proporcionar productos a comercios y otros establecimientos; c) las instalaciones que generan extemalidades negativas en su entorno, por lo que son rechazados por la población: vertedero residuos sólidos urbanos, centros de tratamiento de residuos tóxicos y peligrosos, cárceles, etc.

Boque Sendra et al., 2000

Sistemas de ayuda a la toma de decisiones en planificación urbana y ordenación del territorio

Planning support systems (PSS=) [ing.]

SoLoMo

La geolocalización en Internet es una herramienta de comunicación entre la oferta y la demanda en un mundo que llamamos SoLoMo (Social, Local y Móvil): diariamente se genera una cantidad ingente de información (que no calidad), compartida a través de las redes sociales, con un componente local y a través de los móviles desde cualquier sitio.

El acrónimo SoLoMo hace referencia al triángulo entre los conceptos de Social, Local y Móvil, tres aspectos en los que se basa gran parte de las estrategias de desarrollo de Internet hoy en día; y es atribuido a Matt Cutts, de *Google*.

En noviembre de 2011 se publica un manifiesto denominado «SOLOMO Manifesto» y bajo el subtítulo de «*Just About Everything Marketers Need to Know About de Convergence of Social, Local, and Mobile* (SoLoMo)», en el que se hace un exhaustivo repaso no sólo de las herramientas de geolocalización para el marketing en Internet sino el funcionamiento de las mismas (REED, 2011).

Story *maps*

(1) **Cibercartografía.** Infografía cartográfica en internet, hace referencia tanto a la herramienta necesaria para desarrollarla como al canal utilizado para difundir narrativas geográficas para contar historias sobre gentes lugares espacios y sociedades,
(2) **Geo comunicación**. herramienta desarrollada por la empresa ESRI para facilitar la realización de narrativas geográficas en internet.

Tasa de crecimiento anual compuesto (CAGR)

Tasa de rendimiento que se requiere para que una inversión crezca desde su saldo inicial hasta su saldo final, asumiendo que las ganancias se reinvierten al final de cada año de vida útil de la inversión. La comunicación del crecimiento de los tamaños de mercado en un determinado periodo se resume en párrafos estandarizados que utilizan el CAGR:

Investopedia.com

Tecnología de las 3-S

En tecnología. Grupo de tecnologías formada por la Teledetección (RS), el sistema de información geográfica (SIG) y el sistema global de navegación por satélite (GNSS). Estas tecnologías son responsables de la reducción de costes en la adquisición y tratamiento y análisis de los datos espaciales y de su popularización de su uso.

Unidad de obra

La unidad de obra de un proyecto SIG es la parte elemental en la que se divide un proyecto con el fin de poder medir, presupuestar, dirigir y controlar la ejecución del proyecto SIG

V del big data

las llamadas V's del Big Data definen cuáles son las características que delimitan a aquellos datos que pueden ser considerados macrodatos de otros. Estas 5 V serían: Volumen, Variedad, Velocidad, Veracidad y Valor

Web 2.0.

Web social

Sitios de internet que comparten información, interoperabilidad, y cuentan con un diseño centrado en el usuario y un entorno de creación de contenidos gratuito o de coste muy reducido en el que los poseedores de las web y plataformas han liberalizado los medios de producción de contenidos

La web 2.0. permite a los usuarios interactuar y colaborar entre sí, como creadores de contenido. La red social conocida como web 2.0 pasa de ser un simple contenedor o fuente de información; la web en este caso se convierte en una plataforma de trabajo colaborativo. Ejemplos de la Web 2.0 son las comunidades web, los servicios web, las aplicaciones Web, los servicios de red social, los servicios de alojamiento de videos, las wikis, blogs, mashups y folksonomías.

El término fue inventado por Darcy DiNucci en 1999 y luego popularizado por Tim O'Reilly y Dale Dougherty, en una conferencia sobre la Web 2.0 de O'Reilly Media en 2004.

Aunque el término sugiere una nueva versión de la *World Wide Web*, no se refiere a una actualización de las especificaciones técnicas de la web, sino más bien a cambios acumulativos en la forma en la que desarrolladores de software y usuarios finales utilizan la Web. El término surgió para referirse a nuevos sitios web que se diferenciaban de los sitios web más tradicionales englobados bajo la denominación Web 1.0. La característica diferencial es la participación colaborativa de los usuarios.

La Web 2.0, más que una tecnología es una actitud de los usuarios, tanto productores como consumidores, frente a la circulación, manejo y jerarquización de la información. Esta democratización de la producción y acceso a la información en diversos formatos e idiomas hace de la Web 2.0 un punto de encuentro para los ciudadanos del mundo.

La web 2.0 es denominada también, web social, porque brinda diversas tecnologías de participación a los usuarios.

Wikipedia

Web 3.0.

Web 3.0 o web semántica, es una expresión que se utiliza para describir la evolución del uso y la interacción de las personas en internet a través de diferentes formas entre las que se incluyen la transformación de la red en una base de datos, un movimiento social con el objetivo de crear contenidos accesibles por múltiples aplicaciones non-browser (sin navegador), el empuje de las tecnologías, de inteligencia artificial, la web semántica, la Web Geoespacial o la Web 3D.

La expresión es utilizada por los mercados para promocionar las mejoras respecto a la Web 2.0. Esta expresión Web 3.0 apareció por primera vez en

2006 en un artículo de Jeffrey Zeldman, crítico de la Web 2.0 y asociado a tecnologías como AJAX. Actualmente existe un debate considerable en torno a lo que significa Web 3.0, y cuál es la definición más adecuada.

Wikipedia

web semántica

semantic web [ing]

La web semántica es un conjunto de actividades desarrolladas en el seno de *World Wide Web Consortium* con tendencia a la creación de tecnologías para publicar datos legibles por aplicaciones informáticas (máquinas en la terminología de la Web semántica). Se basa en la idea de añadir metadatos semánticos y ontológicos a la *World Wide Web*. Esas informaciones adicionales —que describen el contenido, el significado y la relación de los datos— se deben proporcionar de manera formal, para que así sea posible evaluarlas automáticamente por máquinas de procesamiento.

El objetivo es mejorar Internet ampliando la interoperabilidad entre los sistemas informáticos usando agentes inteligentes. Agentes inteligentes son programas en las computadoras que buscan información sin operadores humanos.

Wikipedia

ILUSTRACIONES

BIBLIOGRAFÍA

Agarwal, A.; Shankar, R.; Tiwari, M. (2006). Modeling the metrics of lean, agile and leagile supply chain: An ANP-based approach». European Journal of Operational Research, n° 173(1): 211-225.

Arrow, K. J. (1962). Economic Welfare and the Allocation of Resources for Invention en The Rate and Direction of Economic Activity: Economic and Social Factors. Princeton: Universities-National Bureau for Economic Research Conference series.

Bates, B.J. 1990. Information as an Economic Good: A Re-Evaluation of Theoretical Approaches 3):379-394. en Ruben, B.D.; Lievrouw, L.A. (eds.) Mediation, Information, and Communication Information and Behavior. New Brunswick.

Beltrán G, Del Río J. (2018). Comunicación de la industria geoespacial en Internet: los blogs de información geográfica en   López García, M.J.; Carmona, P.; Salom, J.; Albertos, J.M. (eds.) Tecnologías de la Información Geográfica: perspectivas multidisciplinares en la sociedad del conocimiento, Universitat de València, pp 948-958 Disponible en

https://www.researchgate.net/publication/325997101_Comunicacion_de_la_industria_geoespacial_en_Internet_los_blogs_de_informacion_geografica.

Beltrán, G.; Del Río, J. (2019). «Territorios inteligentes y datos espaciales» 57-78 en(Canto, M.T. eds) "Los territorios rurales inteligentes: administración e integración social. 150 p Thomson Reuters Aranzadi. Pamplona.

Beltrán, G.; Del Río, J. (2019). «Contributions from Informal Geography to Close the Gap Geographic Information Communication in a Digital World » in De Miguel, Rafael, Donert, Karl, Koutsopoulos, Kostis (eds.) Geospatial Technologies Geography Education. Springer Nature. Cham. https://www.springer.com/gp/book/9783030177829

Beltran, G. (2020). SIG y geolocalización online en Temes Cordovez, R.R. (eds.) SIG Revolution. Sintesis. Madrid

Bellovin, S.; Hutchins, R.M.; Jebara, T.; Zimmeck, S. (2013). When Enough is Enough: Location Tracking, Mosaic Theory, and Machine Learning en SSRN Electronic Journal. Disponible en: https://doi.org/10.2139/ssrn.2320019

Bi, Z. (2011). Revisiting system paradigms from the viewpoint of manufacturing sustainability. Sustainability 3(9): 1323-1340.

Black, S.H.; Donald A.M. (1982) Assessing The Value of Information in Organizations: A Challenge for the 1980s. Information Society 1(3): 191-225.

Broadbent, M.; Weill, P. (1993). Improving business and information strategy alignment: Learning from the banking industry. IBM Systems Journal. 32; 162-179. Doi: 10.1147/sj.321.0162.

Bughin, J.; Catlin, T.; Hirt, M.; Willmott, P. (2018). Why digital strategies fail. Mckinsey Digital Blog. Disponible en: https://www.mckinsey.com/business-functions/mckinsey-digital/our-insights/why-digital-strategies-fail

Buhalis, D.; Foerste, M. (2015). SoCoMo marketing for travel and tourism: Empowering co-creation of value". Journal of Destination Marketing & Management, 4(3): 1-11. Disponible en: https://doi.org/10.1016/j.jdmm.2015.04.001

Buzai, G.D. (2015). Evolución del pensamiento geográfico hacia la Geografía Global y la Neogeografía. Geografía, geotecnología y análisis espacial: tendencias, métodos y aplicaciones, 4-16.

Cackett, D. (2018a) Industrializing the Data Value Creation Process. Infocus Dell Technologies blog. Disponible en: https://infocus.delltechnologies.com/doug_cackett/industrializing-the-data-value-creation-process/

Cackett, D. (2018b) Applying Parenting Skills to Big Data: Provide the Right Tools and a Safe Place to Play…and Be Quick About It! infocus dell technologies blog. Disponible en: https://infocus.delltechnologies.com/doug_cackett/applying-parenting-skills-to-big-data-provide-the-right-tools-and-a-safe-place-to-playand-be-quick-about-it/

Capel Sáez, H. (1981). Filosofía y ciencia en la geografía contemporánea. Barcelona, Editorial Barcanova.

Caragliu, A., Del Bo, C., & Nijkamp, P. (2011). Smart cities in Europe. Journal of urban technology 18(2): 65-82.

Castells, M. (2004). Sociedad red. Ariel Editorial. Madrid.

Cerdá, E.; Quiroga, S. (2015). Analysing the economic value of meteorological information to improve crop risk management decisions in a dynamic context.

Economía Agraria y Recursos Naturales – Agricultural and Resource Economics 15(2): 5-30.

Crompvoets, J., de Man, E., Macharis C. (2010). Value of Spatial Data: Networked Performance beyond Economic Rhetoric International Journal of Spatial Data Infrastructures Research (5): 96-119

Davenport T.H.; Harris, J.G. (2007). Harvard Business School Corporation. Boston, Massachusetts. 218 p.

Dasgupta, A. (2013). Economic Value of Geospatial Data: The great enabler. Geospatial world. Disponible en: https://www.geospatialworld.net/article/economic-value-of-geospatial-data-the-great-enabler/

Deloitte (2012). Big data time for a lean approach in financial services.

Del Río, J. (2015). La vía ecléctica de producción y consumo de datos espaciales. Revista Polígonos 27: 119-163. doi:http://dx.doi.org/10.18002/pol.v0i27.3278

Dessers, E.; Crompvoets, J.; Vandenbroucke, D.; Vancauwenberghe, G.; Janssen, K.; Vanhaverbeke, L. Y Hootegem, G. V. (2012): «A Multidisciplinary Research Framework for Analysing the Spatial Enablement of Public Sector Processes». International Journal of Spatial Data Infrastructures Research (7): 125-150.

Dodge, M.; Perkins, C.; Kitchin, R. (2009). 12. Mapping Modes, Methods and Moments: A manifesto for map studie, 28:220-243 en Rethinking Maps (ROUTLEDGE eds.). New York, Routledge.

Dubey, R.; Gunasekaran, A. (2015). Agile manufacturing: framework and its empirical validation. The International Journal of Advanced Manufacturing Technology 76(9-12): 2147-2157.

ESRI (2014). Return on Investment: Ten GIS Case Studies. Reddlands. Disponible en : https://www.esri.com/content/dam/esrisites/sitecore-archive/Files/Pdfs/library/ebooks/return-on-investment.pdf

Fuenzalida, M.; Buzai, G.D.; Jiménez, A.M.; De León Loza, A.G. (2015). Geografía, geotecnología y análisis espacial: tendencias, métodos y aplicaciones. Santiago de Chile, Editorial Triángulo.

GARTNER (2012). Magic Quadrant for BI platforms. Analytics Value Escalator.

Giff, G.A.; Crompvoets, J. (2008). Performance indicators a tool to support spatial data infrastructure assessment. Computers. Environment and Urban Systems 32(5): 365-376.

Glazer, R. (1991). Marketing in an Information-Intensive Environment: Strategic Implications of Knowledge as an Asset. Journal of Marketing, 55(4): 1-19. doi:10.2307/1251953

Glazer, R, (1993). Measuring the Value of Information: The Information-Intensive Organization. IBM Systems Journal 32(1): 99 – 110.

Goodchild, M.F. (2009.: Geographic information systems and science: today and tomorrow. Annals of GIS 15(1): 3-9.

Goldsby, T. J.; Griffis, S. E. Y Roath, A. S. (2006): Modeling lean, agile, and leagile supply chain strategies. Journal of business logistics 27(1): 57-80.

Graham, M.; Zook, M. (2011) Visualizing Global Cyberscapes: Mapping User Generated Placemarks. Journal of Urban Technology 18(1): 115-132.

Gray, J.; Gerlitz, C.; Bounegru, L. (2018). Data infrastructure literacy. Big Data & Society 5 doi:10.1177/2053951718786316

Häggquist; E; Söderholm, P. (2015). The economic value of geological information: Synthesis and directions for future research. Resources Policy 43: 91-100. https://doi.org/10.1016/j.resourpol.2014.11.001

Haklay, M. (2012): Geographic information science: tribe, badge and sub-discipline. Transactions of the Institute of British Geographers 37(4): 477-481.

Hall, R.E.; Bowerman, B.; Braverman, J.; Taylor, J.; Todosow, H.; Von Wimmersperg, U. The vision of a smart city. In Proceedings of the 2nd International Life Extension Technology Workshop, Paris, France, 28 September 2000; Brookhaven National Lab: Upton, NY, EEUU.

Hanski, J.; Uusitalo, T.; Vainio, H.; Koskinen, K.; Kunttu, S.; Valkokari, P.; Kortelainen (2018). Smart asset management as a service Deliverable 2.0.

Hirshleifer, J. (1973). Where Are We in the Theory of Information. American Economic Review 63(2): 31-39.

Hoekstra, S.; Romme, J. (1992). Integral logistic structures: developing customer oriented goods flow. London, Reino Unido, McGraw-Hill, London.

IPSCORE (2009). Patent Portfolio Management with IPscore® 2.2. Oficina

Europea de Patentes.

Janssen, K. (2011) A legal approach to assessing Spatial Data Infrastructures Chapter 13:255-272. en (Crompvoets, J.; Rajabifard, A.; Van Loenenyt, B. Y Delgado, T. (eds.). A Multiview framework to assess spatial data infraestructures Melbourne, Australia Space for Geo-Information (RGI), Wageningen, University and Centre for SDIs and Land Administration y Department of Geomatics, The University of Melbourn.

Katz, R.; Murphy, A. (1997). Economic Value of Weather and Climate Forecasts. Cambridge: Cambridge University Press.

Kerski, J. (2015). Fee vs. Free Geospatial Data: Like a Snow Shovel? Spatial Reserves Blog. Disponible en :
https://spatialreserves.wordpress.com/2015/03/08/fee-vs-free-geospatial-data-snow-shovel-analogy/

Kimmins, J.P., Welham, C., Seely, B., Meitner, M., Rempel, R.S., & Sullivan, T.F. (2005). Science in Forestry: Why does it sometimes disappoint or even fail us? Forestry Chronicle 81: 723-734.

Kottamasu, R. (2007). *Placelogging:* Mobile spatial annotation and its potential use to urban planners and designers, Massachusetts Institute of Technology.

Kouyoumjian V.; Maguire. V.J., Smith. R. (2008). The Business Benefits of GIS: An ROI Approach, ESRI. Redlands.

Kurwakumire, E. (2014). Towards a Public Sector GIS Evaluation Methodology. South African Journal of Geomatics 3(1): 33-52.

Laney, D. (2015). Why and How to Measure the Value of Your Information Assets https://www.gartner.com/doc/3106719/measure-value-information-assets Ed. Gartner.

Lau, K.H. (2011). Benchmarking green logistics performance with a composite index. Benchmarking: An International Journal 18(6): 873-896.

Lawrence, D.B. (1999). The Economic Value of Information. Springer, New York.

Martínez, C. (2010). El valor de la información, su administración y alcance en las organizaciones. Revista mexicana de ciencias de la información 1(2): 10-20.

Mason-Jones, R.; Naylor, B. Y Towill, D.R. (2000). Lean, agile or leagile? Matching your supply chain to the marketplace. International Journal of Production Research

38(17): 4061-4070.

Matte, S., Boucher, M.A., Boucher, V.; Fortier Filion, T.C. (2017). Moving beyond the cost–loss ratio: economic assessment of streamflow forecasts for a risk-averse decision maker. Hydrol. Earth Syst. Sci 21(6): 2967-2986. doi: 10.5194/hess-21-2967-2017

Medina-Quintero, J.M.; Aguilar-Gámez, PE. (2013). Administración y calidad de la información de los sistemas de información contable de las PYMES. Cuadernos de Administración, 29(49): 8-16.

Misterio de Fomento. (2017). Plan Cartográfico Nacional 2017-2020. Consejo Superior Geográfico. Madrid.

Moody, D.L.; Walsh, P. (1999). Measuring the Value of Information – An Asset Valuation Approach. ECIS 496-512.

Morera, C.O.E., Rey, D.I.Y; Guimet, J. (2012). Evaluación de una IDE desde su caracterización hasta su impacto en la sociedad» en Fundamentos de las Infraestructuras de Datos Espaciales (IDE) (M. Á. Bernabé-Poveda y C. M. LópezVázquez, (eds.). Madrid, España, UPM Press.

Olhager, J. (2012). The Role of Decoupling Points in Value Chain Management 37-47 en Modelling Value (H. JODLBAUER, J. OLHAGER, R. J. SCHONBERGER (eds.). Physica-Verlag.

O'Brien, C. (2013). Fifty years of shifting paradigms. International Journal of Production Research 51(23-24): 6740-6745.

Oppenheim, C.; Stenson, J.; Wilson, R.M.S. (2003a). Studies on information as an asset I: Definitions. Journal of Information Science 29(3): 159-166.

Oppenheim, C.; Stenson, J.; Wilson, R.M.S. (2003b). Studies on information as an asset II: Repertory grid. Journal of Information Science 29(5): 419-432.

Oppenheim, C., Stenson, J.; Wilson, R.M.S. (2004). Studies on information as an asset III: View of information professional. Journal of Information Science 30(2): 181-190.

Ponemon Institute (2018). Understanding the Value of Information Assets. Research Report.

Reed, R. (2011). The SoLoMo Manifesto or just about everything marketers need to know about the convergence of social, local and mobile. Disponible en:

http://momentfeed.com/customer-moments/solomo

Rouhiainen, L. (2018). Inteligencia artificial: 101 cosas que debes saber hoy sobre nuestro futuro. Barcelona, Alienta.

Spangrud, D. (2019). Geo-Privacy and Personal Location Information. Disponible en: https://geoawesomeness.com/geo-privacy-and-personal-location-information/?fbclid=IwAR1x1w2mi2MJR-Jj3lZfkeXytBJrh8afwZfItGC5wxTPHPtDWTIWNJVdeL4

Stringfellow, A. (2016). 34 Business Intelligence and Marketing Pros Reveal Their Top Tips for Creating a Data-Driven Culture within an Organization. NGdata blog. http://www.ngdata.com/creating-a-data-driven-culture/

Stübinger, J.; Schneider, L. (2020). Understanding Smart City—A Data-Driven Literature Review. Sustainability 12 (20): 8460. https://doi.org/10.3390/su12208460

Trapp, N.; Schneider, U.A.; McCallum, I.; Fritz, S.; Schill, C.; Borzacchiello, M.T.; Craglia, M. (2015). A Meta-Analysis on the Return on Investment of Geospatial Data and Systems: A Multi-Country Perspective. Transactions in GIS 19(2): 169-187.

Vacik H, Lexer, M.J. (2013) Past, current and future drivers for the development of decision support systems in forest management. Scandinavian Journal of Forest Scandinavian Journal of Forest Research 10.1080/02827581.2013.830768.

Van Hoek, R.I. (1998): Reconfiguring the supply chain to implement postponed manufacturing. The International Journal of Logistics Management 9(1): 95-110.

Vonderembse, M.A.; Uppal, M.; Huang, S.H.; Dismukes, J.P. (2006). Designing supply chains: Towards theory development». International Journal of production economics 100(2): 223-238.

Weske, M. (2012). Business Process Management: Concepts, Languages, Architectures. Berlin Heidelberg: Springer-Verlag.

Wright, D.J.; Wang, S. (2011). The emergence of spatial cyberinfrastructure. Proceedings of the National Academy of Sciences of the United States of America 108(14): 5488–5491. https://doi.org/10.1073/pnas.1103051108

Zook, M.A.; Graham, M. (2007): The creative reconstruction of the Internet: Google and the privatization of cyberspace and DigiPlace. Geoforum 38(6): 1322-1343.

WEBGRAFÍA

En esta sección añadimos el listado de algunas webs relacionadas con la geografía en red y que, para nosotros, son relevantes como fuentes de información en estos libros. En ella se encontrarán desde páginas web y portales de datos, hasta buscadores científicos, así como directorios de empresas y compañías geoespaciales, especialistas GIS en redes sociales y portales de empleo para cartógrafos y geoprogramadores.

Somos conscientes de que seguramente falten algunas referencias que el lector pueda considerar imprescindible bajo su punto de vista y le pedimos disculpas por adelantado. Pero este listado no pretende ser una guía completa, más bien el germen de una wiki por hacer que favorezca las contribuciones de la comunidad para mantenerlo actualizado.

La geografía en red se fundamenta en dos elementos esenciales: el conocimiento compartido y la conectividad en red. En esta webgrafía atendemos a ambos, hemos realizado el esfuerzo de recopilar nuestras bases de datos, citando las fuentes originales, así como las compartimos para que puedan ser aprovechadas, reutilizadas y compartidas a su vez, lo que genere una red de conocimiento geoespacial, que al fin y al cabo es lo que más define a esta geografía en red.

Páginas web y portales

Nosolosig	http://www.nosolosig.com/
Mappinggis	https://mappinggisformacion.com/
Geoawesomenesss	https://www.geoawesomeness.com/
Revista Mapping:	https://revistamapping.com/
Gis&beers	http://www.gisandbeers.com/
Geodevelopers.	https://www.geodevelopers.org/
Geofumadas	https://www.geofumadas.com
Alpoma:	https://alpoma.net/
TYS Magazine:	https://www.tysmagazine.com/
SIG de letras	http://sigdeletras.com/
másquesig	https://masquesig.com/
Víctor Olaya	https://volaya.github.io/libro-sig/

Play&go experience:	https://playgoxp.com/
Grupo Linkedin tecnología geoespacial	https://www.linkedin.com/groups/2476769/
Microtarget	https://www.unica-analytics.com/microtarget/en/
Geopois	https://geopois.com/
Programapa	https://programapa.wordpress.com/
Atlas de complejidad económica	https://atlas.cid.harvard.edu/data-downloads
Help GIS	https://www.youtube.com/channel/UCiCEVBziLRf67X mSzQ8dhgg
Itelligent Net Geomarketing	https://itelligent.es
Vodafone Vodafone Analytics	https://www.vodafone.es/c/empresas/grandes-clientes/es/soluciones/cloud-colaboracion/big-data-analytics/
Correos Data	https://www.correos.es/ss/Satellite/site/producto-correos_data-marketing_directo_soluciones_empresariales/detalle_de_producto-sidioma=es_ES
Telefónica Luca Transit	https://luca-d3.com/
EPD	https://www.epdata.es/
INE	https://www.ine.es/experimental/experimental.htm
Orange Flux visión	https://www.orange-business.com/en/products/flux-vision
AEMET	http://www.aemet.es/es/datos_abiertos/AEMET_Open Data
Google Google Cloud Platform	https://console.cloud.google.com/marketplace/browse?filter=solution-type:dataset&pli=1
Google BigQuery	https://cloud.google.com/bigquery/docs/gis-intro
Carto Carto Data Observatory 2.0.	https://carto.com/platform/location-data-streams/
Gfk	https://www.gfk.com/solutions/geomarketing/
Amazon Location Service	https://aws.amazon.com/es/location/
Portal Europeo de Datos	https://www.europeandataportal.eu/es/homepage
EPA	https://www.eea.europa.eu/data-and-maps
Eurostat	https://ec.europa.eu/eurostat/web/gisco/geodata/reference-data/administrative-units-statistical-units/countries
Portal datos abiertos España	https://datos.gob.es/

Infraestructura de Datos Espaciales de España	https://www.idee.es/es
Open street map	https://www.openstreetmap.org/
Natural earth	https://www.naturalearthdata.com/tag/world-file/
Ling Atlas ESRI	https://livingatlas.arcgis.com/en/home/
Open transport data	https://www.europeandataportal.eu/en/highlights/open-transport-data-european-data-portal
Maptorian	https://www.maptorian.com/
Banco Mundial	https://datos.bancomundial.org/
Plataforma de Datos de Negocio	https://es.statista.com/
DATAESTUR	https://www.dataestur.es/
Portal Nacional de Datos de Biodiversidad	https://datos.gbif.es/
Organización Mundial de la Salud (OMS)	https://www.who.int/gho/en/
Organización Mundial del Comercio (OMC)	https://www.wto.org/spanish/res_s/statis_s/statis_s.htm
Banco Mundial de Datos sobre marcas	https://www.wipo.int/reference/es/branddb/
Portal de Datos mundiales sobre la migración	https://migrationdataportal.org/es/data?i=stock_abs_&t=2019
Google Public Data Explorer	https://www.google.com/publicdata/directory?hl=es
Google Dataset Search	https://toolbox.google.com/datasetsearch
Mendeley Data	https://data.mendeley.com
Google Académico	https://scholar.google.es/
UNWTO Tourism data dashboard	https://www.unwto.org/unwto-tourism-dashboard
The World Bank	http://opendatatoolkit.worldbank.org/es/
Recopilación de fuentes datos IUFOR	http://sostenible.palencia.uva.es/fuentes-dataset

Buscadores de científicos

Researchgate	https://www.researchgate.net/
Academia.edu	https://www.academia.edu/

Dialnet	https://dialnet.unirioja.es/
Google Scholar	https://scholar.google.es/
Google Dataset Search	https://datasetsearch.research.google.com/
Mendeley	https://www.mendeley.com/
MIAR	http://miar.ub.edu/
SJR	https://www.scimagojr.com/
SCOPUS	https://www.scopus.com/home.uri
WoS	https://mjl.clarivate.com/
SciELO	https://scielo.org/es/
WorldWideScience	https://worldwidescience.org/
Scholarpedia	http://www.scholarpedia.org/article/Main_Page
Springer Link	https://link.springer.com/
Refseek	https://www.refseek.com/
Microsoft Academic	https://academic.microsoft.com/home
JURN	https://cse.google.com/cse?cx=017986067167581999535:rnewgrysmpe#gsc.tab=0
Ciencia.Science.org	https://ciencia.science.gov/
BASE	https://www.base-search.net/
ERIC	https://eric.ed.gov/
ScienceResearch.com	https://www.scienceresearch.com/scienceresearch/desktop/en/search.html

Directorios

Directorio de Empresas geo de NosoloSIG

http://www.nosolosig.com/empresas

Especialistas GIS en redes sociales

https://www.dotgiscorp.com/es/blog/especialistas-gis-rrss/

Portales de empleo para cartógrafos y geoprogramadores

https://programapa.wordpress.com/2020/08/22/empleo/

Top 100 Geospatial Companies and Ecosystem Map – 2021

https://www.geoawesomeness.com/top-100-geospatial-companies-and-ecosystem-map-2021/

No.	Company Name	Website
1	3DR	https://www.3dr.com/
2	Agisoft	https://www.agisoft.com/
3	AI Clearing	https://www.aiclearing.com/
4	Airmap	https://www.airmap.com/
5	AngelSwing	https://www.angelswing.io/
6	AppGeo	https://www.appgeo.com/
7	ArGIS	https://www.argis.com/
8	Aspectum	https://aspectum.com/
9	Autodesk	https://www.autodesk.com/
10	Avuxi	https://www.avuxi.com/
11	Awesome Maps	https://awesome-maps.com/
12	Azavea	https://www.azavea.com/
13	AziMap	https://www.azimap.com/
14	Beeline	https://beeline.co/
15	Bentley	https://www.bentley.com/
16	Bird.i	https://www.hibirdi.com/
17	Carmenta	https://carmenta.com/en/
18	Carto	https://carto.com/
19	Cesium	https://cesium.com/
20	CityMapper	https://citymapper.com/
21	DataCapable	https://datacapable.com/
22	Descartes Labs	https://www.descarteslabs.com/
23	Development Seed	https://developmentseed.org/
24	DroneDeploy	https://www.dronedeploy.com/
25	Enview	https://www.crunchbase.com/organization/enview
26	EOS Data Analytics	https://eos.com/
27	ESRI	https://www.ESRI.com/en-us/home
28	Estimote	https://estimote.com/
29	Foursquare	https://foursquare.com/
30	Gather	https://gatherhub.org/

31	Geolytix	https://geolytix.co.uk/
32	GIS Cloud	https://www.giscloud.com/
33	Google	https://www.google.com/
34	Here	https://www.here.com/en
35	Hexagon	https://hexagon.com/
36	Hivemapper	https://hivemapper.com/
37	Inpixon	https://www.inpixon.com/
38	Kaarta	https://www.kaarta.com/
39	Kayrros	https://www.kayrros.com/
40	LocusLabs	https://locuslabs.com/
41	Mapbox	https://www.mapbox.com/
42	Mapcreator	https://mapcreator.io/
43	Mapidea	https://www.mapidea.com/
44	Mapillary	https://www.mapillary.com/
45	Mappedin	https://www.mappedin.com/
46	Mapsimise	https://mapsimise.com/
47	MapTiler	https://www.maptiler.com/
48	Maptionnaire	https://maptionnaire.com/
49	Maxar	https://www.maxar.com/
50	Microsoft	https://www.microsoft.com/en-us/maps
51	Mira	https://mira.co/
52	Nearmap	https://www.nearmap.com
53	NextNav	https://nextnav.com/
54	Niantic	https://nianticlabs.com/
55	OmniSci	https://www.omnisci.com/
56	OpenCage	https://opencagedata.com/
57	Optimali.io	https://www.optimali.io/
58	Orbital Insight	https://orbitalinsight.com/
59	PCI Geomatics	http://www.pcigeomatics.com/
60	Picterra	https://picterra.ch/
61	Pix4D	https://www.pix4d.com/about-us
62	PlaceIQ	https://www.placeiq.com/
63	Placer	https://www.placer.ai/

64	Planet	https://www.planet.com/
65	PlanetWatchers	https://www.planetwatchers.com/
66	Propeller Aero	https://www.propelleraero.com/
67	Pupil	https://pupil.co/
68	Radar	https://radar.io/
69	Riegl	http://www.riegl.com/
70	Safegraph	https://www.safegraph.com/
71	SalesForce	https://www.salesforce.com/
72	Satelligence	https://satelligence.com
73	SenseFly	https://www.sensefly.com/
74	SensorUp	https://sensorup.com/
75	SkyCatch	https://skycatch.com/
76	Skywatch	https://www.skywatch.com/
77	SmartMonkey	https://smartmonkey.io/
78	Soar	https://soar.earth/index.html
79	SocialCops	https://socialcops.com/
80	Spaceti	https://www.spaceti.com/
81	SparkGeo	https://sparkgeo.com/
82	Spatial AI	https://www.spatial.ai/
83	Specator	https://spectator.earth/
84	Swift Navigation	https://www.swiftnav.com/
85	Targomo	https://www.targomo.com/
86	Tectonix	tectonix.com
87	Telenav	https://www.telenav.com/
88	TomTom	https://www.tomtom.com
89	Topcon Positioning	https://www.topconpositioning.com/
90	TravelTime	https://traveltime.com/
91	Trimble	https://www.trimble.com/
92	Uber	https://www.uber.com/
93	Ubisense	https://ubisense.com/
94	UP42	https://up42.com/
95	Urban Data Analytics	https://urbandataanalytics.com/
96	Urban Sky	https://urbansky.space/

97	Urthecast	https://www.urthecast.com/
98	vGIS	https://www.vgis.io/
99	What3Words	https://what3words.com/
100	Wingtra	https://wingtra.com/

ACERCA DE LOS AUTORES

Jorge del Río es Ingeniero de Montes y Doctor en Conservación y uso sostenible de sistemas forestales de la Universidad de Valladolid, trabaja como especialista en Sistemas de Información Geográfica (SIG) en la Junta de Castilla y León y colabora con el programa de la universidad de la experiencia en el ámbito de ecología, ciencia y tecnología, es también investigador y divulgador sobre temas  relacionados con la aplicación práctica y gestión de datos geográficos y tecnología geoespacial.

 Gersón Beltrán es geógrafo y Doctor en Desarrollo Local y Territorio por la Universitat de València (España) y Postgrado en Sistemas de Información Geográfica por la Universitat de Girona. Es el responsable de marketing y datos de *Play&go experience.* Además, es profesor en la Universitat Oberta de Catalunya (UOC), en los cursos del Dpto. de Formación de la Diputación de Alicante y en diversos Másters; conferenciante (TEDx), investigador y divulgador en el ámbito de la tecnología geoespacial, siendo autor y coautor de diez libros y cientos de artículos.

9 798711 976707